PROCÉDURES FISCALES

El Hadji Dialigué Bâ

PROCÉDURES FISCALES

L'Harmattan

5-7, rue de l'École-Polytechnique ; 75 005 Paris

http://www.librairieharmattan.com
diffusion.harmattan@wanadoo.fr
harmattan1@wanadoo.fr

ISBN : 978-2-343-08936-2
EAN : 9782343089362

Sommaire

INTRODUCTION

Les règles de procédure sont souvent distinguées des règles de fond. Auxiliaires des règles de fond, les règles de procédure en assurent l'efficacité. La procédure est une succession d'actes nécessaires à la mise en œuvre d'un droit ou d'un ensemble de règles. Le droit dicte ce qui doit être fait. Les procédures indiquent comment on doit le faire.

Dans la plupart des branches du droit, notamment le droit civil, pénal ou administratif, la procédure renvoie au procès. Le droit processuel s'identifie à la procédure juridictionnelle, c'est-à-dire aux règles relatives à la résolution des litiges par les juridictions.

En matière de fiscalité, le droit fiscal dicte les modalités d'assiette et de liquidation de l'impôt. Les procédures fiscales, au-delà du règlement des litiges par les juridictions, indiquent comment doit-on procéder à l'imposition. Elles régissent l'établissement, la contestation et le recouvrement de l'impôt. Les procédures fiscales regroupent donc l'ensemble des mécanismes qui visent à garantir la correcte application des règles de fond, c'est-à-dire les règles d'assiette et de recouvrement.

Le système fiscal sénégalais est déclaratif. Les contribuables déclarent sous leur propre responsabilité leur base imposable. L'Administration en contrôle la sincérité. Sous ce rapport, le contribuable est considéré comme un sujet de droit, c'est-à-dire une personne titulaire de droits et d'obligations. Le législateur recherche plus de justice et d'équilibre entre les protagonistes dans les procédures. Les procédures régissent les pouvoirs de l'Administration, les droits et garanties du contribuable tout au long du processus d'imposition : de la délimitation de l'assiette au recouvrement de l'impôt en passant par la contestation. Les procédures fiscales fixent les règles en matière de contrôle, de contentieux et de recouvrement de l'impôt.

PREMIÈRE PARTIE

LE CONTRÔLE FISCAL

Le contrôle fiscal connaît deux conceptions. Une définition classique conçoit le contrôle fiscal comme étant l'ensemble des actions conduites par l'Administration fiscale qui concourent au rapprochement des éléments déclarés ou susceptibles de l'être avec d'autres éléments pour déterminer, au besoin des insuffisances, les redresser et en recouvrer les montants. Une définition plus actuelle considère que le contrôle fiscal vise à sanctionner et dissuader les fraudeurs pour promouvoir notamment le civisme fiscal.

Le contrôle fiscal poursuit, en réalité, plusieurs objectifs. Il a tout d'abord une finalité répressive, en ce qu'il cherche à sanctionner, financièrement et pénalement, les fraudes graves. Il a ensuite une finalité budgétaire, en qu'il permet de recouvrer le plus rapidement possible les droits éludés et les pénalités y afférentes. Il a enfin une finalité dissuasive, car, s'il est bien mené, il montre que l'Administration fiscale a la capacité de déceler les fraudeurs et de reconstituer leur base imposable pour les amener à améliorer leur comportement fiscal.

À l'occasion du contrôle fiscal, l'Administration dispose de prérogatives importantes qui, si l'on y prend garde, peuvent compromettre les droits des contribuables. Le contrôle de l'Administration doit à son tour, être contrôlé, être encadré, pour prévenir tout risque d'abus qui pourrait aboutir à réclamer aux usagers plus qu'ils ne devraient payer. Les contribuables peuvent contester les actes de contrôle pris par l'Administration pour vérifier la régularité de leur contribution financière.

CHAPITRE PREMIER

LES PRÉROGATIVES DE L'ADMINISTRATION

Le système fiscal sénégalais est déclaratif. Les contribuables déclarent les bases de leur imposition ; à charge pour l'Administration d'en assurer le contrôle. Pour le correct exercice de ce contrôle, l'Administration doit disposer de prérogatives lui permettant de mener à bien sa mission. Elle dispose d'un pouvoir de contrôle dont le pouvoir de rectification est le corollaire.

SECTION 1- LE POUVOIR DE CONTRÔLE

Le contrôle fiscal est fait sur la base de renseignements nécessaires pour asseoir correctement l'impôt. C'est ainsi que l'Administration dispose de moyens légaux de recherche de renseignements. Sur la base de ces renseignements, l'Administration procède à des correctifs, s'il y a lieu, à travers une procédure bien encadrée.

§ 1- La recherche de renseignements

La recherche de renseignements constitue l'enjeu majeur pour un bon usage du pouvoir de contrôle. L'Administration peut disposer de renseignements sur demande. Elle dispose également de moyens d'investigation lui permettant d'agir sur place dans le but de collecter des informations fiscales.

1- Les renseignements sur demande

L'Administration peut écrire directement au contribuable pour lui demander des informations manquantes ou complémentaires. Elle peut aussi se servir du droit de communication pour obtenir des données nécessaires à l'exercice du contrôle.

a) Les demandes d'informations

L'Administration peut solliciter du contribuable des renseignements, justifications ou éclaircissements. Ces informations peuvent être demandées selon des formes précises.

i) La forme de la demande

Les agents de l'Administration fiscale peuvent demander au contribuable, verbalement ou par écrit, tous les renseignements, justifications ou éclaircissements utiles à l'établissement de l'impôt. Cependant, lorsque le contribuable ne répond pas à une demande verbale ou lorsque la réponse faite à cette demande est considérée par l'agent chargé de l'assiette comme équivalent à un défaut de réponse, ce dernier doit renouveler sa demande par écrit.

Le contribuable dispose d'un délai de 20 jours à compter de la date de réception de la demande pour fournir sa réponse. Lorsque la demande est faite dans le cadre de la vérification de comptabilité ou de l'examen de la situation fiscale personnelle, le délai de réponse est de 8 jours. Toutefois, il n'y a pas de délai à observer lorsque les éléments demandés figurent sur l'avis de vérification ou de passage.

ii) Le contenu de la demande

La demande d'informations peut porter sur des renseignements, éclaircissements ou justifications. Les demandes de renseignements permettent à l'Administration fiscale d'obtenir des informations auprès des contribuables ou des tiers. Le droit de renseignements peut porter sur tous éléments relatifs à la situation fiscale du contribuable.

Aux termes de l'article 569 du Code général des impôts, l'Administration fiscale peut demander au contribuable tous les renseignements, justifications ou éclaircissements qu'elle juge utiles. Elle peut lui demander des éclaircissements, dans le cadre de l'établissement de l'impôt sur le revenu. Elle peut, en outre, lui demander des justifications au sujet de sa situation et de ses charges de famille, des charges retranchées du revenu net global pour le calcul de l'impôt sur le revenu.

Les demandes d'éclaircissements ont un contenu plus précis que celui des demandes de renseignements. L'Administration fiscale peut demander au contribuable de rendre plus claire une information qui est en sa possession. C'est pourquoi les demandes d'éclaircissements sont étroitement liées aux déclarations. Des éclaircissements peuvent être demandés sur tous les points de la déclaration, chaque fois que celle-ci paraît obscure, aussi bien quant à la forme que quant au fond.

À ce stade, l'Administration n'exige pas des preuves, mais de simples explications par rapport à des points de fait ou de droit. Les demandes d'éclaircissements ne portent légalement que sur les mentions figurant dans la déclaration de revenus souscrite par le contribuable. Par conséquent, l'Administration doit indiquer explicitement les points sur lesquels elle souhaite obtenir du contribuable les renseignements nécessaires à la compréhension de la déclaration. L'Administration ne peut demander d'éclaircissements que sur les revenus du contribuable, sa situation de famille, ses charges de famille, ou ses charges déductibles du revenu global.

À la différence de la demande d'éclaircissements qui ne procure généralement que des explications complémentaires à la déclaration, la demande de justifications appelle des renseignements précis et directement utilisables. Les justifications exigent du contribuable un commencement de preuve. C'est pourquoi les simples explications qui ne sont assorties d'aucun commencement de justifications ou de précisions suffisantes équivalent par leur généralité et leur imprécision à un défaut de réponse.

La demande de justifications est cependant soumise, en principe, à une condition préalable mise à la charge de l'Administration fiscale. En effet, l'Administration ne peut exiger de justifications que si elle a réuni des éléments permettant d'établir que le contribuable peut avoir des revenus plus importants que ceux qu'il a déclarés.

En matière de contrôle des opérations internationales, notamment les prix de transfert, l'Administration peut aussi demander des informations précises différentes des données contenues dans les états financiers. En effet, lorsqu'au cours d'une vérification de comptabilité l'Administration a réuni des éléments faisant présumer qu'une entreprise a opéré un transfert indirect de bénéfices, le vérificateur peut demander à cette entreprise des informations et documents précisant la nature des relations de dépendance, ainsi que la méthode de détermination des prix des transactions intragroupe.

iii) La suite à la demande

À la suite de la demande, l'agent chargé de l'assiette a le droit de rectifier les déclarations. Mais il doit au préalable adresser au contribuable, l'indication des éléments qu'il se propose de retenir comme base de son imposition. Ensuite, il l'invite à se faire entendre et à faire parvenir son acceptation ou ses observations, dans un délai de 20 jours.

En fait, toute personne saisie par l'Administration des impôts d'une demande, dans le cadre des pouvoirs de contrôle qui lui sont conférés, est tenue d'y répondre précisément. Lorsque le contribuable a répondu de façon insuffisante aux demandes d'éclaircissements et de justifications, l'Administration lui adresse une mise à demeure de compléter sa réponse dans un délai qui ne peut excéder 15 jours en précisant les compléments de réponse qu'elle souhaite. Toutefois, la notification préalable des bases d'imposition n'est pas obligatoire, lorsque le contribuable est taxé d'office. Dans le cas où le contribuable ne répond pas aux demandes d'éclaircissements, ou si ses réponses se révèlent insuffisantes ou imprécises de telle sorte qu'elles sont assimilables à un défaut de réponse, l'Administration fiscale est en droit de procéder directement à une taxation d'office.

b) Le droit de communication

Le droit de communication est un moyen spécifique du contrôle fiscal. Le droit de communication permet à l'Administration de prendre connaissance de tous les documents dont la conservation et la présentation sont rendues obligatoires par la loi. Le droit de communication peut être exercé auprès du contribuable concerné ou auprès des tiers. La loi précise l'étendue du droit de communication, ses modalités, ainsi que ses limites.

i) L'étendue du droit de communication

Aux termes de l'article 571 du Code général des impôts, le droit de communication permet à l'Administration de disposer des documents comptables, inventaires, copies de lettres, pièces de recettes et de dépenses de nature à justifier l'exactitude des résultats indiqués dans la déclaration du contribuable, et d'une façon générale, tous documents nécessaires au contrôle et la détermination de l'assiette des impôts. Le droit de communication ne peut donc porter que sur des documents comptables. S'agissant des entreprises commerciales, le droit de communication permet aux agents des impôts de prendre connaissance des livres obligatoires tels que le livre-journal, le grand livre et le livre d'inventaire, mais aussi de tous livres comme le livre-brouillard et les documents annexes, y compris les correspondances reçues et les copies de lettres envoyées, ainsi que des pièces de recettes et de dépenses.

À l'égard des sociétés, l'article 572 du Code général des impôts précise que le droit de communication s'étend aux registres de transfert d'actions et d'obligations, aux délibérations, ainsi qu'aux feuilles de présence aux assemblées générales. L'Administration, en outre, peut exiger la communication des procès-verbaux des conseils d'administration, des conseils de surveillance et des rapports des commissaires aux comptes.

Le droit de communication porte sur des documents comptables, quel qu'en soit leur support. En plus des éléments matériels, il peut concerner des documents dématérialisés et des éléments d'information intégrés dans un système informatique de même que les opérations réalisées par des moyens automatiques, dès lors qu'ils sont exploités dans la comptabilité générale ou analytique de l'entreprise.

ii) Les modalités d'exercice du droit de communication

Le droit de communication peut être exercé activement par l'Administration fiscale. Il peut aussi être spontanément mis en œuvre par d'autres institutions ou entreprises détenant des renseignements pertinents. En aucun cas, une entreprise ou une administration ne peut opposer

- *L'exercice du droit de communication par l'Administration fiscale*

L'Administration fiscale ne dispose pas d'un droit général de communication. Elle ne peut exercer ce droit sur des particuliers qui n'ont aucune activité économique indépendante. Le droit de communication s'exerce non seulement auprès des assujettis, mais encore auprès des tiers autres que les assujettis, notamment les officiers publics et ministériels, les administrations publiques, les entreprises privées, les banques ou compagnies d'assurance. L'administration peut néanmoins s'adresser à toute personne pour exercer son droit de communication. Mais, si elle s'adresse à une personne qui n'est tenue à aucune obligation de communication, l'Administration ne peut la menacer de la moindre sanction.

Lorsqu'ils entendent exercer le droit de communication sur place, les agents de l'Administration doivent adresser un avis de passage précisant la nature des documents qui doivent être mis à leur disposition. Les dirigeants, salariés, fournisseurs, clients ou personnes quelconques en relation d'affaire, ayant un intérêt direct dans l'exploitation ou ayant assisté le contribuable vérifié, peuvent être entendu et ses déclarations consignées sur procès-verbal. Le droit de communication ne peut s'exercer sur place que durant les jours ouvrables et pendant les heures de service.

Le secret professionnel n'est pas opposable aux agents des impôts qui exercent le droit de communication. Les contribuables ne peuvent pas non plus invoquer le secret des affaires pour se soustraire du droit de communication. Tout au plus, peuvent-ils invoquer le secret de leurs affaires privées pour refuser la communication de documents qui n'ont pas le caractère professionnel.

- *L'exercice du droit de communication par une tierce Administration*

La loi fait peser sur des institutions ou personnes disposant de renseignements utiles pour l'exercice du contrôle, d'en informer l'Administration fiscale. Ainsi, conformément à l'article 573 du Code général des impôts, le ministère public informe l'Administration fiscale de toute indication qu'elle peut recueillir, de nature à faire présumer un manquement, une fraude commise en matière fiscale ou une manœuvre quelconque ayant pour objet ou pour résultat d'éluder l'impôt, qu'il s'agisse d'une instance civile ou commerciale ou d'une information criminelle ou correctionnelle, même terminée par un non-lieu. De même, lorsqu'une personne, une administration ou une institution détient des informations qui font présumer une fraude fiscale ou un manquement de nature à éluder l'impôt, elle est tenue d'en fournir les indications à l'Administration fiscale.

Concernant les droits d'enregistrement, les dépositaires des registres et de titres publics sont tenus de les communiquer, sans déplacement, aux vérificateurs fiscaux, à toute réquisition, et de leur laisser prendre sans frais, les renseignements, extraits et copies nécessaires pour les intérêts du Trésor. Ces obligations s'appliquent aussi aux notaires, huissiers, greffiers et secrétaires des administrations, pour les actes dont ils sont dépositaires, à l'exclusion des testaments du vivant des testateurs.

iii) Les limites du droit de communication

Pour être régulier, le droit de communication sur la comptabilité du contribuable ne doit pas masquer une vérification. Les investigations effectuées par l'Administration dans ce cadre doivent donc être limitées à un relevé passif d'écritures comptables ou la copie de documents, en dehors de tout examen critique de la comptabilité. La durée et l'étendue de l'intervention administrative constituent des indices pertinents pour apprécier la nature du droit exercé.

Par conséquent, lorsque, par la consultation de la comptabilité d'un contribuable auprès duquel il utilise le droit de communication, un agent de l'Administration constate des erreurs, des dissimulations, des omissions dans les déclarations souscrites par ce même contribuable, il ne peut exploiter cette constatation. S'il le fait, le contribuable est en droit de contester la procédure d'établissement des suppléments d'imposition mis à sa charge. Dans ces conditions, la comptabilité aurait fait l'objet non d'un recoupement mais d'un début de vérification alors que le contribuable aurait été privé des garanties prévues par la loi.

Il est donc essentiel de distinguer la vérification de comptabilité du droit de communication, qui n'est entouré d'aucune garantie. L'Administration fait parfois précéder la vérification de comptabilité d'une enquête sur les conditions effectives d'exercice de l'activité de l'entreprise. Cette enquête ne saurait cependant aller jusqu'à constituer un début de vérification. À l'inverse, le fait que l'Administration ait envoyé plusieurs demandes d'information ne constitue pas une vérification de comptabilité.

Toutefois, l'exercice du droit de communication devient une vérification lorsqu'il n'est pas limité à un relevé passif d'écritures comptables ou à la copie de documents. Il y a vérification de comptabilité non seulement lorsqu'il y a confrontation de documents comptables à une déclaration, mais aussi lorsque l'ampleur des opérations, par leur durée, et leur étendue est telle qu'elle dépasse le contrôle sur pièce. Il en est ainsi lorsque l'agent des impôts s'est livré sur place, contradictoirement avec le contribuable à un examen critique de sa comptabilité puis a procédé au relevé systématique de toutes les factures d'achat non enregistrées en comptabilité. De même, il y a vérification de comptabilité, lorsque les redressements procèdent directement des constatations effectuées lors de l'exercice du droit de communication. L'exercice du droit de communication préalablement à une vérification de comptabilité constitue en réalité une première phase, irrégulière, de cette vérification lorsque les investigations menées à cette occasion ont porté sur des documents comptables ou ont comporté une confrontation entre les écritures comptables et les déclarations.

c) Les conséquences de l'exercice du droit de communication

Dans le cadre de l'exercice de leur pouvoir de contrôle des déclarations souscrites par les contribuables, les agents de l'Administration fiscale ont donc le droit d'obtenir communication de documents détenus par des tiers ayant quelque rapport avec le contribuable. Ils peuvent aussi utiliser les renseignements communiqués par les tiers comme moyens de preuve. De tels renseignements doivent cependant être fiables et corroborés par des constatations propres à l'activité du contribuable en cause.

Le droit de communication ne doit pas aboutir à des redressements fiscaux. Les redressements ne doivent pas procéder directement des constatations effectuées lors de l'exercice du droit de communication. En principe, l'Administration ne peut utiliser des renseignements provenant d'autres sources qu'une vérification de comptabilité pour déterminer les bases d'imposition. À peine d'irrégularité de la procédure d'imposition, l'Administration ne peut, en principe, fonder le redressement des bases d'imposition d'un contribuable sur des renseignements et des documents qu'elle a obtenus de tiers sans l'avoir informé au préalable de l'origine de ces renseignements. L'Administration est tenue d'informer suffisamment le contribuable de l'origine et de la teneur des renseignements qu'elle recueille dans l'exercice de son droit de communication afin que celui-ci puisse demander la communication des documents en cause.

Les renseignements irrégulièrement recueillis chez les tiers perdent leur caractère opposable lorsque l'irrégularité des conditions dans lesquelles ils ont été recueillis affecte leur valeur probante. L'extension du droit de communication à des personnes ou des documents qui ne sont pas expressément dans le champ d'application est aussi susceptible de vicier la procédure d'imposition.

2- Les moyens d'investigation

L'Administration fiscale dispose de moyens d'investigation lui permettant d'intervenir sur place afin d'obtenir les informations pertinentes pour asseoir correctement l'impôt. Ces moyens juridiques permettent de constater la réalité de la base d'imposition et de préserver les éléments de preuve. Il s'agit du droit d'enquête, de la procédure de flagrance. Les moyens d'investigation de l'Administration peuvent également prendre la forme d'une intervention sur place, quoique ponctuelle, aussi bien au niveau national qu'à l'étranger.

a) Le droit de visite

Le droit de visite est un moyen d'intervention sur place. Il y a lieu de préciser l'étendue, les modalités de mise en œuvre et les conséquences de l'exercice du droit de visite.

i) L'étendue du droit de visite

Le droit de visite constitue un véritable pouvoir de perquisition. La lutte contre le marché noir justifie le fait que l'Administration fiscale soit habilitée à rechercher et à sanctionner des infractions économiques, en pratiquant des perquisitions. Le droit de visite permet à l'Administration de procéder à la recherche et à la constatation des infractions à la législation fiscale.

Aux termes de l'article 576 du Code général des impôts, le droit de visite permet aux agents assermentés de l'Administration fiscale de procéder à des visites en tous lieux, même privés. Le droit de visite permet à l'Administration de s'introduire chez le contribuable qu'elle soupçonne de fraude afin de saisir les documents nécessaires à son enquête. Cette procédure a pour but de procéder à la saisie des pièces, documents, objets ou marchandises se rapportant à des infractions en matière fiscale, ainsi que les biens et avoirs en provenant. Dans le cadre de son droit de visite, l'Administration recherche les pièces et documents se rapportant aux comportements frauduleux et peut procéder à leur saisie, quel qu'en soit le support.

Le droit de visite n'est pas limité aux seuls impôts indirects. Il peut aussi être mis en œuvre en matière d'impôts directs, lorsqu'il existe des présomptions qu'un contribuable s'est soustrait frauduleusement à l'établissement ou au paiement de l'impôt sur le revenu ou de l'impôt sur les bénéfices, notamment.

ii) La mise en œuvre du droit de visite

Le droit de visite confère aux agents de l'Administration des pouvoirs exorbitants, notamment la possibilité d'opérer des investigations dans des lieux privés. L'exercice du droit de visite est encadré, afin de concilier l'efficacité de l'action administrative et le respect de la liberté individuelle. Son usage est placé sous le contrôle de l'autorité judiciaire à tous les stades de la procédure.

Conformément à l'article 576 du Code général des impôts, afin de pouvoir exercer le droit de visite, les agents de l'Administration fiscale sont accompagnés d'un officier de police judiciaire, sauf en cas de flagrance. Dans le cadre de l'exercice de la visite, le juge désigne également l'officier de police judiciaire chargé d'assister à ces opérations et de le tenir informé de leur déroulement. En plus, la visite doit être autorisée par une ordonnance du président du tribunal de grande instance dans le ressort duquel sont situés les locaux à visiter, hormis les cas de flagrance.

La visite ne peut être commencée avant 6 heures ni après 21 heures. Cependant, dans les lieux ouverts au public, la visite peut être effectuée pendant les heures d'ouverture de l'établissement. Par ailleurs, la visite est opérée en présence de l'occupant des lieux ou de son représentant. Si l'occupant ne peut être présent ou représenté, l'officier de police judiciaire requiert deux témoins choisis en dehors des personnes relevant de son autorité ou de celle de l'Administration fiscale. Les agents de l'Administration fiscale, l'occupant des lieux ou son représentant et l'officier de police judiciaire peuvent seuls prendre connaissance des pièces et documents avant leur saisie.

Si, à l'occasion de la visite, les agents habilités découvrent l'existence dans un établissement de crédit d'un coffre appartenant à la personne occupant les lieux visités et où sont susceptibles de se trouver des pièces, documents, objets ou marchandises se rapportant aux infractions fiscales, ils peuvent, sur autorisation délivrée par tout moyen par le juge qui a pris l'ordonnance, procéder immédiatement à la visite de ce coffre. De même, si, à l'occasion de la visite, les agents habilités découvrent des éléments révélant l'existence en d'autres lieux de biens ou avoirs se rapportant aux infractions fiscales, ils peuvent procéder à la visite de ces lieux aux fins de saisir ces biens et avoirs.

iii) Les conséquences de l'exercice du droit de visite

La visite est sanctionnée par l'établissement d'un procès-verbal. Le procès-verbal de visite relate les modalités et le déroulement de l'opération. Il est dressé sur-le-champ par les agents de l'Administration fiscale. Un inventaire des pièces et documents saisis, ainsi que des biens et avoirs provenant directement ou indirectement des infractions dont la preuve est recherchée, est annexé au procès-verbal. Le procès-verbal et l'inventaire sont signés par les agents de l'Administration fiscale et par l'officier de police judiciaire ainsi que par l'occupant ou son représentant. En cas de refus de signer, mention en est faite au procès-verbal.

Si l'inventaire sur place présente des difficultés, les pièces, documents, biens et avoirs saisis sont placés sous scellés. L'occupant des lieux ou son représentant est avisé qu'il peut assister à l'ouverture des scellés qui a lieu en présence de l'officier de police judiciaire ; l'inventaire est alors établi. Dès qu'ils ont été établis, les originaux du procès-verbal de visite et de l'inventaire sont adressés au juge qui a délivré l'ordonnance. Une copie de ces documents est remise à l'occupant des lieux ou à son représentant. Si le juge constate que les biens et avoirs saisis ne proviennent pas directement ou indirectement des infractions dont la preuve est recherchée, il ordonne la mainlevée de la saisie et la restitution des biens et avoirs concernés.

Les informations recueillies dans le cadre du droit de visite ne peuvent être exploitées dans le cadre d'une procédure de vérification de comptabilité ou de contrôle de revenu qu'après restitution des pièces ou de leur reproduction. Malgré le silence de la loi sur ce point, l'exploitation de ces informations est également soumise à la mise en œuvre d'une procédure de vérification personnelle. L'Administration doit pouvoir opposer au contribuable, dans le cadre d'une vérification de comptabilité ultérieure, les traitements effectués sur les données, y compris les données informatiques saisies à l'occasion d'une visite domiciliaire.

b) La flagrance fiscale

En principe, un contrôle fiscal ne peut être effectué que sur une période pour laquelle les obligations déclaratives sont échues. Mais, pour lutter contre les comportements frauduleux, le législateur a institué une procédure dérogatoire au droit commun, visant à sécuriser immédiatement le recouvrement futur des impositions dues. La loi précise le champ d'application, les modalités de mise en œuvre et les conséquences de la procédure de flagrance.

i) Le champ d'application de la flagrance fiscale

La procédure de flagrance ne concerne que les contribuables se livrant à une activité professionnelle. Elle ne s'applique qu'aux revenus professionnels soumis à l'impôt sur le revenu, à l'impôt sur les sociétés et à la taxe sur la valeur ajoutée. L'article 615 du Code général des impôts indique les agissements fautifs pouvant donner lieu à l'établissement d'un procès-verbal de flagrance avant même les échéances déclaratives. Il s'agit de l'exercice d'une activité occulte, de la délivrance ou de la comptabilisation de factures fictives, de la réalisation d'opérations commerciales sans facture et non comptabilisées, de l'utilisation de logiciels de comptabilité frauduleux ou encore du recours au travail dissimulé.

ii) La mise en œuvre de la procédure de flagrance fiscale

La flagrance fiscale est une procédure dérogatoire. Mais, elle n'est pas pour autant un dispositif autonome de contrôle. Elle doit être exercée dans le cadre de procédure classique de contrôle : droit de visite et de saisie, contrôle inopiné, droit d'enquête, vérification sur place.

Lorsqu'au cours de ces procédures régulières de contrôle, l'Administration fiscale constate l'exercice par le contribuable d'une activité entrant dans le champ d'application de la flagrance fiscale, au titre de la période pour laquelle l'une des obligations déclaratives n'est pas échue, elle peut, en cas de circonstances susceptibles de menacer le recouvrement de la créance fiscale, dresser à l'encontre de ce contribuable un procès-verbal de flagrance.

Le procès-verbal de flagrance fiscale est signé par les agents de l'Administration des impôts ayant procédé au contrôle. En principe, l'original du procès-verbal est conservé par l'Administration et une copie est notifiée au contribuable. Toutefois, ces opérations liées à la procédure de flagrance ne constituent pas une vérification de comptabilité qui pourra, par conséquent être initiée ultérieurement sur la même période de contrôle.

iii) Les effets du procès-verbal de flagrance fiscale

L'établissement d'un procès-verbal de flagrance fiscale entraîne plusieurs conséquences. À partir de cette constatation, l'Administration dispose de pouvoirs étendus pour recouvrer les créances dues au Trésor. La flagrance fiscale permet à l'Administration de procéder à des saisies-conservatoires et d'infliger une amende au contribuable, au titre d'un exercice n'ayant pas encore donné lieu à l'établissement d'une déclaration.

Lorsque l'Administration a dressé un procès-verbal de flagrance, la déchéance de certains régimes d'imposition à la taxe sur la valeur ajoutée peut être prononcée, s'il y a lieu. La notification du procès-verbal de flagrance aura pour conséquence de faire échec au principe de non-réitération d'un contrôle fiscal au titre d'une période déjà vérifiée. Dès lors, l'Administration est en droit de contrôler à nouveau le contribuable au titre du même impôt et de la même période. Elle a aussi la possibilité de rouvrir un contrôle fiscal sur une même période et pour un même impôt après l'achèvement d'un premier contrôle fiscal.

La loi fiscale a aussi prévu l'application d'une amende. L'article 667 du Code général des impôts prévoit une amende de 500 mille francs

CFA en cas de flagrance fiscale. Cette amende ne fait pas obstacle à l'application d'autres sanctions, par exemple pour activité occulte ou manœuvres frauduleuses.

c) Le droit d'enquête

La loi permet à l'Administration d'intervenir de manière inopinée dans les entreprises pour s'assurer du respect des règles relatives à la facturation. Cette procédure confère des pouvoirs importants à l'Administration sans toujours offrir au contribuable les garanties correspondantes.

i) L'objet du droit d'enquête

La réglementation fiscale en matière de factures est surtout liée aux taxes sur le chiffre d'affaires, notamment la taxe sur la valeur ajoutée. Mais l'impôt sur les bénéfices n'est pas indifférent à l'existence et au contenu de la facture. Les obligations en matière de facturation concernent aussi bien les livraisons de biens que les prestations de services, les acomptes et les avoirs.

Le droit d'enquête est le moyen de contrôle par lequel l'Administration fiscale recherche les manquements aux règles de facturation auxquelles sont soumis les redevables des différents impôts et taxes prévus par le Code général des impôts. Il permet de prendre connaissance des documents ou des informations détenus par des personnes soumises à des obligations comptables ou professionnelles. Le droit d'enquête s'étend également aux personnes pouvant détenir des informations en vue de leur utilisation à des fins d'assiette ou de contrôle des impôts et taxes dus par les contribuables. Il ne doit, cependant, porter que sur une période ne dépassant pas le délai de reprise de l'Administration.

Le droit d'enquête consiste à vérifier la conformité des factures émises et reçues aux règles de forme édictées par la loi, et d'apprécier leur sincérité. En effet, aux termes de l'article 577 du Code général des impôts, le droit d'enquête a pour objet la recherche de manquements aux règles de facturation.

Les manquements aux règles de facturation peuvent être de divers ordres. L'absence de facturation renvoie à des ventes ou des prestations de services ne faisant pas l'objet de factures, que ces opérations soient ou non comptabilisées. Elle se traduit par un défaut de délivrance de facture ou d'un document en tenant lieu. La facturation incomplète consiste en l'omission d'une ou de plusieurs des mentions obligatoires prévues par l'article 447 du Code général des impôts. La facturation de complaisance révèle quant à elle l'intention frauduleuse de l'auteur. La facture émise dans ce cadre renferme une fausse mention, telle que l'identité fictive du client ou une fausse adresse. La fausse facturation reflète aussi l'intention frauduleuse. Elle renvoie à l'émission de factures ne correspondant pas à des livraisons de biens ou des prestations de services réelles. Dans ce cas, les opérations sont fictives. Tous ces manquements peuvent être relevés et sanctionnés à l'occasion de l'exercice du droit d'enquête.

ii) La procédure d'enquête

Le droit d'enquête s'exerce sur place, dans les locaux professionnels de l'assujetti ou sur convocation dans les bureaux de l'Administration. Il est précédé par la remise préalable d'un avis d'enquête. Conformément à l'article 577 du Code général des impôts, lors de la première intervention ou convocation au titre du droit d'enquête, un avis d'enquête est remis à l'assujetti ou à son représentant lorsqu'il s'agit d'une personne morale. En l'absence du contribuable, l'avis est remis à la personne qui reçoit les enquêteurs. En tout état de cause, l'exercice du droit d'enquête devrait être soumis à une autorisation préalable du Directeur général des Impôts et des Domaines.

Les auditions effectuées dans le cadre du droit d'enquête au sein de l'entreprise donnent lieu à l'établissement d'un compte rendu d'audition. Les agents de l'Administration fiscale peuvent se faire présenter les factures, la comptabilité-matières, les livres, les registres, et les documents professionnels qui se rapportent à des opérations devant donner lieu à facturation. Ils peuvent procéder à la constatation matérielle des éléments physiques de l'exploitation. Dans ce cadre, ils peuvent avoir accès, durant les heures d'activité professionnelle du contribuable, aux locaux à usage professionnel ainsi qu'aux terrains et entrepôts. Ils ont également accès aux moyens de transport et à leur chargement. Ils peuvent obtenir des pièces se rapportant aux opérations et qui donnent lieu à facturation. Ils peuvent recueillir sur place ou sur convocation, des renseignements ou justifications relatifs à ces opérations.

À la fin des activités de recherche, un procès-verbal est dressé, qui constate les manquements aux règles de facturation ou l'absence de tels manquements. La liste des documents, dont une copie a été délivrée, y est annexée, le cas échéant. Une copie du procès-verbal est remise à la personne qui a reçu les agents ; une autre est transmise à l'intéressé ou à son représentant. Les constatations du procès-verbal ne peuvent être opposées à l'assujetti ainsi qu'aux tiers concernés par la facturation que dans le cadre de la vérification de comptabilité et l'examen de la situation fiscale personnelle. Elles peuvent, aussi être invoquées à l'occasion de l'exercice du droit de visite.

d) Les interventions ponctuelles

Dans le cadre de la recherche de renseignements, l'Administration peut procéder à des interventions ponctuelles. C'est ainsi qu'elle peut être amenée à faire des vérifications ponctuelles, des contrôles inopinés ou des constatations matérielles.

i) La vérification ponctuelle

La vérification ponctuelle de comptabilité est une procédure de contrôle ciblé, moins exhaustive, plus rapide et de moindre amplitude que la vérification de comptabilité. La vérification ponctuelle est limitée à une ou plusieurs rubriques d'impôts, à tout ou partie de la période non prescrite, à un groupe d'opérations ou de données comptables. Elle est réputée ponctuelle.

Le contrôle ponctuel est un procédé qui permet de porter un diagnostic rapide et donc d'éviter, le cas échéant, l'opportunité de prolonger les investigations. Il porte sur l'examen des pièces justificatives et comptables de quelques rubriques d'impôts et sur une période limitée qui peut même être inférieure à un exercice comptable.

La vérification ponctuelle ne doit pas donner lieu à un examen approfondi et critique de toute la comptabilité. Les documents comptables et pièces justificatives exigés doivent se rapporter uniquement à la rubrique d'impôt et à la période concernées par ce contrôle.

Le contrôle ponctuel peut être notamment mené dans le cadre de l'examen des demandes de restitution introduites par le contribuable. En fait, l'Administration fiscale a, dans le cadre de l'instruction des demandes de restitution d'impôts, la possibilité d'effectuer sur place, toutes vérifications pouvant permettre de donner suite aux requêtes des contribuables. L'article 578 du Code général des impôts précise que l'Administration fiscale peut effectuer, sur place, tout contrôle permettant de disposer des informations nécessaires à la bonne instruction des demandes de restitution ou de remboursement introduites par les contribuables.

La procédure de vérification ponctuelle est indépendante de l'exercice du droit de contrôle sur place par l'Administration. Si un tel contrôle ne saurait préjudicier d'une vérification ultérieure de comptabilité ou à un examen contradictoire de situation fiscale personnelle d'ensemble, il convient de n'utiliser cette nouvelle procédure que si les circonstances l'exigent. La vérification ponctuelle de comptabilité peut constituer le prolongement d'un contrôle sur pièce en cas d'absence de réponse d'un contribuable à des demandes de renseignements, de justifications et d'éclaircissements ou bien, suite à des réponses incomplètes qui demeurent inexploitables par le service d'assiette. Elle peut aussi être suivie d'une vérification de comptabilité, notamment en cas de découverte d'anomalies graves nécessitant des recherches et des investigations plus approfondies.

L'exercice du contrôle ponctuel est encadré. Ainsi, avant tout contrôle, un avis de passage est remis au contribuable. L'avis doit mentionner de façon précise l'objet de l'intervention. Cet avis doit être signé par le chef du service compétent.

ii) Le contrôle inopiné

Le contrôle inopiné représente le droit de constatation de l'Administration des actes matériels liés à l'exploitation. Il permet de relever des éléments importants dans l'entreprise qui pourraient être dissimulés si le contribuable était informé des intentions administratives à l'occasion d'une vérification classique. En cas de contrôle inopiné, l'avis de passage doit être remis au début des opérations de constatations matérielles. Ce type de vérifications est utile pour certaines activités, dites sensibles, lorsque l'envoi d'un avis de vérification avant la première opération, risquerait d'enlever toute efficacité au contrôle.

Conformément à l'article 581 du Code général des impôts, l'Administration fiscale peut contrôler, de façon inopinée, les éléments physiques de l'exploitation, l'existence ou l'état de documents comptables. Le contrôle inopiné consiste donc à procéder à des constatations matérielles, notamment la constatation de l'existence des moyens de production, des matières et éléments de stock, l'existence et l'état des documents comptables, l'inventaire des valeurs en caisse ou encore le relevé des prix pratiqués.

Les opérations effectuées dans le cadre du contrôle inopiné doivent strictement se limiter à des constatations matérielles. Les agents de l'Administration doivent se limiter à dresser un inventaire des moyens de production utilisés. Ils peuvent procéder à l'inventaire physique des matières et éléments en stock. Les opérations matérielles couvrent aussi la constatation de l'existence et de l'état des documents comptables sur lesquels s'exerce le droit de contrôle de l'Administration, sans pouvoir en analyser le contenu. Les agents doivent se borner à en constater l'existence et, éventuellement, les parapher et les dater. Les vérificateurs peuvent également procéder valablement à l'inventaire des valeurs en caisse et au relevé des prix pratiqués.

Au terme de l'intervention, un procès-verbal est dressé contradictoirement, entre le contribuable et le vérificateur. Ce procès-verbal doit préciser les noms et qualités des agents ayant procédé aux constatations, ainsi que le lieu d'intervention et, évidemment, les constatations effectuées.

Du fait du caractère professionnel de la vérification, toute visite de lieux privés ou n'ayant aucun rapport avec l'activité professionnelle est interdite. Le contrôle inopiné est une procédure quelque peu hybride, car elle débute comme une enquête par une intervention à l'improviste et se poursuit comme une vérification de comptabilité. L'examen au fond des documents comptables ne peut commencer qu'à l'issue d'un délai raisonnable permettant au contribuable de se faire assister par un conseil.

iii) Les constatations matérielles

Le contrôle de l'impôt peut nécessiter que les agents de l'Administration soient en mesure d'apprécier la réalité ou l'exactitude matérielle de certains éléments ou faits juridiques. C'est le cas, notamment lorsque l'impôt est assis sur des éléments matériels tels que la puissance fiscale ou lorsque l'impôt est rendu exigible par la réalisation d'une opération déterminée comme la mise en circulation de marchandises.

C'est ainsi que l'Administration peut procéder à des constatations matérielles si elle doit exercer un contrôle de la suspension de taxe sur la valeur ajoutée, de crédit d'impôt pour investissement ou pour exportation, de demande de restitution. Les constatations matérielles portant sur des marchandises ou biens que les contribuables ont déclaré détenir sont aussi réalisées dans le cadre de la vérification de comptabilité, conformément à l'article 582 du Code général des impôts.

Les opérations de contrôle matériel ne peuvent être effectuées que dans les locaux professionnels. Il s'agit des locaux affectés soit aux prestations, aux ventes, à la fabrication ou à la production, soit au stockage ou à la transformation des marchandises.

e) Les interventions à l'étranger

Les contrôles fiscaux à l'étranger sont une forme d'assistance mutuelle. La plupart des conventions de non double imposition signées par le Sénégal prévoient une coopération entre les autorités compétentes sous forme d'échanges des renseignements nécessaires pour appliquer les dispositions conventionnelles, ou celles de leur législation interne. La loi prévoit le cadre légal pour l'application des interventions fiscales à l'étranger. Concrètement, la coordination des contrôles fiscaux se fait à travers deux procédés dont l'intensité dans la coopération est variable : les contrôles simultanés qui sont concomitants, mais séparés et les contrôles que nous disons « conjoints », qui supposent le déplacement d'agents de l'Administration fiscale dans le pays partenaire.

i) Le contrôle simultané

Le contrôle fiscal simultané est un contrôle entrepris en vertu d'un accord par lequel deux ou plusieurs États conviennent de contrôler simultanément et de manière indépendante, chacun sur son territoire, la situation fiscale d'un ou plusieurs contribuables. Aux termes de l'article 579 du Code général des impôts, l'Administration fiscale peut convenir avec les administrations des autres États contractants de procéder à des contrôles simultanés, chacune sur le territoire de l'État dont elle relève, en vue d'échanger les renseignements ainsi obtenus. Il porte sur des contribuables présentant pour les États qui s'y engagent un intérêt commun ou complémentaire en vue d'échanger les renseignements ainsi obtenus.

Le contrôle simultané est mis en œuvre en matière d'impôts directs, lorsque la situation d'un ou plusieurs contribuables présente un intérêt commun ou complémentaire pour un ou plusieurs États ayant conclu avec le Sénégal une convention. Les contrôles fiscaux simultanés contribuent à mettre en lumière la manipulation ou l'abus des lois et procédures en vigueur dans chaque pays.

Le contrôle simultané facilite l'échange de renseignements entre les administrations. Les contribuables peuvent également tirer avantage d'un contrôle fiscal simultané, en ce qu'il leur fait gagner du temps et économiser des ressources, en raison de la coordination des enquêtes des administrations fiscales concernées et de l'élimination de doubles emplois.

ii) Le contrôle conjoint

Le contrôle conjoint est mené de concert par deux ou plusieurs administrations fiscales. Il suppose que les vérificateurs d'une administration se rendent auprès d'une autre administration et avec les agents de celle-ci, ils exercent ensemble et sur place le contrôle des opérations réalisées par les multinationales. La procédure de contrôle fiscal à l'étranger permet aux administrations, lorsque la demande en a été faite et dans les limites imposées par les lois de leurs pays, à autoriser les agents des impôts d'un pays étranger à participer à des contrôles fiscaux menés par le pays requis. Les agents des impôts autorisés peuvent participer de manière passive ou active au contrôle ainsi effectué. Certains pays n'autorisent qu'une participation passive des agents étrangers.

Cependant, de par sa nature, ce type de contrôle peut mettre en péril les droits et garanties des contribuables, surtout pour ce qui concerne le secret professionnel. Mais, s'ils sont bien menés, les contrôles conjoints seraient particulièrement efficaces, dans la mesure où, l'Administration qui se déplace dispose de la presque totalité des renseignements relatifs à un contribuable. Les limites de l'échange de renseignements par voie épistolaire se trouveraient neutralisées. En effet, il peut parfois s'avérer utile de se rendre dans un pays étranger pour y recueillir des renseignements relatifs à une affaire donnée.

La particularité du contrôle conjoint par rapport aux contrôles simultanés est qu'il y a une confusion de procédure dans le premier cas. Il constitue un frein orchestré contre la souveraineté fiscale des États, en ce qu'il autorise les agents d'une administration étrangère d'avoir directement accès à la comptabilité d'une entreprise ne relevant pas de leur compétence. Alors que, pour ce qui concerne les contrôles simultanés, une fois qu'un accord fixant les grandes lignes à suivre a été conclu et que certaines affaires ont été sélectionnées, les agents des services fiscaux de chaque État procèdent séparément à leurs contrôles dans leur propre juridiction, conformément à leur droit et à leur pratique administrative.

§ 2- L'exercice du contrôle

L'Administration peut approfondir les investigations à travers une procédure de contrôle. Le droit de contrôle est exercé suivant des modalités différentes dont la finalité est la même : ajuster le revenu déclaré conformément à la réalité de l'activité économique du contribuable. Le contrôle formel recouvre l'ensemble des interventions ayant trait à la rectification des erreurs matérielles évidentes constatées dans les déclarations déposées. Ce mode de contrôle n'implique aucune recherche extérieure aux déclarations.

Le contrôle de l'Administration peut revêtir diverses formes, il peut être sommaire ou approfondi. Le contrôle sommaire se fait à partir du bureau sur le dossier du contribuable. Le contrôle approfondi se fait sur place, en principe dans les locaux de l'entreprise ou de son conseil et consiste en une vérification de la comptabilité ou de la vérification personnelle.

1- Le contrôle sur pièce

L'Administration a la possibilité de confronter les déclarations du contribuable avec les données dont elle dispose. Il s'agit du contrôle « sur pièce » ou encore contrôle « de cabinet ». La loi détermine l'étendue du contrôle sur pièce ainsi que les conséquences qui y sont attachées.

a) L'étendue du contrôle sur pièce

Compte tenu de la présomption de sincérité attachée à toute déclaration fiscale, l'imposition est établie conformément aux éléments déclarés. Le contrôle sur pièce permet néanmoins à l'Administration fiscale de procéder à un examen critique des documents qui lui ont été présentés, en les comparant aux déclarations souscrites par le contribuable ainsi qu'aux bulletins de recoupement et autres informations contenus dans son dossier fiscal.

Le contrôle sur pièce a pour objet de vérifier si le contribuable a déposé ses déclarations, de rectifier les erreurs, insuffisances, inexactitudes, omissions ou dissimulations dans les éléments servant de base au calcul de l'impôt. Le contrôle sur pièce est constitué par l'ensemble des travaux au cours desquels les agents procèdent à l'examen critique des déclarations à l'aide des renseignements et documents figurant dans les différents dossiers qu'ils détiennent.

D'après l'article 580 du Code général des impôts, l'Administration des impôts contrôle sur pièce les déclarations qui lui sont déposées en vue d'en vérifier l'exactitude et la sincérité. Elle procède à la rectification des erreurs matérielles évidentes constatées dans les déclarations souscrites. Elle peut également rapprocher les déclarations déposées par un contribuable des renseignements figurant dans son dossier fiscal ou qu'elle peut obtenir par la mise en œuvre de tout autre moyen de contrôle. Elle contrôle aussi les documents déposés pour l'établissement des impôts ainsi que ceux présentés en vue d'obtenir des déductions, restitutions, remboursements, exonérations ou d'acquitter tout ou partie d'un impôt.

Lorsque la demande de justifications est utilisée dans le cadre du contrôle sur pièce, elle est limitée à la réclamation au contribuable des seules copies de déclarations, pièces et justificatifs dont le dépôt auprès du service des impôts compétent est obligatoire à l'occasion d'une déclaration, d'une formalité ou du paiement d'un impôt ou pour l'obtention d'une dispense ou d'un titre d'exonération. Néanmoins, les renseignements ou éclaircissements résultant de constatations faites peuvent être demandés. L'Administration fiscale peut ainsi demander au contribuable des justifications au sujet de sa situation et de ses charges de famille et des charges retranchées du revenu global pour le calcul de l'impôt sur le revenu, en vue de l'établissement de l'impôt sur le revenu.

b) Les conséquences du contrôle sur pièce

Le contrôle sur pièce aboutit soit au classement de la déclaration lorsqu'elle est reconnue exacte, soit à des rectifications lorsqu'elle est inexacte sur certains points particuliers, soit à la vérification de la comptabilité ou l'examen contradictoire de la situation fiscale personnelle. Par conséquent, la vérification sur place constitue le prolongement logique et obligatoire du contrôle sur pièce si ce dernier n'a pas permis de régulariser, sur pièces, la situation du contribuable.

À l'issue de cet examen, l'Administration peut avoir la conviction que la complexité du dossier et la nature des anomalies suspectées au cours du contrôle sur pièce nécessitent des investigations plus importantes qui pourront être menées dans le cadre d'un contrôle sur place. Les redressements effectués à la suite d'un contrôle sur pièce ne privent pas l'Administration de la possibilité, dans la limite du délai de prescription, de procéder à de nouveaux rappels, soit à la suite d'un nouvel examen du dossier, soit à la suite d'une vérification sur place.

2- La vérification de comptabilité

L'exercice du pouvoir de contrôle approfondi peut conduire à une vérification de comptabilité qui se déroule sur place, dans les locaux de l'entreprise. Du fait de son enjeu, la loi précise le champ d'application et les modalités de la vérification de comptabilité.

a) L'étendue de la vérification de comptabilité

La vérification de comptabilité permet à l'Administration de s'assurer de la sincérité d'une déclaration fiscale en la confrontant à des éléments extérieurs. Il consiste en l'examen et l'exploitation des documents qui ont permis l'établissement des déclarations déposées par les contribuables.

La vérification de comptabilité est donc l'ensemble des opérations ayant pour objet d'examiner la comptabilité d'une entreprise et de la confronter à certaines données matérielles ou des faits afin de contrôler l'exactitude et la sincérité des déclarations souscrites. L'article 582 du Code général des impôts dispose que les agents de l'Administration peuvent vérifier sur place la comptabilité et les documents détenus par les contribuables, permettant d'asseoir et de contrôler les impôts. Ils sont à cet effet, habilités à constater sur place, les minorations de droits ou de base, les déductions abusives et tous les manquements aux obligations prévues pour la déclaration et le paiement des impôts.

La vérification peut être générale ou partielle. Le contrôle porte sur l'ensemble des informations, données et traitements informatiques qui concourent à la formation des résultats comptables ou fiscaux et à l'élaboration des déclarations obligatoires ainsi que sur la documentation relative aux analyses, à la programmation et à l'exécution des traitements. Elle peut être limitée à un ou plusieurs impôts déterminés par mention expresse sur l'avis de vérification.

b) Le déroulement de la vérification de comptabilité

Dans le cadre de la vérification de comptabilité, les agents des impôts peuvent prélever, pour copie, dans un délai de 2 jours, toute déclaration ou pièce comptable nécessaire à l'accomplissement de leurs activités de contrôle. Ce prélèvement donne lieu à une décharge ou un procès-verbal remis au contribuable. Au cours de la mission, les agents de l'Administration peuvent effectuer des tris, classements ainsi que tous calculs aux fins de s'assurer de la concordance entre la copie des enregistrements comptables, les informations recueillies sur le contribuable et ses déclarations fiscales.

Lorsque la comptabilité de l'entreprise est tenue au moyen de systèmes informatisés, le contribuable peut satisfaire à l'obligation de représentation des documents comptables en remettant, sous forme dématérialisée une copie des fichiers des écritures comptables. Toutefois, l'Administration ne devra, à la fin de l'intervention sur place, conserver aucune copie des fichiers transmis.

Lorsque l'Administration envisage des traitements informatiques, ses agents indiquent par écrit au contribuable la nature des investigations souhaitées. Ces traitements ont pour objet de vérifier si les logiciels utilisés ne sont pas dolosivement manipulés. En principe, les logiciels permissifs, lorsqu'ils sont mis à jour entraînent des sanctions puisque la mauvaise foi du contribuable aura été, en même temps, démontrée. Le contribuable peut ainsi autoriser les agents de l'Administration à effectuer la vérification sur le matériel qu'il utilise. À défaut, il peut effectuer lui-même tout ou partie des traitements informatiques souhaités par l'Administration dans les délais impartis. Le contribuable peut également demander que le contrôle ne soit pas effectué sur le matériel de l'entreprise. Il met alors à la disposition de l'Administration les copies des documents, données et traitements soumis à contrôle. Dans ce cas, l'Administration communique au contribuable le résultat des traitements informatiques qui donnent lieu à des redressements au plus tard lors de l'envoi de la notification de redressements.

3- L'examen de la situation fiscale personnelle

L'examen de la situation fiscale personnelle conduit l'Administration à s'immiscer dans la vie privée du contribuable pour apprécier la conformité des déclarations souscrites avec les éléments de son train de vie. L'étendue et les modalités de la vérification personnelle sont encadrées par la loi.

a) L'étendue de la vérification personnelle

L'examen contradictoire de la situation fiscale personnelle s'entend des opérations de contrôle comportant la recherche d'une cohérence entre, d'une part, les revenus déclarés au titre de l'impôt sur le revenu, d'autre part, la situation patrimoniale, la situation de trésorerie et les éléments du train de vie dont a pu disposer le contribuable. Aux termes de l'article 583 du Code général des impôts, l'Administration peut procéder à l'examen contradictoire de l'ensemble de la situation fiscale des personnes physiques au regard de l'impôt sur le revenu, qu'elles aient ou non leur domicile fiscal au Sénégal, lorsqu'elles y ont des obligations au titre de cet impôt. L'examen contradictoire de la situation fiscale personnelle a pour but de vérifier la sincérité des déclarations du revenu global au titre de l'impôt sur le revenu.

b) Le déroulement de vérification personnelle

L'examen contradictoire de la situation fiscale personnelle est, en quelque sorte, la vérification de la comptabilité personnelle du contribuable. C'est la raison pour laquelle l'on estime que cette procédure peut facilement entraîner une immixtion dans la vie privée du contribuable. De ce fait, la vérification de la situation personnelle est une procédure sensible et pourrait présenter des risques pour les libertés individuelles. Cette procédure peut s'appliquer à un dirigeant de société, un membre d'une profession libérale, un commerçant ou un salarié.

L'examen de situation fiscale personnelle est une procédure distincte et indépendante de la vérification de comptabilité. La mise en œuvre de l'une de ces procédures n'empêche pas celle de l'autre. En pratique, ce genre de contrôle est fréquemment mis en œuvre parallèlement à la vérification de la comptabilité d'une activité professionnelle, notamment dans le cadre du contrôle des contribuables relevant des professions libérales comme les notaires, les avocats. Au cours d'une procédure d'examen de situation fiscale personnelle, l'Administration fiscale peut demander au contribuable tous éclaircissements ou justifications sur les opérations figurant sur des comptes financiers utilisés à la fois à titre privé et professionnel. D'après l'article 585 du Code général des impôts, ces demandes ne peuvent pas être considérées comme constituant le début d'une procédure de vérification de comptabilité.

De la même manière, au cours d'une procédure de vérification de comptabilité, l'Administration peut procéder aux mêmes examens et demandes sans que ceux-ci constituent le début d'une procédure d'examen de situation fiscale personnelle. Toutefois, l'Administration peut tenir compte, dans chacune de ces procédures, des constatations résultant de l'examen des comptes ou des réponses aux demandes d'éclaircissements ou de justifications faites dans le cadre de l'autre procédure conformément aux seules règles applicables à cette dernière. Les contribuables faisant l'objet d'une vérification personnelle doivent être informés des résultats de ce contrôle même en l'absence de rehaussement.

SECTION 2- LE POUVOIR DE RECTIFICATION

À la suite de ses investigations et contrôles, l'Administration fiscale peut procéder à une nouvelle évaluation de la matière imposable. Cette procédure de redressement résulte du pouvoir de rectification de l'Administration. La mise en œuvre du droit de rectification de l'Administration repose sur des moyens juridiques adaptés.

§ 1- Les moyens de rectification

À l'occasion de l'exercice du pouvoir de rectification, les agents de l'Administration peuvent être amenés à recourir à des moyens juridiques leur permettant de remettre en cause les actes pris par le contribuable, notamment à travers le rejet de comptabilité. Ils peuvent même revenir sur leurs propres actes, grâce à la substitution de base légale.

1- Le rejet de comptabilité

Le Code général des impôts vise le rejet de comptabilité à l'article 613 relatif à l'établissement du procès-verbal, mais n'en détermine ni les conditions encore moins les modalités de mise en œuvre. Le rejet de comptabilité ne peut être envisagé que lorsque celle-ci n'a aucune valeur probante. Une comptabilité ne doit pas être écartée si elle n'est entachée que d'irrégularités insuffisantes pour lui enlever toute valeur probante. C'est dire que le rejet de comptabilité suppose la violation de l'obligation faite au contribuable de tenir une comptabilité régulière.

a) L'obligation de tenir une comptabilité régulière

La loi comptable et la loi fiscale mettent à la charge de l'entreprise des obligations comptables. Ces obligations peuvent avoir un caractère particulier lorsque la comptabilité est tenue sur une base informatique ou lorsqu'elle porte sur des opérations transfrontières entre parties liées.

i) Les obligations comptables

La comptabilité a pour objet d'enregistrer les opérations effectuées par l'entreprise et d'en faire apparaître les résultats. Elle est considérée comme régulière si elle est complète, c'est-à-dire si elle comporte tous les documents nécessaires pour enregistrer l'ensemble des opérations de l'entreprise et en dégager les résultats. La comptabilité est correctement tenue si elle n'est pas entachée d'erreurs ou de lacunes de nature à la rendre impropre à son objet.

Pour être régulière, la comptabilité doit enregistrer exactement toutes les opérations de l'entreprise et être appuyée des justifications permettant de contrôler ses énonciations. Les justifications consistent en des pièces émanant de tiers, telles les factures d'achats, reçus, pièces de dépenses, lettres ou en des pièces établies par le contribuable lui-même, telles les copies de factures de ventes, copies de lettres envoyées. Elles peuvent aussi consister en des inscriptions détaillées sur les livres ou documents comptables, concernant soit des opérations faites avec des tiers et pour lesquelles il est juridiquement ou matériellement impossible d'établir un document comme les achats à un particulier, ventes au détail payées comptant, soit des opérations internes à l'entreprise, telles que l'inventaire des stocks.

Les contribuables sont tenus de se conformer aux dispositions régissant leurs obligations civiles et commerciales. Lorsqu'ils ne sont pas soumis à des règles et plan comptables spécifiques, les contribuables doivent tenir des documents et une comptabilité conformes aux règles et plans comptables définis par l'Acte uniforme sur la comptabilité des entreprises de l'Organisation pour l'harmonisation du droit des affaires en Afrique.

Les contribuables sont tenus de conserver les pièces comptables pendant un délai de 10 ans à compter de la date de la dernière opération mentionnée sur les livres ou registres ou de la date à laquelle les documents ou pièces ont été établis. L'obligation de conservation décennale porte notamment sur les livres, registres, déclarations, reçus, quittances, contrats, documents ou pièces justificatives d'origine sur lesquels peuvent s'exercer les droits de communication, d'enquête ou de contrôle de l'Administration.

La comptabilité doit être tenue et présentée en langue française. Lorsqu'une pièce ou document comptable est présenté dans une langue autre, une traduction certifiée par un traducteur assermenté doit être présentée à toute réquisition des agents de l'Administration fiscale. La comptabilité peut être tenue sous forme dématérialisée.

ii) Les systèmes comptables informatisés

Les déclarations fiscales déposées auprès de l'Administration peuvent reposer sur les informations issues du système informatisé de l'entreprise. L'article 635 *in fine* du Code général des impôts dispose que la comptabilité peut être tenue sous forme dématérialisée. Si la comptabilité est tenue au moyen de systèmes informatisés, l'Administration peut contrôler l'ensemble des informations, données et traitements informatiques qui concourent à la formation des résultats comptables ou fiscaux et à l'élaboration des déclarations obligatoires ainsi que sur la documentation relative aux analyses, à la programmation et à l'exécution des traitements. L'Administration doit pouvoir accéder à ces documents sous forme informatique ou immatérielle, à des fins de consultation et de recherche comme elle le ferait pour une comptabilité éditée sur support papier.

Un système informatisé est une combinaison de ressources matérielles et de programmes informatiques, qui permet d'acquérir des informations, selon une forme conventionnelle, de les traiter et de restituer des données ou des résultats, sous différentes formes. Au-delà des systèmes informatisés comptables, les systèmes de gestion des recettes ou des ventes, notamment, les caisses enregistreuses dotées de procédés de mémorisation et de calcul, dont les informations, données et traitements concourent directement ou indirectement à la formation des résultats comptables et à l'élaboration des déclarations obligatoires doivent être soumis à contrôle. Les divers systèmes informatisés relatifs à la gestion commerciale, tels que la gestion de la production, des achats, des stocks, du personnel sont également concernés lorsque leurs informations permettent d'élaborer ou de justifier indirectement tout ou partie des écritures comptables ou des déclarations soumises à contrôle.

En vertu du principe de l'intangibilité ou de l'irréversibilité des écritures, l'obligation d'absence de tout blanc ou altération imposée aux comptabilités manuelles s'applique aux comptabilités informatisées. La procédure de validation interdit toute modification ou suppression dans les écritures comptables informatisées.

Avant la validation comptable d'une écriture, l'utilisateur peut modifier tout élément de l'écriture comptable. En effet, tant que la validation n'est pas demandée par l'utilisateur, les écritures en mode brouillard présentent un caractère tangible de la comptabilité. La validation comptable est une phase de traitement informatique volontaire, activée grâce à une fonction du logiciel, qui consiste à figer les différents éléments de l'écriture de façon telle que toute modification ultérieure de l'un de ses éléments soit impossible. Le livre-journal d'une comptabilité informatisée, consultable à l'écran ou édité, ne présente un caractère régulier, sincère et probant qu'après validation des écritures comptables.

La validation suppose le respect de plusieurs conditions essentielles au regard des principes comptables, notamment la nécessité d'associer à chaque écriture la date de valeur comptable ou la date de validation, ainsi que la référence à la pièce justificative qui l'appuie. La comptabilité informatisée doit permettre de reconstituer à partir des pièces justificatives, les éléments des comptes, états et renseignements, soumis à la vérification, ou inversement, à partir de ces comptes, états et renseignements, de retrouver des données et pièces justificatives.

L'original de chaque livre comptable établi par un procédé informatique doit être archivé obligatoirement sur support informatique pérenne. Il s'agit de tous les documents comptables immatériels, notamment les états comptables, balances, grand-livre, journaux auxiliaires, journal centralisateur, livre d'inventaire, qui sont nécessaires pour garantir la continuité du chemin de révision comptable. Il en est de même des pièces de recettes ou de dépenses qui justifient le résultat mentionné dans les déclarations fiscales.

iii) Les obligations en matière de prix de transfert

En vue de permettre un meilleur contrôle des opérations transfrontière, l'article 638 du Code général des impôts fait obligation à toute société établie au Sénégal l'obligation de tenir à la disposition de l'Administration fiscale une documentation permettant de justifier la politique de prix pratiquée dans le cadre de transactions de toute nature réalisées avec des entreprises associées établies à l'étranger. Cette obligation s'applique à la personne morale ayant un chiffre d'affaires annuel hors taxes supérieur ou égal à 5 milliards de francs et lorsqu'elle détient ou est détenue par une société établie ou constituée au Sénégal ou hors du Sénégal ayant un même niveau de chiffre d'affaires.

La documentation exigée en matière de prix de transfert comprend entre autres des informations générales sur le groupe d'entreprises associées telles que la description de l'activité déployée, des structures du groupe, la présentation de la politique de prix de transfert du groupe, des fonctions et des risques assumés par les entreprises apparentées. La documentation comprend aussi des informations spécifiques concernant l'entreprise vérifiée, notamment la description des opérations réalisées avec d'autres entreprises associées, la liste des accords de répartition de coûts ainsi qu'une copie des accords préalables et des rescrits relatifs à la détermination des prix de transfert, affectant les résultats de l'entreprise vérifiée. Il est également exigé une présentation des méthodes de détermination des prix de transfert, l'analyse fonctionnelle et les comparables utilisés.

Toutefois, lorsque des transactions sont réalisées avec une ou plusieurs entreprises associées établies dans un État ou territoire non coopératif, la documentation comprend en outre, pour chaque entreprise bénéficiaire des transferts, l'ensemble des documents qui sont exigés des sociétés passibles de l'impôt sur les sociétés, y compris le bilan et le compte de résultat.

Les factures émises par les assujettis, en leur nom et pour leur compte, par leur client ou par un tiers, ainsi que toutes les factures qu'ils ont reçues, doivent être stockées sur le territoire sénégalais de manière à en garantir la présentation à la première demande. Lorsque le stockage des factures et pièces justificatives est effectué par voie électronique, l'assujetti doit en garantir un accès immédiat et complet à la première demande de transmission au cours d'un contrôle sur place. Tout assujetti stockant ses factures par voie électronique sur le territoire sénégalais doit s'assurer que l'Administration fiscale a, à des fins de contrôle, un accès en ligne permettant le téléchargement et l'utilisation des données stockées.

b- Le défaut de comptabilité

Le défaut de présentation d'une comptabilité est caractérisé lorsque le contribuable ne produit pas les documents nécessaires à l'Administration pour vérifier la sincérité des déclarations en les comparant aux écritures comptables. Il y a défaut de comptabilité, notamment, lorsque le contribuable ne tient pas les livres comptables essentiels pour rendre compte des opérations effectuées.

Le défaut de présentation de comptabilité devrait être constaté lors des premières interventions sur place du vérificateur. Si la comptabilité présentée par le contribuable, malgré des lacunes et insuffisances permet au vérificateur de procéder au contrôle dans des conditions normales, le défaut de présentation ne devrait pas être opposé au contribuable.

En cas de défaut de présentation de la comptabilité ou des documents en tenant lieu, le vérificateur doit procéder à la constatation par la rédaction d'un procès-verbal. Ce procès-verbal doit indiquer le nom et la qualité du ou des agents qui sont intervenus, le lieu, la date et l'heure auxquels il a été rédigé et la liste des documents qui auraient dû être présentés et qui ne l'ont pas été.

c) Le défaut de valeur probante de la comptabilité

Une comptabilité ne peut faire l'objet de rejet que lorsqu'elle est dépourvue de valeur probante. L'absence de valeur probante résulte soit de l'irrégularité formelle de la comptabilité ou d'une insuffisance des justifications fournies à l'appui de ses énonciations, soit d'un défaut de sincérité.

i) La comptabilité irrégulière

Une comptabilité est irrégulière lorsqu'elle est incomplète ou n'est pas correctement tenue. Cette irrégularité reflète une négligence, des erreurs ou des lacunes de nature à la rendre impropre à justifier les résultats déclarés. Le défaut de valeur probante ne peut résulter que d'irrégularités ayant un caractère de gravité indiscutable telles que les balances inexactes, les erreurs répétées de report, l'enregistrement non chronologique des opérations, l'absence de pièces justificatives de recettes ou de dépenses, les fausses factures, les soldes de compte caisse fréquemment créditeurs.

La comptabilité peut être rejetée pour défaut de valeur probante lorsqu'elle présente de nombreuses irrégularités, en particulier, lorsqu'elle masque des minorations importantes de recettes. De même, une comptabilité est irrégulière lorsqu'elle ne présente pas les garanties d'exactitude requises telles que l'absence de relevé détaillé des opérations de caisse ou lorsqu'elle n'a pas enregistré la totalité des achats et des ventes.

La démonstration par le contribuable du caractère régulier de ses écritures comptables n'est soumise à aucun formalisme. Une comptabilité ne devrait pas être rejetée si elle comporte des livres-journaux auxiliaires suffisamment détaillés, même si leurs mentions ne sont reprises au livre-journal que pour le montant des soldes mensuels. Il en est de même d'une comptabilité comportant des inventaires régulièrement établis, même en l'absence du livre d'inventaire.

ii) La comptabilité non probante

La comptabilité peut être régulière en la forme mais considérée comme non probante. En fait, même si elle est régulière en la forme, et appuyée de justifications apparemment suffisantes, une comptabilité peut être rejetée pour défaut de valeur probante lorsque des présomptions précises et concordantes permettent d'en contester la sincérité.

Ces présomptions peuvent résulter par exemple de l'insuffisance du taux de bénéfice brut calculé à partir des données de la comptabilité. Toutefois, la seule insuffisance du taux de bénéfice brut par rapport, soit au taux moyen dans la branche considérée, soit aux taux constatés dans des entreprises similaires n'est pas un motif suffisant de rejet de la comptabilité. Il est possible que les conditions de fonctionnement de l'entreprise comportent des particularités de nature à expliquer les écarts constatés.

En revanche, un rejet peut être fondé sur le fait que le pourcentage de bénéfice brut, tel qu'il résulte de la comptabilité, est différent de celui obtenu en comparant systématiquement dans l'entreprise elle-même, les prix d'achat et les prix de vente de marchandises déterminées. Mais une différence de pourcentage de bénéfice brut ne doit être invoquée que si elle est suffisamment importante pour être significative.

La présomption permettant de contester la sincérité d'une comptabilité peut résulter aussi du train de vie et de l'enrichissement de l'exploitant. En effet, le train de vie et, le cas échéant, l'enrichissement de l'exploitant ou des associés, lorsqu'il est hors de proportion avec l'importance des bénéfices déclarés est de nature à fonder des présomptions que le bénéfice déclaré est inférieur au bénéfice effectivement réalisé.

Toutefois, en raison de la séparation des patrimoines d'une société et de ses associés, l'enrichissement inexpliqué de ces derniers ne permet pas toujours de présumer qu'il provient de bénéfices dissimulés. En général, il existe, outre l'enrichissement constaté, d'autres circonstances permettant de mettre en doute ou de contester la valeur probante de la comptabilité. C'est le cas lorsque la différence constatée entre l'augmentation du patrimoine de l'exploitant et le montant des bénéfices déclarés est très importante ; lorsque les écritures comptables comportent des irrégularités ou encore lorsqu'il est possible de démontrer avec une approximation suffisante que l'exploitant n'exerce pas d'autres activités susceptibles de justifier son train de vie.

iii) La comptabilité informatisée non régulière ou non probante

Comme dans le cadre du contrôle des comptabilités « papier », les constatations effectuées lors du contrôle d'une comptabilité informatisée peuvent conduire à considérer que celle-ci est irrégulière et/ou non probante. En matière de comptabilité informatisée, une apparence de régularité peut être aisément obtenue par certaines fonctions du logiciel justifiant les écritures comptables en permettant l'utilisation de brouillards permanents avec des éditions conformes aux journaux clôturés, la suppression ou la modification d'enregistrements génériques sans laisser de trace, la clôture apparente d'un exercice pour établir les comptes annuels.

Le caractère irrégulier et/ou non probant de la comptabilité informatisée peut être présumé à partir de circonstances précises. Il en est ainsi en cas de défaut de validation des écritures comptables ou des pièces justificatives, de défaut de clôture des exercices comptables, de défaut de traçabilité. L'absence de chronologie dans les enregistrements, l'absence de permanence du chemin de révision ou la présentation sous des formats non recevables des documents comptables et pièces justificatives dématérialisés peuvent également fonder une présomption d'irrégularité de la comptabilité informatisée.

d) Les conséquences du rejet de comptabilité

Aux termes de l'article 613 du Code général des impôts, le rejet d'une comptabilité irrégulière ou non probante, tout comme l'absence de comptabilité est constaté par procès-verbal. Après la constatation du manquement du contribuable, l'Administration arrête les bases d'imposition, non pas à la suite d'une reconstitution du chiffre d'affaires, mais selon la procédure d'imposition d'office.

Le Code général des impôts de 2012 a supprimé la rectification d'office qui était jusqu'ici applicable en cas de rejet de comptabilité. Désormais, c'est la procédure de notification de taxation d'office qui est applicable. En effet, l'article 617 du Code général des impôts dispose que l'Administration fiscale détermine d'office les bases d'imposition du contribuable qui n'a pas tenu de comptabilité ou tient une comptabilité irrégulière ou non probante. Cette procédure opère un inversement de la charge de la preuve, car, il appartient au contribuable taxé d'office de justifier l'exagération des bases d'imposition arrêtées par l'Administration. Il peut, à cet effet, présenter tout document, pièce ou élément justificatif de nature à permettre la révision des bases arrêtées d'office.

En réalité, le rejet de comptabilité ne devrait pas être assimilé à une inexistence de comptabilité. Il devrait être sanctionné non pas par une imposition d'office, mais par une reconstitution du bénéfice imposable selon la procédure de redressement contradictoire. Il est plus équitable de faire peser sur l'Administration la charge de la preuve lorsqu'elle juge que la comptabilité n'est pas probante ou est irrégulière, surtout lorsque la comptabilité est considérée régulière en la forme mais non probante. Le fait qu'une comptabilité soit jugée non probante ne fait pas obstacle à ce que des éléments tirés de cette comptabilité soient retenus pour opérer des redressements.

En tout état de cause, les impositions établies d'office doivent être fixées en faisant application des dispositions législatives et réglementaires qui gouvernent l'assiette de calcul de l'impôt en cause, notamment lorsqu'il s'agit de moyennes ou grandes entreprises. Par conséquent, si l'Administration trouve parmi les renseignements qu'elle aura recueillis des éléments lui permettant de déterminer exactement et directement la base d'imposition avec une approximation suffisante, elle retiendra le montant ainsi obtenu.

La procédure de reconstitution de la base imposable n'est pas prévue par le nouveau code encore moins par les anciens. Alors qu'en pratique cette procédure est parfois appliquée. Même en l'absence de base légale, la reconstitution du chiffre d'affaires et par voie de conséquences du bénéfice de l'entreprise dont la comptabilité est rejetée peut s'avérer utile, voir nécessaire, afin d'éviter de fixer les bases d'imposition d'office de façon arbitraire et de procéder ensuite à des dégrèvements ou de créer du contentieux.

La reconstitution du chiffre d'affaires est réalisée au moyen des méthodes connues telles que le calcul de coefficient, la comptabilité matières ou la méthode statistique. Elle doit être opérée à partir des circonstances concrètes de fonctionnement de l'entreprise. La reconstitution suppose que le vérificateur fasse une évaluation aussi exacte que possible des éléments qui concourent à la détermination des bases d'imposition, tels les différents revenus dont a disposé le contribuable, les recettes, le chiffre d'affaires ou le bénéfice réalisés, le montant des salaires versés, de manière à éviter l'établissement d'impositions excessives ou insuffisantes.

L'Administration devrait rechercher des paramètres propres à l'entreprise, c'est-à-dire la définition par recoupements, renseignements auprès des tiers ou tous autres moyens, de critères qualitatifs de nature à justifier la méthode retenue. Elle devrait également fixer à l'aide de facteurs quantitatifs appropriés, le chiffre d'affaires ou le bénéfice reconstitué à un montant approchant celui que l'entreprise peut réaliser compte tenu de sa situation propre.

2- La substitution de base légale

La substitution de base légale est un mécanisme permettant à l'Administration de se rattraper lorsqu'elle commet une erreur sur le fondement juridique invoqué alors que l'imposition réclamée est due. En tant que technique pouvant menacer la sécurité juridique du contribuable, la substitution de base légale est encadrée par la loi qui en détermine les modalités. Le fondement de cette technique juridique se trouve dans le caractère obligatoire de l'impôt.

a) Les fondements de la substitution de base légale

La substitution de base légale trouve son origine en droit administratif. Le juge administratif avait admis la possibilité pour ne pas annuler un acte administratif, de le régulariser en le rattachant à un fondement approprié.

La substitution de base légale a une origine jurisprudentielle. Celle-ci a dégagé la possibilité offerte à l'Administration de modifier en cours de procédure le fondement d'un redressement. En matière fiscale, la substitution de base légale trouve son fondement dans le caractère obligatoire de l'impôt. Prélèvement obligatoire, l'impôt est une des prérogatives de puissance publique. L'impôt est créé par une loi. Une loi en autorise annuellement le recouvrement. Il s'impose au contribuable et à l'Administration. Le contribuable doit payer l'impôt ; l'Administration doit le percevoir.

Dès lors que la matière imposable existe, une simple erreur dans la base légale invoquée par l'Administration ne devrait aboutir à une dispense pour le contribuable de payer l'impôt, et pour elle de le percevoir. Lorsque la même matière imposable est susceptible d'être soumise au même impôt non pas en vertu de la disposition légale initialement invoquée mais sur le fondement d'une autre disposition, l'Administration peut néanmoins, au cours de la procédure contentieuse, invoquer la nouvelle base légale en vue de justifier le bien-fondé de l'imposition litigieuse.

La substitution de base légale suppose une décision que l'Administration pouvait légalement prendre mais qu'elle a prise en se trompant de fondement juridique. Ce procédé permet à l'Administration ou au juge de redonner à cette décision un fondement correct. La substitution de base légale permet d'invoquer les moyens qui sont propres à justifier le fondement légal d'une imposition initialement établie sur un autre fondement juridique. L'Administration peut invoquer au soutien du bien-fondé de l'imposition, une base légale différente de celle primitivement retenue.

La substitution de base légale est un atout certain pour l'Administration qui déséquilibre ses relations avec le contribuable. Cette technique donne l'impression d'un duel à armes inégales, l'Administration ayant la possibilité de « rectifier le tir » pour sauver une imposition pourtant mal fondée. L'Administration n'est pas liée par les arguments et les motivations qu'elle a d'abord fait valoir pour redresser le contribuable. Elle a la possibilité de « revoir sa copie » en invoquant une nouvelle base légale à l'imposition litigieuse, ou un nouveau motif lié à la même base légale. Ainsi, après avoir soutenu qu'une somme d'argent versée par une société à un contribuable, avait pour celui-ci le caractère d'une distribution de bénéfices occultes, l'Administration peut faire valoir, ultérieurement, qu'il s'agissait en réalité d'une commission taxable dans la catégorie des bénéfices non commerciaux.

b) La mise en œuvre de la substitution de base légale

Pour pouvoir opérer une substitution de base légale, il faut que toutes les règles de procédure qu'exige le nouveau fondement légal aient été respectées et que, notamment, les notifications de redressement nécessaires aient été effectuées. L'article 621 du Code général des impôts dispose que la substitution ne doit pas priver le contribuable des garanties légales attachées aux procédures de redressement correspondant à chaque catégorie de revenus ou d'impositions.

Dès lors, lorsque la procédure de redressement primitivement mise en œuvre ne correspond pas au nouveau fondement légal qu'elle envisage de retenir, l'Administration doit procéder à l'annulation de l'imposition établie sur un fondement erroné et engager une nouvelle procédure de redressement appropriée au nouveau fondement ; à condition que la prescription ne s'y oppose pas. Autrement dit, lorsque l'Administration entend retenir un fondement juridique autre que celui ayant motivé une première notification, la procédure suivie ayant été régulière, elle doit en aviser le contribuable par une nouvelle notification et lui permettre d'en discuter les motifs.

En tout état de cause, le montant du redressement, en termes de base, ne peut excéder celui précédemment notifié. La substitution de base légale n'est admise, en outre, que s'il y a identité d'impôt. Elle ne permet pas, par exemple, de substituer des dispositions relatives à des impôts directs à d'autres relatives aux impôts indirects.

Au surplus, la prescription aura été valablement interrompue par la première notification. En effet, conformément à l'article 621 du Code général des impôts, la notification des mêmes redressements sur la base d'un autre fondement juridique ne prive pas la première notification de l'effet interruptif de la prescription qui lui est attaché à condition que les bases du nouveau redressement aient été limitées aux montants initialement notifiés.

La substitution de base légale peut être opposée à tout moment de la procédure contentieuse par l'Administration qui peut s'en prévaloir non seulement lors de l'instruction administrative de la réclamation, mais également lors de l'instruction d'une instance devant le tribunal. En effet, l'Administration fiscale est en droit lors de la procédure contentieuse, de motiver le bien-fondé d'une imposition litigieuse, en se fondant sur un texte légal différent de celui qu'elle avait initialement invoqué, lorsque la même matière imposable est susceptible de demeurer soumise au même impôt, non en vertu de la disposition légale invoquée en premier, mais sur le fondement d'une autre disposition légale qui lui est substituée.

Cependant, le droit de substitution de base légale n'est pas d'ordre public ; le juge ne peut le relever d'office. Dans tous les cas où il utilise les possibilités de la substitution de base légale, il appartient au service d'apporter les justifications de nature à établir le bien-fondé des nouvelles dispositions légales invoquées. À cet égard, en effet, la charge de la preuve incombe à l'Administration.

Enfin, il convient de distinguer la substitution de base légale de la substitution de motifs qui n'existe pas, à proprement parler en matière fiscale. La substitution de motifs consiste, pour le juge, à invoquer un motif de fait ou de droit qui justifierait la décision, mais que l'Administration n'a pas retenu. La substitution de motifs va ainsi plus loin que la substitution de base légale, qui est un simple changement d'étiquette, en ce qu'elle revient pour le juge à prêter à l'Administration une intention différente de celle affichée. Dans le cadre de la substitution de base légale, il ne s'agit que de restituer la bonne assise juridique à la décision adoptée par l'Administration, alors que la substitution de motif conduit le juge à remplacer purement et simplement le motif qu'il estime être le bon à celui avancé par l'Administration.

§ 2- L'exercice du pouvoir de rectification

L'exercice du pouvoir de rectification conduit l'Administration à opérer des redressements nécessaires à la correcte imposition du contribuable. Il se traduit par la réclamation des droits éludés. Il peut aussi conduire à l'application de sanctions.

1- Le rappel des droits

Le rappel des droits dus par le contribuable se fait à la suite d'une procédure bien encadrée. Cette procédure conduit à l'établissement des titres de perception qui fixent définitivement les montants réclamés au contribuable.

a) La procédure de rappel des droits

La procédure suivie pour le rappel des droits est fonction de la bonne ou mauvaise foi du contribuable. La procédure contradictoire offre plus de garanties. Elle est réservée aux contribuables qui ont respecté leur obligation déclarative. La taxation d'office permet à l'Administration de se substituer au contribuable qui n'a pas rempli ses obligations déclaratives.

i) La procédure contradictoire

La procédure contradictoire offre les garanties du principe du contradictoire. Elle se traduit par le droit de réponse du contribuable et de l'Administration. La notification de redressements ou le procès-verbal dressé par l'Administration doivent faire l'objet d'une confirmation.

- *La notification de redressements*

Aux termes de l'article 606 du Code général des impôts, lorsque l'Administration fiscale constate une insuffisance, une inexactitude, une omission ou une dissimulation dans les éléments servant de base au calcul des impôts, la rectification correspondante doit être effectuée dans le respect de la procédure de contradictoire. La procédure de redressement contradictoire s'applique donc lorsque l'Administration effectue la reconstitution du revenu, du bénéfice, du chiffre d'affaires du contribuable ayant souscrit ses déclarations dans les formes et délais normaux. En effet, pour rectifier de ces manquements, l'Administration fiscale doit obligatoirement envoyer au contribuable une ou plusieurs notifications de redressements, à l'issue du contrôle sur pièce ou sur place. De telles infractions peuvent avoir été constatées ou non sur procès-verbal. Lorsqu'au terme d'un contrôle sur place, il n'est pas relevé de manquement, une notification d'absence de redressement est adressée au contribuable.

La procédure de redressement contradictoire n'est pas applicable en cas de taxation d'office et dans les cas de rectification par l'Administration d'erreurs matérielles évidentes constatées sur les déclarations souscrites par les contribuables, sans application de sanction. Lorsqu'un même acte de l'Administration porte sur des rectifications opérées suivant la procédure contradictoire et des impositions établies par taxation d'office, la dénomination ou l'objet de l'acte est indifférent pour l'appréciation de sa validité.

La notification de redressements doit être motivée en fait et en droit, de manière à permettre au contribuable d'être en mesure de formuler ses observations ou de faire connaître son acceptation. À cet effet, la notification doit préciser les documents ou points précis examinés et les faits ou constatations relevés au cours du contrôle en conséquence desquels le redressement est entrepris. Sur le plan matériel, la notification doit préciser les impôts et les montants dus, ainsi que la période à laquelle ils se rapportent. Elle doit en outre mentionner les dispositions légales appliquées. Dans le cas du contrôle des comptabilités informatisées, l'Administration doit préciser au contribuable la nature des traitements effectués.

L'Administration doit également rappeler au contribuable dans la notification son droit de se faire assister d'un ou de deux conseils de son choix pour y répondre. De même, doit lui être rappelé le délai de 30 jours dont il dispose, à compter de la date de réception de la notification, pour faire valoir ses observations.

Toutefois, l'Administration n'est pas obligée d'attendre la fin de la mission de vérification pour procéder à la notification des redressements. Conformément à l'article 608 du Code général des impôts, elle peut, avant la fin des opérations matérielles de contrôle sur place, adresser au contribuable vérifié une notification de redressements. Ces redressements doivent porter sur des impôts exigibles au titre d'exercices non encore prescrits.

L'Administration peut aussi, pendant cette même période, notifier à un contribuable en relation d'affaires avec le contribuable vérifié, des redressements d'impôts dont il est redevable. Une telle notification ne préjudicie en rien le droit pour l'Administration de procéder à la vérification ultérieure de ce contribuable dont les manquements à ses obligations fiscales ont été révélés à l'occasion du contrôle d'un tiers.

▪ *Le procès-verbal*

Le procès-verbal est un support qui permet de constater des manquements à la loi fiscale. Il invite le contribuable au dialogue, base du principe du contradictoire. En plus de l'identité de l'agent verbalisateur et du contribuable verbalisé, le procès-verbal mentionne le montant de l'amende exigible et l'injonction de produire, le cas échéant, les renseignements et justifications requis. Il existe un procès-verbal de carence et un procès-verbal de contrôle.

Le procès-verbal de carence

L'article 613 du Code général des impôts dispose que les manquements à la réglementation fiscale peuvent être constatés par procès-verbal. L'établissement d'un procès-verbal ne s'oppose pas néanmoins à ce que l'Administration procède à une notification de redressement ou une taxation d'office. Le procès-verbal est dressé pour constater un manquement à une obligation fiscale.

Le procès-verbal peut ainsi être établi à l'encontre d'un contribuable exonéré ou exempté d'un impôt qui ne se conforme pas à ses obligations de déclaration. Il peut également constater les manquements par toute personne physique ou morale tenue à une obligation vis-à-vis de l'Administration fiscale.

Les manquements qui sont constatés par procès-verbal sont relatifs à une obligation d'information. Il en est ainsi notamment, du défaut de déclaration d'existence, de changement d'adresse ou de changement des caractéristiques de l'exploitation tels que le lieu du siège ou l'ouverture d'un nouvel établissement. Le procès-verbal permet également de sanctionner le défaut de présentation de tout document dont la production est exigée, le défaut de réponse à une demande écrite, le refus de décharger une correspondance administrative, de même que les omissions, inexactitudes dans les renseignements exigés.

Le procès-verbal sanctionne aussi tout comportement de nature à ne pas permettre à l'Administration d'exercer convenablement son droit de contrôle. À ce titre, un procès-verbal peut être établi pour constater l'opposition à un contrôle fiscal, l'absence de comptabilité, le défaut de comptabilité régulière, une comptabilité irrégulière ou non probante, la mauvaise tenue, la non-tenue ou la destruction d'un document comptable, avant l'expiration du délai de conservation.

Le procès-verbal peut en outre être dressé pour le défaut de visa en exonération ou en suspension d'une facture, la mention d'un impôt indirect indu sur une facture, la présentation d'un faux document à l'Administration. Enfin, le défaut de déclaration d'un impôt, la déclaration hors délai, ainsi que les manœuvres, les dissimulations ou la mauvaise foi peuvent donner lieu à l'établissement d'un procès-verbal.

Le procès-verbal de contrôle

En dehors des procès-verbaux établis pour constater une carence du contribuable par rapport à ses obligations, la loi a prévu des cas où l'Administration doit dresser des procès-verbaux pour attester de l'exercice d'une modalité particulière de contrôle.

Il existe différents procès-verbaux qui peuvent être dressés à l'occasion de l'exercice du droit de contrôle. Les vérificateurs peuvent établir un procès-verbal d'enquête. En effet, dans le cadre de l'exercice du droit d'enquête, les agents de l'Administration fiscale doivent dresser à la fin de leur mission procès-verbal pour constater les manquements aux règles de facturation auxquelles sont soumis les contribuables.

En cas de saisie des pièces ou documents, objets ou marchandises, biens et avoirs à l'occasion de l'exercice du droit de visite, les agents doivent dresser un procès-verbal. Le procès-verbal de flagrance est établi lorsqu'il y a des circonstances susceptibles de menacer le recouvrement d'une créance fiscale.

Le procès-verbal peut aussi porter sur l'audition d'un contribuable. Il permet alors de consigner les déclarations faites ou les réponses apportées par le contribuable vérifié dans le cadre d'un examen de situation fiscale personnelle ainsi que dans le cadre du droit de communication ou de contrôle. De même, la fin de la mission de vérification sur place doit être matérialisée par une réunion de synthèse consignée dans un procès-verbal.

- *La confirmation de redressements*

Dans le cadre de la procédure contradictoire, le contribuable est invité à faire part à l'Administration fiscale de ses observations sur la notification de redressement ou le procès-verbal. Le contribuable peut, dans sa réponse, contester un manquement qui lui est reproché. Cette contestation peut être fondée en droit ou en fait.

Si le contribuable accepte les redressements, la procédure est close et les titres de perceptions émis. Mais, si le contribuable, dans sa réponse, a formulé des observations, le rejet total ou partiel de ces observations doit être matérialisé par l'envoi d'une confirmation de redressement. Il en est de même en cas d'acceptation des observations formulées par le contribuable.

Le défaut de réponse dans le délai de 30 jours équivaut pour le contribuable à une acceptation tacite des redressements. Même si les redressements ont été acceptés, le contribuable peut toujours, dans la limite du délai qui lui est imparti pour faire parvenir ses observations à l'Administration, revenir sur son acceptation.

L'Administration doit donner suite aux observations du contribuable, en répondant à son tour. Si elle rejette totalement ou partiellement les observations formulées par l'assujetti, le service ayant procédé à l'établissement de la notification de redressements ou du procès-verbal, doit obligatoirement constater par écrit le désaccord qui subsiste. L'Administration dispose d'un délai de 2 mois pour envoyer au contribuable notifié une confirmation des redressements maintenus. Si le service est d'accord sur des observations soulevées par le contribuablc, il doit aussi lui notifier son acceptation. Le défaut de confirmation dans le délai de 60 jours à compter de la date de réception des observations du contribuable, équivaut à une acceptation tacite de la part de l'Administration.

ii) La taxation d'office

La taxation d'office est une mesure prise par l'Administration fiscale à l'égard d'un contribuable consistant à établir d'office le montant de l'imposition dont il devient redevable. Cette procédure permet donc à l'Administration de fixer unilatéralement les bases de l'imposition. Dans ce cas, l'imposition est établie par l'Administration en marge de toute procédure contradictoire. La taxation d'office ne peut cependant être appliquée que dans des cas limitativement prévus par loi. Elle emporte des conséquences graves pour le contribuable.

▪ *Les conditions d'application de la taxation d'office*

La taxation d'office se présente comme une sanction pour un contribuable qui ne se conforme pas à ses obligations fiscales. L'article 617 du Code général des impôts précise les cas dans lesquels l'Administration fiscale détermine d'office les bases d'imposition du contribuable. La procédure de taxation d'office peut aussi être mise en œuvre en cas de manquement à des obligations comptables. Il en est ainsi lorsque le contribuable ne tient pas de comptabilité ou lorsqu'il tient une comptabilité irrégulière ou non probante.

L'Administration peut procéder à une imposition d'office lorsque le contribuable ne respecte pas ses obligations déclaratives. En effet, lorsque l'assujetti n'a pas procédé à la déclaration d'un impôt à laquelle il est tenu dans les délais légaux ou a fourni des déclarations pour lesquelles il n'a pas produit de justifications suffisantes, il peut faire l'objet d'une imposition d'office. Il en est de même lorsque le contribuable ne déclare pas l'existence de son activité ou de son entreprise, ou lorsqu'il change de lieu de résidence ou de principal établissement sans en informer l'Administration fiscale. Enfin, le contribuable est sujet à une taxation d'office lorsqu'il fait obstacle à un contrôle fiscal, lorsqu'il est reconnu coupable par les juridictions de malversation, de détournement de deniers, ou de toute autre infraction à caractère économique ou financier ou encore lorsqu'il ne répond pas dans le délai légal à une mise en demeure ou à une demande de renseignements, d'éclaircissements ou de justifications qui lui est adressée à l'occasion d'un contrôle ou qu'il donne une réponse équivalent à un défaut de réponse.

La taxation d'office peut aussi être appliquée dans le cadre d'un contrôle. Ainsi, cette procédure peut sanctionner un contribuable faisant obstacle à un contrôle fiscal. Il y a opposition à contrôle fiscal chaque fois que l'agent de l'Administration est placé dans l'impossibilité de procéder aux opérations de contrôle. Cette opposition peut être individuelle ou collective. Dans cette situation, il est procédé à l'évaluation d'office des bases d'imposition. Cette procédure s'applique également en cas d'opposition à la mise en œuvre du contrôle des comptabilités informatisées.

En outre, la taxation d'office peut être mise en œuvre lorsque le contribuable ne répond pas dans le délai légal à une mise en demeure, à une demande de renseignements, d'éclaircissements ou de justifications, ou alors lorsque la réponse est insuffisante. Cependant, l'Administration se doit d'examiner les réponses tardives du contribuable afin d'éviter d'établir des taxations exagérées. Cette même règle s'applique lorsque le contribuable n'a pas donné suite à temps, lors d'une vérification sur place, à une demande de production de pièces ou de documents nécessaires à l'exercice du contrôle.

Enfin, l'Administration peut recourir à la taxation d'office en cas de flagrance fiscale ou lorsque le contribuable se livre à une activité illicite, occulte ou non déclarée, ou encore lorsqu'il est reconnu coupable par les juridictions répressives de malversation, de détournement de deniers, ou de toute autre infraction à caractère économique ou financier. La mise en œuvre de la procédure de taxation d'office dans le cadre d'un contrôle sur pièce ne préjudicie pas à l'ouverture d'une vérification sur place.

- *Les effets de la taxation d'office*

Toute taxation d'office donne lieu à l'application de pénalités légales sur la notification de taxation d'office et, le cas échéant, à la constatation des amendes dues sur procès-verbal. L'assujetti taxé d'office dispose d'un délai 30 jours, à compter de la date de réception de la notification pour apporter la preuve de l'exagération des bases d'imposition retenues par l'Administration fiscale. Les impositions assises d'office ne peuvent donc être recouvrées qu'après ce délai. L'absence d'observations et de justifications dans ce délai équivaut à une acceptation des montants visés dans la notification de taxation d'office. Les montants des impôts et pénalités définitivement arrêtés à la suite de l'examen des observations et justificatifs du contribuable visé par la taxation d'office sont portés à sa connaissance par écrit dans un délai de 2 mois à compter de la réception desdits justificatifs.

Lorsque les conditions d'une imposition d'office sont réunies, l'Administration est tenue de porter à la connaissance du contribuable les bases d'imposition correspondantes ou les éléments servant à leur calcul au moyen d'une notification qui précise les modalités de leur détermination. Conformément à l'article 618 du Code général des impôts, la notification de taxation d'office précise les faits ou constatations qui motivent le recours à cette procédure. Elle mentionne aussi les impôts, les montants en droits simples et pénalités dus et la période à laquelle ils se rapportent, ainsi que les dispositions légales appliquées.

Lorsque l'imposition contestée est établie d'office, l'Administration n'a pas à établir le bien-fondé de l'imposition. Le contribuable supporte la charge de la preuve. En cas de contestation, même s'il s'agit d'une taxation d'office simplement rectificative, il appartient au contribuable d'apporter la preuve de l'exagération des montants qui lui sont réclamés.

Le contribuable peut contester une amende sur procès-verbal pour les faits ou les manquements ayant motivé la notification de taxation d'office, si l'erreur de l'Administration est établie. Si la preuve d'une erreur du service ne peut être apportée, les observations et justifications présentées en réponse à cette notification ne sont recevables que si le contribuable joint à sa requête les copies de quittances de paiement des amendes ou de l'engagement accepté par le comptable public compétent d'un moratoire de paiement.

Le contribuable ayant fait l'objet d'une imposition d'office peut demander, par la voie contentieuse, une réduction de son imposition en démontrant par tous moyens que celle-ci est exagérée. L'Administration doit, dans ce cas, établir le bien-fondé du recours à une procédure d'imposition d'office. Elle doit être en mesure, en outre, de faire connaître la méthode adoptée et les calculs effectués pour déterminer les bases d'imposition arrêtées d'office. En principe, l'Administration se réfère aux éléments en sa possession, tels que les dépenses du contribuable, les éléments de son train de vie pour reconstituer les bases d'imposition.

L'Administration reste tenue de justifier que la procédure employée était bien applicable et que celle-ci a été régulièrement mise en œuvre. En effet, devant le juge de l'impôt, l'Administration fiscale doit notamment être en mesure d'apporter la preuve que le contribuable était bien dans la situation d'être imposé d'office et que la notification prévue par la loi a bien été effectuée.

b) L'établissement des titres de perception

Les titres de perception constituent ainsi des titres de recettes exécutoires que l'État délivre pour le recouvrement des recettes fiscales qu'il est habilité à recevoir. En effet, le titre exécutoire est l'instrument permettant au créancier qui serait en sa possession de recourir aux mesures d'exécution forcées pour recouvrer les créances qu'il détient à l'encontre d'un débiteur récalcitrant.

L'établissement des titres de perception permet à l'Administration d'authentifier la créance fiscale dans un titre exécutoire. Le titre de perception établi par le service des impôts, accompagnés des copies des actes de procédure et des justificatifs de leur réception, est visé et rendu exécutoire par le Directeur du service des impôts compétent. L'ensemble de ces pièces est transmis au comptable public compétent qui doit procéder au recouvrement de la créance fiscale.

Dans le cadre de la procédure contradictoire, les titres de perception sont établis dès la confirmation du redressement ou du procès-verbal. Si le contribuable notifié accepte par écrit tout ou partie des redressements, l'Administration établit les titres dès la réception de la lettre d'acceptation.

Toutefois, lorsque le contribuable ne fait pas usage de son droit de réponse, les titres sont établis à l'expiration du délai de 30 jours à compter de l'envoi de la notification de redressements. Ce délai est ramené à 8 jours lorsque l'Administration met en œuvre la procédure de flagrance fiscale. Dans le cadre de la taxation d'office, les titres de perception sont établis dès la réception par le contribuable de la confirmation du redressement, du procès-verbal ou l'arrêté définitif de taxation d'office.

2- L'application de sanctions

Dans le cadre de l'exercice du pouvoir de rectification, l'Administration est amenée à mettre en œuvre son pouvoir de sanction. Elle dispose de sanctions fiscales et de sanctions pénales appliquées en fonction de la gravité des manquements relevés.

a) Les sanctions fiscales

Il existe diverses sanctions de nature fiscale qui sont à la disposition de l'Administration dans le cadre de l'exercice du contrôle : les amendes, pénalités, majorations et intérêts de retard. Lorsqu'ils sont définitivement fixés, les sanctions fiscales ne peuvent faire l'objet d'aucune transaction.

i) Les intérêts de retard

Tout contribuable qui n'a pas payé dans les délais légaux les impôts, droits, taxes, redevances exigibles, doit verser un intérêt de retard simple de 5 % liquidé sur le solde impayé. Le taux d'intérêt de retard applicable est de 10 % pour les impôts locaux établis par voie de rôles non acquittés dans les délais prescrits. Chaque mois ou fraction de mois de retard supplémentaire donne lieu au versement d'un intérêt complémentaire de 0,5 %. L'intérêt de retard est également applicable aux montants versés à la suite de déclarations rectificatives ou complémentaires.

En outre, en matière de droits d'enregistrement, si le client ne procède pas à l'achat du bien dans le délai imparti par le contrat de crédit-bail ou de financement islamique, l'intérêt de retard, calculé sur la base des droits non perçus, devient exigible. Il doit être acquitté spontanément dans le mois de l'expiration du délai stipulé dans le contrat en cause, sous peine d'amende.

ii) Les amendes

Les amendes sont constatées par procès-verbal. Elles sont constituées par un montant fixe ou un pourcentage. C'est ainsi que, sans préjudice des pénalités, tout manquement aux obligations fiscales donne lieu à une amende égale à 200 mille francs, lorsqu'il n'est pas visé par une amende spécifique.

Les procès-verbaux établis pour des actes caractérisés donnent lieu à l'application d'une amende de 500 mille francs. Cette amende s'applique au défaut de tenue d'une comptabilité régulière, à l'opposition au contrôle fiscal ou toute manœuvre tendant à éluder ou se faire rembourser un impôt indu. Cette amende est doublée en cas de récidive. Lorsque le manquement porte sur des documents ou des renseignements à fournir, l'amende est due autant de fois qu'il y a de documents ou renseignements demandés et non produits, incomplets ou inexacts. Toutefois, le montant de l'amende constaté dans un procès-verbal ne peut dépasser un million de francs.

Le défaut de tenue du registre spécial donne lieu à une amende égale à un million de francs par année. En effet, les fournisseurs doivent tenir un registre spécial indiquant les noms et adresses des donneurs d'ordre et mentionnant, pour chacun d'eux, la nature et les quantités de matières premières mises en œuvre et les produits transformés livrés. L'inscription des mêmes renseignements dans la comptabilité régulière dispense de la tenue du registre susvisé. En outre, la société doit tenir à jour, conformément aux dispositions de l'Acte uniforme sur le droit des sociétés commerciales et du groupement d'intérêt économique un registre spécial de la liste des personnes titulaires d'actions nominatives. La même amende est applicable au défaut de déclaration d'existence. En fait, tout contribuable doit souscrire une déclaration d'existence dans les 20 jours qui suivent l'ouverture de son établissement ou du commencement de son exploitation.

Le montant de l'amende peut aussi être fixé proportionnellement à son objet. C'est ainsi que le défaut de visa en exonération d'une facture, constaté soit au cours d'un contrôle, soit dans le cadre de demande de restitution de taxe introduite par un contribuable, donne lieu à une amende égale à 5 % du montant de la taxe exonérée due sur chaque facture non soumise à cette formalité. Dans les 30 jours suivant la réception du procès-verbal constatant le défaut de visa, le redevable est tenu de produire les factures dûment visées. À défaut, les droits compromis sont réclamés par notification de redressements pour exonération non justifiée.

De la même façon, le défaut de dépôt des états des rémunérations du personnel salarié ou des sommes versées à des tiers, ainsi que le dépôt d'états incomplets donne lieu à une amende égale à 5 % des rémunérations ou des sommes non déclarées. En fin, en cas d'inexécution, le tiers saisi est redevable d'une amende égale à 25 % des montants visés par l'avis qui lui est adressé.

iii) Les pénalités

Les pénalités sanctionnent les manquements aux obligations de déclaration de l'assiette ou de paiement de tout ou partie d'un impôt. Ces manquements donnent lieu à l'application d'une pénalité égale à 25 % des droits éludés. Cette pénalité s'applique également aux droits dont la perception a été compromise, y compris lorsqu'un moyen de paiement remis à un comptable public lui est revenu impayé.

La pénalité est portée à 50 % des droits dus en cas de défaut de reversement d'impôts facturés, collectés ou retenus, de dissimulation du prix ou d'une partie du prix d'un contrat soumis à la formalité de l'enregistrement. La même pénalité majorée s'applique à l'abus de droit, aux manœuvres, dissimulations ou mauvaise foi dans la déclaration, le paiement ou le reversement de tous impôts et à la taxation d'office.

En cas de récidive ou d'exercice d'activités non déclarées, la pénalité est portée à 100 %. Dans le même ordre, en matière de droits d'enregistrement, lorsque l'infraction se rapporte à des actes donnant ouverture à un droit fixe, la pénalité est égale au montant du droit fixe.

b) Les sanctions pénales

L'application de sanctions pénales en matière fiscale obéit aux principes généraux du droit pénal. La loi fiscale fixe le quantum de la peine applicable.

i) Les principes de la sanction pénale

La dimension pénale des sanctions de la fraude fiscale est incontestable. La sanction prend toujours en droit pénal la forme d'une peine infligée à l'auteur d'une infraction, c'est-à-dire une mesure répressive prononcée par un juge répressif pour exprimer la réaction de la société contre l'auteur d'une infraction. C'est pourquoi, la sanction pénale doit être légale, égale, personnelle et personnalisée.

Les infractions fiscales étant des délits, les peines encourues sont de nature correctionnelle : les peines principales d'amende et d'emprisonnement et les peines accessoires ou complémentaires sont applicables. Ces peines peuvent être alternatives ou cumulatives. Cette agrégation est cependant limitée par le principe de proportionnalité des infractions et des sanctions, voulant que ce cumul des peines n'excède pas le montant le plus élevé de l'une des peines encourues. Le cumul n'est pas contraire à la règle *non bis in idem*. Les sanctions pénales fiscales peuvent aussi être cumulées aux sanctions purement fiscales.

ii) Les types de sanctions pénales fiscales

Les infractions aux dispositions qui fixent l'assiette, la quotité, le mode de perception et le contrôle de chaque impôt peuvent donner lieu à l'application de sanctions pénales. La fraude fiscale et la fraude comptable sont passibles d'une amende de 5 à 25 millions de francs et d'un emprisonnement de 2 à 5 ans. Le délit d'affirmation frauduleuse est puni d'une amende de 5 à 10 millions de francs et d'un emprisonnement de 2 ans. Les délits d'outrage et d'opposition au contrôle ou au paiement de l'impôt sont passibles d'une amende de 500 mille francs et d'un emprisonnement d'un à 3 mois ou de l'une de ces peines seulement.

La confiscation immédiate de la marchandise et éventuellement des moyens de transport peut aussi être ordonnée, notamment en cas de détention ou circulation en infraction d'un produit soumis à une taxe spécifique. Le contrevenant est, en outre, passible d'un emprisonnement de 15 jours à un mois. Il en est de même en cas de déficit constaté à l'occasion d'un recensement des mêmes biens. Le contrevenant est également tenu au paiement de la valeur de la marchandise au prix courant. Le retrait de l'agrément pour une période d'un an à 5 ans peut être ordonné, en cas de manquement aux engagements souscrits et aux obligations prescrites en matière d'impôts indirects, par un fabriquant étranger ou un importateur.

En cas de récidive dans les 5 ans, d'une décision disciplinaire antérieure devenue définitive, l'officier ministériel ou public convaincu de s'être, d'une manière quelconque, rendu complice de manœuvres destinées à éluder le paiement de l'impôt est frappé d'un emprisonnement de 2 mois à 3 ans et/ou d'une amende de 25 mille à un million de francs. La même peine frappe le délit de fausse mention d'enregistrement, soit dans une minute, soit dans une expédition.

CHAPITRE II

LES GARANTIES DU CONTRIBUABLE

L'idée même qu'un contribuable puisse avoir des droits ou des garanties est relativement nouvelle. La Déclaration des droits de l'homme et du citoyen ne prévoyait pas de droit à l'égard du citoyen contribuable, mais bien des obligations. En France, c'est dans les années 1950 que sont apparues les premières garanties légales accordées au contribuable. Auparavant le débat était lancé, sous la houlette de certains auteurs tels Gaston Jèze qui militaient pour que des garanties soient accordées aux contribuables. Il existe en apparence une opposition entre la nécessité pour l'Administration de disposer de pouvoirs importants et les garanties qui doivent être accordées aux contribuables afin de protéger leurs droits les plus légitimes ou les plus fondamentaux.

Le législateur a doté l'Administration fiscale de moyens juridiques adaptés aux différents types de contrôle à mettre en œuvre. Les contrôles fiscaux visent à rétablir, équitablement, la situation et à se montrer suffisamment dissuasifs pour les fraudeurs et ceux qui, par intérêt ou goût du risque, le sont potentiellement. L'Administration fiscale recherche toujours de nouveaux moyens et de nouveaux pouvoirs d'investigation afin d'améliorer l'accès à l'information et la sanction contre la fraude. Par conséquent, il est nécessaire que certaines garanties soient accordées au contribuable sans entraver la mission de l'Administration.

La loi fiscale règle, en droit, les relations entre l'Administration et les contribuables en fixant le cadre juridique des droits et devoirs des parties sous le contrôle du juge. Le législateur a accordé des garanties juridiques au contribuable, aussi bien au cours du contrôle fiscal qu'après, pour lutter contre l'arbitraire dans l'exercice des pouvoirs régaliens de l'État en matière fiscale. Il est important que le respect de ces garanties soit contrôlé à l'occasion de l'examen des demandes des contribuables dès l'instruction des recours internes. La violation de ces droits et garanties, au-delà du fait qu'elle conduit à une imposition injuste, peut entraîner l'annulation des actes par le juge. Les garanties du contribuable sont pour l'essentiel des procédures participatives utilisées davantage comme dispositif de socialisation que comme moyen de discussion égalitaire entre les parties en présence. Elles servent avant tout à convaincre le contribuable de la pertinence des choix fiscaux et à éviter le rejet de l'Administration en renforçant le consensus autour de celle-ci.

SECTION 1- L'ÉTENDUE DES GARANTIES DU CONTRIBUABLE

L'objectif poursuivi par le législateur et le juge est de mettre en place un système à même de protéger les contribuables contre les abus possibles de l'Administration fiscale. Il s'agit de procéder à un rééquilibrage des droits de chacun des protagonistes afin de pérenniser le principe du consentement à l'impôt. Au-delà de la volonté du législateur, ce rééquilibrage tient aussi à un profond changement de l'Administration fiscale dans sa façon d'appréhender sa mission de contrôle. En réalité, la multiplication des garanties accordées aux contribuables s'effectue sous l'œil bienveillant de l'Administration fiscale. Cette politique de l'Administration fiscale participe d'une relation apaisée avec le contribuable. De plus en plus, l'Administration entend adopter un comportement loyal à l'égard du contribuable. En réalité, dans la plupart des cas, en la matière, les faits précèdent le droit. Les textes qui créent des garanties au profit du contribuable ne font souvent que légaliser une pratique administrative.

Aussi, les contribuables qui font l'objet d'un contrôle bénéficient-ils d'un certain nombre de mesures destinées à protéger leurs droits. Les garanties que la loi accorde au contribuable sont variées : certaines sont relatives à la procédure formelle de contrôle ; d'autres sont d'ordre fonctionnel.

§ 1- Les garanties formelles

Les garanties formelles assurent une protection du contribuable par rapport aux modalités procédurales de déroulement du contrôle fiscal. Si certaines garanties limitent le droit de contrôle dans le temps ; d'autres précisent les informations qui doivent être communiquées au contribuable ; d'autres encore déterminent les modalités pratiques d'intervention du vérificateur.

1- La limitation du droit de contrôle de l'Administration

Au titre des garanties qui protègent le contribuable à travers le déroulement même du contrôle, il y a la limitation du droit de vérification dans le temps. L'Administration ne peut pas exercer son droit de contrôle au-delà du délai de prescription. Elle ne peut pas non plus renouveler un contrôle déjà effectué.

a) La prescription du droit de reprise

La prescription extinctive entraîne la perte d'un droit du fait de l'inaction de son titulaire pendant un certain laps de temps. En matière fiscale, il existe une action en reprise qui se rattache à l'assiette et au contrôle de l'impôt et une action en recouvrement de l'Administration. La prescription de l'action en recouvrement est traitée dans la partie relative au recouvrement.

Les omissions totales ou partielles constatées dans l'assiette de l'impôt, les insuffisances, les inexactitudes ou les erreurs d'imposition, peuvent être corrigées par l'Administration. Celle-ci ne peut exercer son droit de réparation des erreurs, omissions ou insuffisances constatées que dans un délai au-delà duquel la prescription est acquise pour le redevable à l'encontre du Trésor. Cette prescription, plus brève que la prescription décennale de droit commun, constitue évidemment une garantie importante pour le contribuable. Le pouvoir d'intervention appelé délai de reprise est limité dans le temps à 4 ans, sauf cas particuliers.

i) Les effets de la prescription

La prescription a pour effet d'éteindre l'obligation du contribuable par le seul écoulement du délai. Lorsqu'elle est acquise, la prescription dispense le contribuable du paiement de l'impôt. La prescription s'applique à la partie de l'impôt encore due. Les acomptes versés à valoir sur des droits ultérieurement atteints par la prescription ne sont toutefois pas restituables.

Le contribuable ne peut pas renoncer d'avance à la prescription. Le paiement spontané de droits simples prescrits constitue une renonciation tacite. La renonciation ne produit d'effet qu'à l'égard du contribuable qui a renoncé. Elle ne peut être invoquée à l'encontre de ses codébiteurs ou de ses cautions. Toute demande de restitution ultérieure concernant les droits ainsi acquittés est irrecevable, le contribuable ayant exécuté volontairement une obligation naturelle, que la prescription laissait subsister. Par contre, l'action en restitution du contribuable est recevable lorsque les droits simples prescrits ont été versés à la demande expresse de l'Administration, l'exécution, dans ce cas, n'ayant pas été volontaire. De même, sont restituables les pénalités acquittées après l'échéance de la prescription, volontairement ou non, car il n'y a pas d'obligation naturelle à leur paiement.

La prescription n'opère pas de plein droit. Elle doit être invoquée en justice par le débiteur. Le juge ne peut soulever d'office le moyen résultant de la prescription. Mais elle peut être invoquée à tout moment de la procédure contentieuse, même pour la première fois en appel, à moins que les circonstances ne fassent présumer que le contribuable qui l'oppose avait antérieurement renoncé à s'en prévaloir. Toutefois, le moyen tiré de la prescription étant à la fois de fait et de droit, il ne peut pas être soumis à la cassation s'il n'a pas été antérieurement invoqué devant les juges du fond.

ii) Les délais de prescription

D'une manière générale, le délai de reprise de l'Administration expire à la fin de la quatrième année suivant celle au titre de laquelle l'imposition est due ou les opérations taxables ont été réalisées. Des délais particuliers existent pour certains impôts ou certaines situations.

- *Le délai général de prescription*

Le délai général de prescription du droit de reprise de l'Administration est de 4 ans. Ce délai est valable pour la plupart des impôts.

Les impôts directs

Aux termes de l'article 627 du Code général des impôts, l'Administration dispose d'un délai de 4 ans à compter de la date de l'infraction, pour constater et sanctionner les manquements commis par les contribuables et assujettis qu'il s'agisse d'erreurs, d'omissions, de déclarations hors délais ou de toute autre infraction.

Toutefois, lorsqu'aucun bilan n'est dressé au cours d'une année, une imposition est cependant établie au titre de l'année considérée. Elle porte sur les bénéfices de la période écoulée depuis la fin de la dernière période imposée, ou, dans le cas d'entreprise nouvelle, depuis le commencement des opérations, jusqu'au 31 décembre de l'année considérée. Ces mêmes bénéfices viennent ensuite en déduction des résultats du bilan dans lequel ils sont compris. Par conséquent, dans le cas où aucun exercice n'est clos au cours d'une année déterminée, le droit de reprise de l'Administration s'exerce dans des conditions particulières. Dès lors que l'exercice comptable comprend deux périodes d'imposition distinctes correspondant à des années différentes, le délai de 4 ans s'apprécie séparément pour chacune de ces périodes. Ainsi, dans le cas d'une entreprise nouvelle, créée en cours d'année, qui décide d'arrêter son premier exercice le 31 décembre de l'année suivante, les résultats et le chiffre d'affaires de la période allant de la création au 31 décembre de cette année ne pourront plus être redressés après le 31 décembre de la quatrième année.

L'application de cette règle ne présente pas de difficultés lorsque les rectifications concernent des opérations dont la date peut être déterminée avec précision. Lorsque, en revanche, les rectifications envisagées se rapportent à des opérations dont la date exacte n'est pas connue, telles que le relèvement d'une marge bénéficiaire ou la réduction d'un taux d'amortissement, il y a lieu, à défaut de tout élément justifiant une affectation plus précise, de procéder à une répartition entre les deux périodes de l'exercice en proportion de la durée de chacune d'elles.

Les taxes sur le chiffre d'affaires

L'application de la règle de la prescription quadriennale aux taxes sur le chiffre d'affaires permet à l'Administration d'exercer son droit de reprise jusqu'à la fin de la quatrième année suivant celle au cours de laquelle la taxe est devenue exigible. Généralement, la période vérifiée est plus longue pour les taxes sur le chiffre d'affaires que pour les impôts sur les revenus. Pour ceux-ci, en effet, la vérification comptable doit s'arrêter à la clôture du plus récent exercice pour lequel a expiré le délai de déclaration des résultats. Pour les taxes sur le chiffre d'affaires, par contre, le contrôle peut pratiquement s'étendre jusqu'au dernier mois écoulé à la date dudit contrôle.

La prescription en matière de taxe sur le chiffre d'affaires ne doit pas s'appliquer pour la rectification du crédit de taxes déductibles. La prescription de l'action de l'Administration ne fait pas échec à l'obligation, pour les assujettis à la taxe sur la valeur ajoutée, de justifier, par la présentation de documents établis antérieurement à la période non prescrite, le montant de la taxe déductible dont ils demandent à bénéficier à l'ouverture de cette période. L'Administration a ainsi le droit de vérifier et de rectifier le reliquat de taxes déductibles ou « crédit d'impôt », bien qu'il ait son origine dans une période couverte par la prescription. Le report à ce titre d'une somme erronée entraîne l'irrégularité de la première déclaration mensuelle vérifiée dans les délais normaux de prescription. L'Administration est fondée à contester la validité d'un crédit de taxes déductibles imputé sur les droits dus au cours de la période vérifiée.

Les droits d'enregistrement

En matière de droits d'enregistrement, le délai prescription de droit commun est également de 4 ans. En effet, conformément à l'article 631 du Code général des impôts, l'action de reprise de l'Administration s'éteint après un délai de 4 ans à compter du jour de l'enregistrement d'un acte ou autre document pour la demande des droits dont l'exigibilité serait suffisamment révélée par cet enregistrement. Ce délai court à compter du même jour ou du jour où les agents de l'Administration ont été mis en mesure de constater les contraventions.

- *Les délais spéciaux de prescription*

À côté du délai général de 4 ans, la loi prévoit un délai de reprise de 10 ans qui peut être ramené à 3 ans en matière de droits d'enregistrement. D'après l'article 629 du Code général des impôts, le délai décennal s'applique lorsque le contribuable exerce une activité occulte. Dans ce cas, le droit de reprise de l'Administration s'exerce jusqu'à la fin de la dixième année suivant celle au titre de laquelle l'imposition est due. Cette prorogation du délai de reprise permet à l'Administration de disposer d'un moyen de lutter plus efficacement contre les activités clandestines qui sont difficiles à identifier.

Pour que le délai de reprise de 10 ans puisse être mis en œuvre, la loi prévoit deux conditions qui doivent être remplies cumulativement. La première condition est que le contribuable soit n'a pas fait connaître son activité au service des impôts compétent, soit s'est livré à une activité illicite. Toutefois, dans l'hypothèse où le contribuable a effectué la déclaration auprès d'un centre des impôts différent de celui dont il relève, le délai spécial ne s'applique pas. L'absence de déclaration fiscale dans les délais légaux est la seconde condition requise pour pouvoir opposer au contribuable le délai spécial de reprise de 10 ans. Cette condition recouvre indifféremment le défaut de déclaration et le dépôt tardif, y compris lorsque la déclaration est souscrite après mise en demeure. Lorsque l'Administration a dressé un procès-verbal de flagrance fiscale, le délai de 10 ans s'applique.

Le délai spécial de 10 ans s'applique aussi en cas de non-imposition révélée par une instance devant les tribunaux ou par une réclamation contentieuse. Aux termes de l'article 629, les omissions ou insuffisances d'imposition révélées par une instance devant les tribunaux ou par une réclamation contentieuse peuvent être réparées jusqu'à la fin de l'année suivant celle de la décision qui a clos l'instance et, au plus tard, jusqu'à la fin de la dixième année qui suit celle au titre de laquelle l'imposition est due.

Le terme « instance » s'entend au sens plus général de « litige ». Ainsi, lorsqu'une insuffisance d'imposition est révélée par une instance devant le tribunal de grande instance, le délai spécial de reprise court de la date de jugement de ce tribunal, et non pas, lorsque ce jugement est frappé d'appel, de la date de l'arrêt de la cour d'appel. Il en est de même lorsque l'insuffisance serait révélée par un arrêt de la cour d'appel alors même que cet arrêt ferait l'objet d'un recours en cassation. Le délai spécial n'est pas applicable si l'Administration a eu connaissance des irrégularités en d'autres circonstances, notamment au cours d'une vérification de comptabilité ou d'une procédure de rectification antérieure à la plainte ou à la réclamation.

Le délai spécial de 10 ans s'applique également en matière de droits d'enregistrement. En effet, l'article 631 du Code général des impôts ouvre un délai de reprise de 10 ans, à compter du jour de l'enregistrement de la déclaration de succession ou de la donation, pour la demande de dépôt des déclarations de succession et de paiement des droits et pénalités de retard auxquels cette déclaration donne ouverture. Il en est de même pour la demande des droits et pénalités exigibles sur la valeur des biens omis dans cette déclaration ou pour la demande des droits et pénalités exigibles par suite de l'indication inexacte, dans cet acte ou cette déclaration, du lien ou du degré de parenté entre le donateur ou le défunt et les donataires, héritiers ou légataires.

Ce même délai est ouvert à compter du jour de l'enregistrement de la déclaration de succession ou de la donation pour la demande des droits et pénalités exigibles par suite de l'inexactitude d'une attestation ou déclaration de dette. Il en va ainsi également pour l'action tendant à prouver la simulation d'une dette ou pour la demande des droits et des pénalités exigibles par suite de l'indication inexacte, dans cette déclaration de succession ou cet acte de donation, du lien ou degré de parenté entre le défunt ou le donateur et les héritiers, donataires ou légataires. Concernant les autres droits d'enregistrement, le délai de 10 ans court à compter de la date de mutation ou de celle de l'acte.

Toutefois, le délai de prescription de 10 ans prévu pour les droits d'enregistrement est réduit à 3 ans, à compter du jour de l'enregistrement d'un écrit ou d'une déclaration mentionnant exactement la date et le lieu du décès du défunt, ainsi que le nom et l'adresse de l'un au moins des ayants-droit. Cette prescription de 3 ans ne court qu'en ce qui concerne les droits et pénalités dont l'exigibilité est révélée sur les biens, sommes ou valeurs expressément énoncées dans l'écrit ou la déclaration, comme dépendant de l'hérédité.

iii) La prorogation du délai de prescription

La loi prévoit une prorogation du délai de prescription dans différentes hypothèses. Ce qui constitue autant d'exceptions au délai de droit commun de 4 ans, ainsi qu'au délai spécial de 10 ans. C'est ainsi que conformément à l'article 629 du Code général des impôts, toute erreur commise, soit sur la nature de l'impôt applicable, soit sur le lieu d'imposition peut être réparée jusqu'à la fin de l'année suivant celle de la décision qui a prononcé la décharge de l'imposition initiale. Par « décision », il faut entendre celle rendue par l'une des autorités compétentes pour statuer au cours de la procédure contentieuse de réclamation, à l'exclusion de toute décision de dégrèvement prise d'office.

Cependant, concernant les impôts directs, les contestations relatives au lieu d'imposition ne peuvent entraîner l'annulation de l'imposition. Cette disposition permet d'éviter qu'une imposition dont le bien-fondé et le montant ne sont pas discutables soit annulée dans un lieu pour ensuite, sans modification, être rétablie dans un autre. Elle n'est pas applicable lorsque le litige portant sur la détermination matérielle du lieu d'imposition met également en cause le principe de l'imposition ou sa quotité.

La prorogation du délai de reprise est également prévue en cas de mise en œuvre de la coopération fiscale internationale. L'article 630 du Code général des impôts dispose que lorsque l'Administration a, dans le délai initial de reprise, demandé à l'autorité compétente d'un autre État des renseignements concernant soit les relations d'un contribuable avec une entreprise établie dans cet État, soit les biens dont il dispose dans cet État, les omissions ou insuffisances d'imposition y afférentes peuvent être réparées, même si le délai initial de reprise est écoulé, jusqu'à la fin de la quatrième année qui suit celle de la réponse à la demande.

La prorogation concerne tous les contribuables, tous les impôts, toutes les formes de contrôle et sont limitées au domaine visé par la demande. Les demandes de renseignements interviennent donc dans le cadre de l'assistance administrative internationale. Elles peuvent intervenir lors de toutes les actions de contrôle de l'Administration fiscale. La mise en œuvre de cette prorogation des délais de reprise implique que le service ait effectué des constatations préalables permettant d'asseoir la demande de renseignements et que le contribuable soit informé de son existence. La demande doit être adressée dans le délai initial de reprise. Il s'agit en effet de proroger les délais de reprise pour des revenus ou opérations pour lesquels l'Administration est encore en droit de procéder à des rehaussements au moment où elle demande des informations à l'étranger. Enfin, les limites du délai ouvert à l'Administration pour notifier les rehaussements éventuels seront fonction de la date de la réponse ou de la non-réponse de l'autorité compétente étrangère. Par conséquent, une demande suivie d'une réponse rapide de l'autorité compétente étrangère permet de limiter la prorogation du délai de reprise.

iv) L'interruption du délai de prescription

L'interruption a pour effet d'annuler la prescription commencée et de faire courir, à compter de l'acte interruptif, un nouveau délai de prescription de même nature et de même durée ou du moins calculée de la même manière que celle à laquelle elle se substitue. Certains actes ou faits juridiques sont de nature à interrompre la prescription. En effet, la prescription est interrompue par un acte de l'Administration tel que l'avis de vérification, la notification de redressements ou de taxation d'office, le procès-verbal. Toutefois, le fait qu'une simple notification de l'avis de vérification puisse interrompre la prescription est discutable au regard des droits du contribuable. L'avis de vérification n'est pas un acte administratif. Aucun effet juridique ne doit lui être attaché.

En outre, dans la pratique, il arrive que l'Administration envoie au contribuable une notification de redressement, juste pour « échapper » à la prescription, en se réservant le droit d'analyser plus minutieusement les infractions commises. Ce faisant, l'Administration bénéficie d'un nouveau délai de prescription. Cette pratique est aussi discutable. Elle ressemble à un détournement de procédure. Mais, elle est admise, dans la mesure où un changement dans les motifs du redressement est sans influence sur l'effet interruptif de prescription de la première notification.

La prescription peut aussi être interrompue par un acte du contribuable. Il en est ainsi de tout acte comportant reconnaissance de dette fiscale de la part du contribuable. La reconnaissance peut être expresse ou tacite. Elle peut être donnée sous une forme quelconque, dans une simple lettre missive ou déclaration tardive, par exemple. Elle peut aussi résulter de tout acte du débiteur impliquant sans équivoque son aveu de la créance de l'Administration : versement d'un acompte, demande de délais de paiement, pétition en remise de pénalités, demande de transaction, offre ou constitution de garanties, etc.

Les actes qui comportent reconnaissance par le contribuable de sa dette envers le Trésor sont susceptibles d'interrompre tous les délais de prescription, aussi bien ceux de l'action en reprise que ceux de l'action en recouvrement. Ces actes peuvent intervenir avant ou après l'émission des rôles et titres de perception. Mais, la reconnaissance n'a d'effet interruptif qu'à l'égard des créances que le débiteur désigne sans ambiguïté, ni réserve. Il importe, en particulier, que le versement d'un acompte soit accompagné d'une déclaration du redevable précisant la ou les créances auxquelles il entend affecter cet acompte. Si le document remis par le contribuable est assorti de réserves, l'Administration, pour éviter toute contestation éventuelle quant à la régularité de la procédure d'imposition, devrait envoyer une notification de redressements. Toutefois, l'acceptation par le contribuable de tout ou partie des rehaussements inclus dans une notification de redressements irrégulière ne constitue pas un « acte comportant reconnaissance » d'une dette publique.

Enfin, la prescription peut être interrompue par tous les autres actes interruptifs de droit commun. Les autres actes interruptifs du droit commun sont la citation en justice, le commandement et la saisie. Selon que l'acte interruptif est une demande en justice ou un titre de perception, les conséquences sont différentes. L'interruption de la prescription par une demande en justice prolonge son effet pendant toute la durée de l'instance. Le temps couru sur l'ancienne prescription est effacé, mais la nouvelle prescription ne prend cours qu'après la solution de l'instance. Quant à la notification d'un titre de perception, elle a pour effet d'interrompre la prescription courant contre l'Administration et d'y substituer la prescription quadriennale. La notification de ce titre exécutoire représente la dernière phase de l'action en reprise de l'Administration pour les droits qui y sont mentionnés et donne ouverture à une action nouvelle, l'action de recouvrement des comptables publics.

b) Le non-renouvellement d'une vérification

Comme la prescription extinctive, l'interdiction de renouveler une vérification sur une période déjà vérifiée constitue une garantie du contribuable, en ce sens qu'elle confère une sécurité juridique à une situation de fait. La loi précise l'étendue de l'interdiction de renouveler une vérification et en aménage des limites.

i) L'étendue de l'interdiction de renouveler une vérification

L'interdiction de renouveler une vérification s'applique à la vérification de comptabilité, à l'exclusion donc des contrôles sur pièce. Elle concerne aussi la vérification personnelle.

▪ *La vérification de comptabilité*

Comme le prévoient les dispositions de l'article 595 du Code général des impôts, lorsque la vérification de la comptabilité est achevée, l'Administration ne peut plus procéder à une nouvelle vérification sur place. Dès que la vérification de la comptabilité pour une période déterminée au regard d'un impôt ou d'un groupe d'impôts est menée, l'Administration ne peut procéder à une nouvelle vérification sur place de ces écritures à l'endroit des mêmes impôts et pour la même période, sous peine d'annulation des impositions établies à la suite de la seconde vérification. La vérification est considérée comme achevée à la date de la dernière intervention sur place du vérificateur sanctionnée par un procès-verbal de synthèse.

L'interdiction édictée à l'article 595 du Code général des impôts ne s'applique que si les deux interventions successives de l'Administration ont le caractère d'une vérification de comptabilité. Dès lors, l'Administration ne viole pas cette interdiction lorsqu'elle procède concomitamment ou successivement à la vérification de la comptabilité d'un contribuable et l'examen d'ensemble de sa situation fiscale, quand bien même les deux contrôles portent sur les mêmes années.

L'interdiction de renouveler une vérification ne s'applique que si la seconde vérification porte sur les mêmes impôts que la première et pour les mêmes périodes. Elle ne fait pas obstacle à ce que l'Administration exige, à l'occasion d'un contrôle portant sur un exercice déterminé, toutes justifications relatives aux résultats dudit exercice, même lorsque celles-ci figurent dans les écritures et documents comptables d'un exercice antérieur précédemment vérifié, dans la mesure où il s'agit de déterminer les résultats de l'exercice qui fait l'objet de la vérification actuelle et non de remettre en cause ceux de l'exercice sur lequel a porté le contrôle précédent.

De même, l'article 595 du Code général des impôts est sans effet sur l'exercice du droit de communication. L'Administration fiscale peut demander communication de documents comptables afférents à des périodes vérifiées, à condition que ce soit à d'autres fins que le renouvellement d'une précédente vérification. L'Administration peut, en effet, valablement effectuer tous recoupements et recherches nécessaires au contrôle de la situation fiscale d'autres contribuables.

L'interdiction d'une vérification ne signifie pas que l'Administration perd tout droit de reprise après une vérification pour les impôts qu'elle n'a pas redressés à cette occasion. Même après une vérification ayant entraîné des redressements, l'Administration est en droit, dans le délai de reprise normal, d'adresser au contribuable une nouvelle notification de redressements, si elle obtient de nouvelles informations par un autre moyen que de nouvelles investigations sur place.

- *La vérification fiscale personnelle*

Aux termes de l'article 595 du Code général des impôts, lorsqu'elle a procédé à un examen de la situation fiscale personnelle d'un contribuable, l'Administration ne peut plus procéder à des redressements sur la période vérifiée et pour les mêmes impôts, à moins que le contribuable ne lui ait fourni des éléments incomplets ou inexacts. Cette disposition accorde aux contribuables une garantie en cas d'examen approfondi effectué au regard de l'impôt sur le revenu, parce qu'elle supprime le droit de reprise de l'Administration au titre de la période déjà vérifiée.

Toutefois, la limitation du droit de contrôle sur place de l'Administration ne concerne que l'impôt sur le revenu établi à la suite d'un examen de la situation fiscale d'un contribuable au regard de cet impôt. Elle ne s'applique pas donc au rehaussement contradictoire d'autres impôts tels que les droits d'enregistrement, par exemple.

En outre, la garantie est réservée aux contribuables de bonne foi. Le contribuable ne peut bénéficier de la garantie que s'il fournit à l'Administration des éléments d'information exacts et complets. Pour apprécier le caractère incomplet ou inexact d'une réponse, le critère à retenir est essentiellement celui de la bonne foi. Ainsi, constituent des « éléments inexacts ou incomplets » notamment, la production de pièces ou documents falsifiés ou de complaisance tendant à accréditer des actes ou des circonstances inexistants, la dissimulation volontaire de comptes bancaires, de tous documents ou biens de nature à établir l'existence de revenus non déclarés, la révélation d'une comptabilité occulte, ou encore, de manière plus générale la mise en œuvre de manœuvres destinées à égarer les agents de l'Administration dans leurs investigations.

Les informations dont il s'agit sont celles fournies par le contribuable au cours de l'examen contradictoire de sa situation fiscale personnelle et non celles produites à l'Administration antérieurement au début de cet examen. Lorsque l'examen commence, il est donc nécessaire que le contribuable, quelle que soit son attitude fiscale antérieure, mette l'Administration en mesure de fixer les bases d'imposition au niveau des revenus réellement perçus, sans lui dissimuler un aspect quelconque de sa situation fiscale.

La garantie profite au contribuable à partir de la date à laquelle l'Administration lui notifie les redressements ou l'absence de redressement à la suite de la vérification. En effet, une vérification approfondie de la situation fiscale d'ensemble d'un contribuable au regard de l'impôt sur le revenu est achevée au plus tard à la date à laquelle l'Administration notifie au contribuable les conséquences qu'elle entend tirer de cette vérification.

ii) Les exceptions au non-renouvellement d'une vérification

Par dérogation au principe d'interdiction de renouvellement d'une vérification déjà terminée, l'Administration peut reprendre une procédure de vérification en cas de découverte d'éléments nouveaux. Au sens de l'article 595 du Code général des impôts, en cas de découverte d'élément ou de document nouveau postérieurement au contrôle sur place, l'Administration est en droit d'engager une nouvelle procédure ou de procéder à des rappels de droits se rapportant à la période déjà vérifiée. Un élément nouveau est tout fait ou acte juridique posé par le contribuable dans le cadre de manœuvre frauduleuse entachant la régularité de la comptabilité ou de ses déclarations.

Par ailleurs, l'interdiction de renouveler une vérification déjà effectuée, ne s'applique pas lorsqu'une partie seulement de l'activité du redevable ou un aspect de cette activité a été vérifié. Il arrive, en effet, qu'un contribuable exerce concurremment plusieurs activités économiques différentes ou une activité unique mais passible de régimes fiscaux différents. La vérification ponctuelle peut être menée successivement sur des points différents de la comptabilité du contribuable. La vérification ponctuelle porte seulement sur certains points nettement précisés tels que les provisions, les amortissements, les opérations d'exportations au regard de la taxe sur la valeur ajoutée. Ainsi par exemple, lorsqu'un redevable de la taxe sur la valeur ajoutée vend à la fois à l'exportation et à l'intérieur, le fait que les exportations aient été contrôlées, pour une période déterminée, au cours d'une vérification limitée, n'enlève pas à l'Administration la possibilité de vérifier ultérieurement, lors d'une seconde intervention, les ventes réalisées sur le territoire national pendant la même période.

2- L'information du contribuable

Pour lui assurer une correcte application de son droit de défense, le législateur fait de l'obligation d'informer le contribuable vérifié une garantie. Le vérificateur est tenu d'informer le contribuable en amont et en aval du déroulement de la vérification.

a) Le démarrage de la vérification

Le contribuable doit être informé de l'étendue de la vérification. C'est ainsi qu'avant le démarrage de la mission, l'Administration doit assurer l'information du contribuable à travers l'envoi de l'avis et de la charte des droits et obligations du contribuable vérifié. Le début des opérations de vérification est matérialisé par une séance qui marque en même temps le démarrage du dialogue contradictoire qui doit guider tout le déroulement de la vérification.

i) L'avis de vérification

La situation du contribuable faisant l'objet d'une vérification approfondie de situation fiscale d'ensemble est proche de celle du contribuable faisant l'objet d'une vérification de comptabilité. Par conséquent, les mêmes garanties leur sont assurées. Dans les deux cas, la procédure de vérification doit commencer par l'envoi d'un avis de vérification. Cet avis précise les années et les impôts soumis à vérification, les documents à mettre à la disposition du vérificateur, l'indication que le contribuable peut se faire assister par un ou deux conseils de son choix.

L'envoi ou la remise d'un avis permet en plus d'apporter la preuve que le contribuable concerné est informé de ses droits. Le contribuable doit donc être au fait qu'une vérification approfondie va être entreprise.

- *Le signataire de l'avis*

Sous l'empire de l'ancienne loi, en principe, l'auteur de l'avis de vérification n'était pas nécessairement le vérificateur chargé de réaliser le contrôle. La loi ne prévoyait pas directement que l'avis de vérification fût signé par le vérificateur ou qu'il indiquât le nom de celui-ci. Par conséquent, le défaut de préciser l'identité ou de la signature du vérificateur n'entraînait pas l'irrégularité de la vérification. Il en était de même lorsque l'avis ne précisait pas la qualité de l'agent signataire de l'avis de vérification.

Le Code général des impôts de 2012 prévoit désormais en son article 586 que l'avis de vérification mentionne les prénoms, noms des vérificateurs, de leur chef de service ainsi que leur signature respective. Dans la pratique, l'avis est signé par le ou les vérificateurs ainsi que leur supérieur hiérarchique, à savoir le chef de centre ou le chef du bureau du contrôle.

En fait, les inspecteurs et contrôleurs des impôts et des domaines, y compris les agents stagiaires de ces corps, au sens du statut général de la fonction publique, et ayant prêté serment en justice, sont les seuls agents ayant compétence pour exercer les pouvoirs de contrôle et de rappel de droits. À ce titre, les actes de procédure ne doivent comporter que leurs signatures. Ils sont seuls compétents pour fixer les bases d'impositions, liquider les impôts et notifier des courriers au nom de l'Administration fiscale. Ces opérations s'entendent de la conduite des procédures relatives à l'assiette, à la liquidation et au contrôle de ces impôts et de la signature de tous actes administratifs y afférents, notamment l'avis de vérification et l'avis de passage.

- *Le destinataire de l'avis de vérification*

Le contribuable vérifié est, en principe, le destinataire de l'avis de vérification. Si l'activité est menée par une entreprise individuelle, l'avis doit être adressé à l'exploitant et non, par exemple, au conjoint. Si l'activité est menée par une société, l'avis doit être envoyé au dirigeant de l'entreprise. L'avis est adressé soit au contribuable personne physique, soit au dirigeant légal de l'entreprise désigné ès qualités : président-directeur général ou directeur général dans une société anonyme, gérant dans une société à responsabilité limitée. En cas de redressement et de liquidation judiciaires, l'avis est envoyé à l'administrateur judiciaire, si celui-ci est chargé d'une mission d'administration ou au contribuable dans le cas contraire. En cas de décès, l'avis est adressé à la succession ouverte au nom du contribuable. Généralement, le nom du dirigeant n'est pas indiqué sur l'avis.

L'avis de vérification est envoyé avec accusé de réception, soit au domicile du contribuable, soit au lieu du principal établissement. Dans les faits, le destinataire est invité à faire une décharge du cahier de transmission tenu par l'Administration. L'avis doit être adressé au siège de l'entreprise, au lieu de direction effective ou au lieu où l'activité est exercée. Toutefois, le fait d'envoyer l'avis de vérification de comptabilité d'une entreprise unipersonnelle à responsabilité limitée à l'adresse personnelle du gérant de cette société n'entraîne pas l'irrégularité de la procédure d'imposition.

L'Administration doit viser dans l'avis la correcte dénomination du contribuable vérifié. Ainsi, en cas de changement de dénomination, l'Administration doit mentionner le nom de l'entreprise correspondant à la période vérifiée.

En outre, même si elle n'est pas redevable direct de l'impôt sur le revenu ou de l'impôt sur les sociétés, une société de personne est cependant le destinataire de l'avis de vérification. En effet, même si le paiement de l'impôt est mis à la charge des associés, le résultat imposable est établi au niveau de la personne morale. En outre, la société de personne est redevable à part entière puisque la taxe sur la valeur ajoutée est établie à son nom. Elle est donc destinataire de l'avis de vérification. Pour cette même raison, l'avis doit être envoyé à un groupement d'intérêt économique et non à chacun de ses membres individuellement.

Par contre, lorsque le groupement ne dispose pas de la personnalité morale, comme la société en participation qui n'a pas de patrimoine propre, l'avis de vérification peut être adressé à l'ensemble des associés de la société. Ainsi, lorsque l'entreprise vérifiée est exploitée en indivision, l'Administration fiscale doit informer chaque indivisaire de la vérification, sauf dans le cas de l'existence d'une société de fait.

- *Le délai d'envoi de l'avis*

L'avis doit parvenir au contribuable en temps utile. Celui-ci doit être avisé suffisamment à temps afin qu'il puisse préparer sa défense et sa représentation. La garantie qui s'attache au respect de cette formalité est de permettre au contribuable de faire appel à un conseil dès le début des opérations de vérification. La jurisprudence sanctionne ainsi les vérifications qui n'ont pas été précédées d'un avis délivré en temps utile. Il est difficile d'apprécier le délai raisonnable. Toutefois, pour permettre au contribuable de préparer et mettre à la disposition du vérificateur les documents comptables nécessaires à l'exercice de sa mission, un délai d'au moins 5 jours francs est imposé par la loi fiscale.

Ce délai ne joue pas en cas de contrôle inopiné où la notification de l'avis de vérification correspond avec le début de l'exercice du contrôle. En cas d'intervention inopinée tendant à la constatation matérielle des éléments physiques de l'exploitation ou de l'existence et de l'état des documents comptables, l'avis peut être remis en mains propres au contribuable dès le début de l'intervention. Toutefois, l'examen au fond des documents comptables qui constitue la vérification proprement dite ne peut commencer qu'à l'issue d'un délai raisonnable permettant au contribuable de se faire assister par un conseil.

Si le contribuable estime être en mesure de mieux assurer sa défense avant la date que l'Administration a fixée pour le commencement d'une vérification comportant un délai suffisant, il peut solliciter un avancement du début des opérations. L'Administration n'est pas cependant obligée d'accepter cette demande d'avancement.

ii) La charte du contribuable

La charte du contribuable vérifié a été introduite par l'Administration dans le but de favoriser un meilleur climat de compréhension entre ses agents et les contribuables vérifiés. La charte est une brochure qui résume les principales règles s'appliquant à la vérification de comptabilité et la vérification personnelle.

- *L'envoi de la charte*

L'article 586 du Code général des impôts précise que l'avis de vérification doit être accompagné de la charte des droits et obligations du contribuable vérifié, sous peine de nullité. La remise préalable de la charte au contribuable vérifié, avant le début de toute vérification permet à l'intéressé d'être informé du déroulement du contrôle, de ses obligations ainsi que des garanties dont il dispose. Le défaut de respect de cette obligation est susceptible d'entraîner la nullité de la procédure de vérification.

En cas de contrôle inopiné ou de remise de l'avis de vérification et de la charte en mains propres lors de la première intervention sur place, l'Administration devrait porter, en marge de la copie de l'avis que l'agent conserve, une mention indiquant qu'un exemplaire de la charte des droits et obligations du contribuable lui a été remis et demander au contribuable d'apposer sa signature à la suite de cette mention.

Il appartient à l'Administration d'établir qu'elle a adressé au contribuable la charte à jour des textes applicables. À défaut le juge peut prononcer la décharge des impositions. Dans la pratique, la charte est jointe à l'avis de vérification dans le même pli et, le texte de l'avis précisant que la charte est jointe. Dans ce cas, le juge peut présumer que la charte a été effectivement annexée et il appartient au contribuable d'établir que la charte n'était pas jointe. Lorsque le contribuable prétend que la charte n'était pas jointe, le juge pourrait lui reprocher de ne pas l'avoir demandée à l'Administration puisque la lecture de l'avis de vérification lui permet de constater que ce document manquait.

▪ *Le contenu de la charte*

L'article 586 du Code général des impôts dispose que le contenu de la charte du contribuable vérifié est opposable à l'Administration. La charte est ainsi un élément de procédure essentiel à la vérification. Elle informe le contribuable vérifié des obligations et des garanties qui lui sont accordées par la loi. Elle présente les garanties au début du contrôle, lors de la conclusion du contrôle et après le contrôle.

Le problème se pose de savoir si l'envoi, par l'Administration, d'une charte qui n'est pas à jour, est de nature à vicier la procédure de vérification. L'on pourrait être tenté de dire que la remise d'une charte qui n'est pas à jour des dernières garanties législatives accordées au contribuable vicie la procédure d'imposition.

Toutefois, il est plus raisonnable de vérifier si le contenu de la charte était de nature à priver le contribuable d'une garantie essentielle, notamment en l'induisant en erreur. Dès lors, la procédure d'imposition n'est pas viciée du seul fait que la charte du contribuable qui lui a été remise ne comporte pas la mention des dispositions d'une loi plus récente. L'Administration ne doit pas être sanctionnée du seul fait d'adresser au contribuable une charte du contribuable vérifié périmée. Il convient de rechercher si la charte périmée comporte des lacunes qui sont de nature à priver le contribuable d'une garantie essentielle.

iii) La première intervention

Toute vérification sur place est précédée de l'envoi d'un avis de vérification. Cet avis mentionne entre autres, la date de début de l'intervention. Lorsque l'Administration entend mener une vérification, elle doit laisser au contribuable un délai suffisant pour lui permettre d'assurer sa défense avant d'effectuer toute démarche tendant à recueillir des informations ou des documents, soit auprès du contribuable lui-même, soit auprès des tiers.

Cette règle reflète le parallélisme entre la vérification de comptabilité et la vérification personnelle. L'avis n'a cependant ni pour objet, ni pour effet de limiter la possibilité qu'a l'Administration d'exercer son droit de communication auprès des tiers avant la vérification.

Le report de la première intervention peut être sollicité par le contribuable ou par l'Administration. Si les raisons invoquées par le contribuable pour demander le recul de la vérification sont fondées, l'Administration devrait y faire droit. C'est ainsi par exemple qu'un motif tiré de la difficulté à réunir tous les documents comptables nécessaires n'est généralement pas opérant. L'Administration juge généralement le délai fixé comme suffisant pour préparer l'ensemble des documents. Par contre, un motif lié au droit à l'assistance d'un conseil que l'avis de vérification rappelle explicitement est plus efficace.

Dans le cas où la date du début des opérations de vérification est reportée à la demande du contribuable, l'Administration n'est pas tenue d'adresser un nouvel avis de vérification comportant la mention relative à la possibilité de se faire assister d'un conseil. Bien que n'y étant pas tenue, si l'Administration adresse un nouvel avis de vérification au contribuable mentionnant la nouvelle date de première intervention, la période et les impôts à vérifier indiquée sur le second avis lui sont opposables, sans qu'elle ne soit tenue d'adresser au contribuable un autre exemplaire de la charte du contribuable vérifié. L'Administration peut se limiter à acter par écrit la date fixée pour la nouvelle intervention.

En revanche, lorsque le report de la première intervention est à l'initiative de l'Administration ou en cas d'événement imprévu, celle-ci devrait envoyer au contribuable un avis de vérification rectificatif. L'envoi d'un nouvel avis n'est cependant pas obligatoire. Le contribuable a déjà reçu un avis comportant les mentions requises et sait donc qu'il va être vérifié, pour quels impôts et pour quelles années, et qu'il a le droit de se faire assister. Il suffit alors que le contribuable soit informé, par tous moyens, en temps utile, du report de la date de la première intervention.

iv) La période soumise à vérification

Le contribuable doit être informé de la période vérifiée. Les exercices non prescrits soumis à vérification doivent être indiqués au préalable. Dans certains cas exceptionnels, le contrôle peut porter sur des exercices prescrits et même sur des exercices non encore clôturés.

▪ *L'indication des exercices vérifiés*

L'article 586 du Code général des impôts prévoit que l'avis de vérification doit préciser les années soumises à la vérification. Cette mention est un élément substantiel, prescrit à peine d'irrégularité de la procédure. Par conséquent, l'Administration ne peut procéder à des rappels afférents à la période antérieure à la date indiquée sur l'avis de vérification. Lorsque la vérification est étendue à une période non mentionnée sur l'avis de vérification, les redressements relatifs à cette période sont nuls. En principe, s'il n'est pas possible de déterminer la part du redressement correspondant à la période non visée dans l'avis, le contribuable est fondé à demander la décharge de la totalité des impositions.

L'absence d'indication des exercices soumis à vérification constitue une irrégularité de la procédure en ce qu'elle viole les droits de la défense. L'indication des années vérifiées doit être donnée avec précision, à moins qu'il ne soit mentionné que la vérification vise la période non prescrite. Une indication vague et imprécise de la période visée entache la validité de la procédure de vérification et donc d'imposition. C'est le cas notamment lorsque l'avis de vérification se borne à indiquer la date de début de la période vérifiée sans aucune précision sur le terme.

Néanmoins, l'avis de vérification est régulier lorsqu'il précise que la vérification porte sur une période dont la date de début est précisée et qui se poursuit jusqu'au jour de la vérification. L'avis est également régulier lorsqu'il se borne à préciser les années de début et de fin de la période de vérification.

▪ *La recherche sur les exercices prescrits*

L'Administration peut étendre ses investigations sur les années prescrites pour remonter à l'origine d'un déficit ou d'un crédit de taxe sur la valeur ajoutée sans les mentionner sur l'avis de vérification et sans délivrer un nouvel avis de vérification. En effet, l'Administration, pour la détermination de la taxe due au cours de la période soumise à vérification, est en droit de contrôler toutes les opérations qui ont concouru à la formation du crédit de taxe déductible quelles que puissent en être les dates, sans que le contrôle ainsi exercé constitue une extension de la procédure de vérification de la comptabilité à des années qui n'ont pas été précisées dans l'avis de vérification. Ce faisant, l'Administration étend bien le champ de documents à consulter, mais pas celui de la vérification qui tend toujours à contrôler l'assiette de la période initialement annoncée.

- *Le contrôle prématuré*

L'avis de vérification ne doit pas mentionner une année ou un exercice pour lequel, à la date d'envoi de l'avis, le délai de dépôt de la déclaration n'est pas achevé. Les redressements relatifs à des déclarations pour lesquelles le délai de dépôt n'est pas expiré sont nuls parce qu'une telle procédure est irrégulière. Mieux, en cas de vérification prématurée s'achevant avant la souscription de la déclaration, l'Administration se prive, compte tenu de la prohibition légale de la double vérification, de la possibilité de revenir ultérieurement contrôler dans son intégralité, l'exercice partiellement vérifié.

b) La conclusion de la vérification

La réunion de synthèse permet de conclure de manière contradictoire la vérification. L'article 594 du Code général des impôts dispose que la vérification est considérée comme achevée à la date de la réunion de synthèse tenue entre le service de contrôle et le contribuable ou ses représentants. La réunion de synthèse marque la fin des opérations de vérification sur place. Elle constitue la dernière intervention sur place du vérificateur. Après cette réunion, le vérificateur ne peut plus revenir pour consulter les documents comptables.

L'achèvement de la vérification est une question de fait. Les seules dates apposées par le vérificateur sur la notification de début de vérification et celle de fin de cette dernière, n'ont pas force probante. À la fin de l'intervention, l'article 594 du Code général des impôts fait obligation au vérificateur de matérialiser la date par un procès-verbal. La réunion de synthèse donne lieu à l'établissement par le vérificateur d'un procès-verbal. Celui-ci est dressé à l'occasion de la réunion de synthèse qui est une rencontre entre le vérificateur et le contribuable, assisté éventuellement par son conseil. Au cours de cette réunion, le vérificateur expose oralement les constats faits et éventuellement les redressements envisagés. Le contribuable, à cette occasion, donne ses dernières explications ou justifications. Le procès-verbal de synthèse constate la fin de l'intervention sur place.

3- Le déroulement de la procédure

Les garanties liées au déroulement effectif de la procédure de vérification protègent le contribuable contre le déplacement de ses documents et contre une présence anormalement longue des vérificateurs. C'est pourquoi la loi précise le lieu et la durée de la vérification.

a) Le lieu de la vérification

La vérification de comptabilité se déroule en principe dans les locaux de l'entreprise. À la demande du contribuable, elle peut se tenir dans les locaux d'un tiers. À titre exceptionnel, elle peut se dérouler dans les locaux de l'Administration, comme c'est le cas en matière d'examen de la situation fiscale personnelle.

i) La vérification dans les locaux de l'entreprise

Aux termes de l'article 588 du Code général des impôts, la vérification de comptabilité a lieu au siège du contribuable vérifié ou dans un de ses locaux adapté à l'exercice du contrôle. Par définition, la vérification est un contrôle sur place permettant notamment à l'agent des impôts d'apprécier les conditions d'exploitation de l'entreprise ou de recueillir les informations et observations de la personne vérifiée. Par conséquent, la vérification doit se faire dans les locaux de l'entreprise vérifiée pendant les jours d'ouverture et aux heures normales d'activité de l'établissement.

Le déplacement de la comptabilité de l'entreprise vérifiée en dehors de ses locaux est en principe interdit. Le vérificateur doit se rendre « sur place » pour examiner les documents comptables, c'est-à-dire au lieu du principal établissement de l'entreprise. Par exception, le législateur admet que l'examen des pièces comptables puisse exceptionnellement se dérouler hors de l'entreprise à la condition que cette pratique n'ait pas pour effet de priver le contribuable des garanties prévues par la loi pour les contrôles sur place, notamment l'assistance d'un conseil, la possibilité de discussion avant toute proposition de rectification, la limitation dans le temps de la durée du contrôle. En pratique, le contrôle en dehors de l'entreprise ne doit s'appliquer que pour les petites et moyennes entreprises qui n'ont pas toujours la possibilité matérielle d'accueillir, pendant plusieurs semaines, l'agent des impôts chargé d'examiner leur comptabilité.

ii) La vérification dans les locaux d'un tiers

Conformément à l'article 588 du Code général des impôts, en cas de difficulté ou d'impossibilité d'exercice des opérations matérielles de contrôle dans les locaux de l'entreprise, le contribuable peut déterminer tout lieu indiqué. Le choix d'un autre local pour abriter la vérification doit être fait en accord avec le vérificateur qui aura au préalable constaté la difficulté ou l'impossibilité de réaliser le contrôle dans l'entreprise.

Le déroulement de la vérification de comptabilité en dehors du lieu du siège social ou du principal établissement du contribuable doit faire l'objet d'une demande écrite de la part de ce dernier. Ainsi par exemple, à la demande expresse du contribuable, l'examen de la comptabilité de l'entreprise peut être opéré dans les bureaux du comptable de l'entreprise. Les opérations de vérification peuvent se dérouler au cabinet du conseil de l'entreprise à condition que le déplacement des documents ait été réalisé sur l'initiative du contribuable ou qu'il les ait lui-même transportés chez son comptable. La vérification pourrait ne pas être entièrement conduite dans le bureau du conseil ; elle pourrait comporter un minimum d'investigations dans l'entreprise permettant au vérificateur d'apprécier les conditions réelles d'exploitation.

La vérification ne peut en aucun cas se dérouler au domicile du vérificateur. Par contre, elle peut se dérouler régulièrement au domicile du dirigeant de la société vérifiée dans la mesure où cette circonstance résulte d'une demande expresse de l'intéressé.

iii) La vérification dans les locaux de l'Administration

La loi prévoit, sous certaines conditions, la possibilité de procéder à la vérification approfondie dans les locaux de l'Administration. Dans ces cas limitativement prévus par la loi, l'Administration est autorisée à emporter les documents du contribuable ; à charge pour elle de les restituer à la fin de la mission.

- *Les conditions du contrôle dans les locaux de l'Administration*

La vérification ne peut s'effectuer dans les locaux de l'Administration fiscale que dans deux hypothèses : d'abord dans le cadre d'une vérification de comptabilité, si le contribuable et le vérificateur en conviennent ; ensuite dans le cadre d'une vérification personnelle, de façon systématique. En effet, la vérification de comptabilité peut être menée dans les bureaux de l'Administration à la demande du contribuable. Mais une telle démarche doit procéder de la seule volonté du contribuable et être exclusive de toute pression, ou même incitation de la part du vérificateur. Les documents comptables, support des déclarations fiscales, sont la propriété de contribuable. Celui-ci peut en disposer et les remettre temporairement au vérificateur dans le cadre d'une vérification.

Toutefois, si le contrôle dans les locaux de l'Administration constitue une exception dans le cadre de la vérification de comptabilité, il constitue la règle en matière de vérification personnelle. L'article 588 du Code général des impôts précise que l'examen de situation fiscale personnelle a lieu dans les locaux de l'Administration fiscale.

- *La remise de documents au vérificateur*

L'article 593 du Code général des impôts dispose que dans le cas d'examen de situation fiscale personnelle ou lorsqu'il est convenu que les opérations matérielles de vérification de comptabilité ont lieu dans les locaux de l'Administration des impôts, le contribuable liste et présente les pièces et documents requis contre décharge du service de contrôle. Le vérificateur doit remettre au contribuable vérifié un reçu détaillé des documents dont l'Administration devient temporairement dépositaire. Ce reçu doit être signé par le vérificateur et par le contribuable. Le vérificateur doit s'assurer de l'inventaire exhaustif et précis des pièces énumérées sur ce reçu avant de les emporter. Mais, en aucun cas, les documents prélevés ne doivent être transportés au domicile du vérificateur.

Cependant, le dépôt spontané de documents comptables auprès des services de contrôle ne vicie pas, en principe, la vérification. Dès lors, afin d'éviter toute contestation ultérieure sur l'origine d'une telle démarche, le vérificateur doit s'abstenir de demander au contribuable de lui apporter des documents qu'il a la possibilité de consulter dans les locaux de l'entreprise. Si le contribuable prend l'initiative d'apporter certaines pièces comptables au vérificateur, celui-ci devrait même exiger une décharge mentionnant que le contribuable a effectué, de lui-même, le transport des documents et précisant la teneur exacte des documents qui lui sont remis.

Les documents ne pouvant être emportés dans les locaux de l'Administration que lorsque ces conditions sont remplies sont les pièces justificatives de la comptabilité. Il s'agit, en fait, indépendamment des documents comptables au sens strict, de toutes les pièces qui sont utiles au vérificateur pour effectuer le contrôle et, par conséquent, au contribuable pour assurer sa défense. C'est le cas notamment de l'inventaire des stocks, des relevés de compte bancaire, qui constituent des pièces justificatives des recettes et dépenses professionnelles, même s'ils retracent également des opérations étrangères à l'activité professionnelle.

Toutefois, le fait d'emporter des copies ou des photocopies fournies par le contribuable ne constitue pas en lui-même une cause d'irrégularité de la vérification. De même, ne constitue pas un emport irrégulier de comptabilité susceptible de vicier la procédure de vérification, le fait que le contribuable ait lui-même apporté les documents litigieux au bureau du vérificateur ou le fait pour le vérificateur d'emporter des documents étrangers à la comptabilité professionnelle, tels qu'un échéancier de prêts ou un carnet sur lequel le contribuable inscrit seulement le nombre d'actes journaliers.

- *La restitution des documents*

Les documents doivent être prélevés puis restitués dans des conditions qui n'autorisent aucune contestation sur leur nombre ou leur nature et permettent au contribuable vérifié d'assurer sa défense en toute connaissance de cause et au moyen de tous les éléments utilisés par le vérificateur. À la fin des opérations de contrôle effectuées dans les locaux de l'Administration, le vérificateur doit restituer au contribuable ou son représentant, les documents comptables qui lui ont été donnés.

Lors de la restitution des documents, le vérificateur doit exiger une décharge qui corresponde strictement au reçu qu'il a délivré lors de la réception. Le vérificateur peut aussi mentionner expressément dans la décharge qui lui est remise lors de la restitution des documents, les dates des visites, les opérations effectuées et les observations auxquelles elles ont donné lieu, tant de sa part que de celle du contribuable vérifié.

La restitution des documents doit avoir lieu en temps utile pour que le contribuable soit en mesure de discuter les premiers résultats de la vérification avant la clôture des opérations sur place. Il est donc indispensable qu'il y soit procédé au plus tard à la réunion de synthèse qui constitue la date de clôture de la vérification proprement dite.

Le déplacement des documents comptables en dehors des locaux de l'entreprise ne doit pas avoir pour effet de priver le contribuable vérifié de la possibilité d'avoir un débat oral et contradictoire avec le vérificateur. D'où la nécessité de restituer les documents déplacés avant la dernière intervention sur place. Le respect de ce principe tenant à la possibilité pour le contribuable d'avoir un débat oral et contradictoire avec le vérificateur est indispensable pour que le juge de l'impôt admette qu'il soit dérogé à la volonté du législateur de voir les opérations de vérification de comptabilité se dérouler dans l'entreprise.

Dès lors, le vérificateur ne devrait pas s'opposer à la présence du conseil du contribuable dans les locaux administratifs lors de l'examen matériel des documents prélevés. Mais les échanges « techniques », qui peuvent avoir lieu avec le conseil, ne dispensent pas le vérificateur d'informer directement le contribuable.

b) La durée de la vérification

La loi encadre la vérification dans le temps. C'est ainsi que la durée de la vérification fait l'objet d'une limitation. Mais le délai de vérification peut être prorogé dans certaines conditions. En outre, le principe de la limitation de la durée de la vérification ne s'applique pas dans certains cas.

i) La limitation de la durée de la vérification

La durée de l'intervention sur place doit correspondre au temps utile pour l'accomplissement des diligences nécessaires. Ce temps ne peut donc s'apprécier qu'en fonction des difficultés propres à chaque dossier. Seulement pour éviter que les vérifications ne s'éternisent, le législateur prévoit une limitation de la durée de la vérification.

- *L'étendue de la limitation*

La vérification de la situation fiscale personnelle, de même que les opérations matérielles de vérification de comptabilité ne peuvent s'étendre sur une période de plus de 12 mois, à compter du jour de la première intervention sur place tel que indiqué dans l'avis de vérification.

Concernant les entreprises dont le chiffre d'affaires annuel hors taxes est inférieur à un milliard de francs, la vérification de comptabilité ne peut pas durer plus de 4 mois, à compter du jour de la première intervention sur place. La limitation de 4 mois ne s'applique donc pas lorsque le chiffre d'affaires d'un seul exercice vérifié excède le seuil. Si le montant déclaré du chiffre d'affaires n'est inférieur à cette limite que par suite d'omissions ou d'insuffisances commises par un contribuable dans ses déclarations, celui-ci n'est pas fondé à se prévaloir de la limitation de durée. Par conséquent, l'Administration peut prolonger la vérification sur place au-delà du délai de 4 mois sans pouvoir dépasser 12 mois lorsque le chiffre d'affaires de l'entreprise, à bon droit rehaussé, dépasse un milliard de francs.

La limitation de la durée de la vérification ne s'applique qu'aux vérifications de comptabilité. Les interventions sur place se rattachant à l'exercice du droit de communication ou ayant pour objet d'opérer des constatations matérielles ne nécessitant aucun examen des écritures ne sauraient faire courir le délai de 4 mois.

En cas de contrôles successifs, par des vérificateurs différents, de chaque catégorie d'impôts, chaque vérificateur dispose d'un délai de 4 mois pour le contrôle des impôts relevant de sa compétence. Ce délai s'impose, par exemple, au vérificateur qui effectue un contrôle limité à la taxe sur la valeur ajoutée et au vérificateur qui effectue un contrôle limité à l'impôt sur les sociétés. Les deux vérificateurs disposent donc d'un délai cumulé de 8 mois.

- *La mise en œuvre de la limitation du délai*

La computation du délai de vérification part du jour de la première intervention sur place de l'agent vérificateur. Le délai se calcule de quantième à quantième et le point d'arrivée se situe la veille du jour portant le même quantième que le jour de la première intervention. Ainsi, par exemple, en ce qui concerne le délai de 4 mois, si la date de la première intervention est le 19 mars, la date de la dernière intervention sera le 18 juillet suivant. Lorsqu'il n'existe pas de quantième identique, le délai expire alors au dernier jour du mois. Ainsi, par exemple, lorsque la date de la première intervention a lieu le 31 juillet, le délai de 4 mois expirant le 30 novembre, le jour de la dernière intervention sera le 29 novembre.

L'inobservation de la limitation du délai de vérification entraîne la nullité absolue et inconditionnelle des impositions consécutives. Il en est ainsi même si le contribuable consent tacitement ou expressément à la prolongation du délai légal.

En cas de contestation, il appartient au contribuable d'établir qu'une intervention s'est déroulée après l'expiration du délai de vérification. Le contribuable qui demande l'annulation de la procédure pour dépassement de la durée légale de vérification est tenu de produire l'avis de vérification qui mentionne le début des opérations matérielles de vérification ou la première convocation en matière d'examen de situation fiscale personnelle ainsi que le procès-verbal de réunion de synthèse qui indique la fin des opérations matérielles de vérification. Le service vérificateur peut apporter la preuve de la durée de la vérification, ainsi que de tout document ou fait de nature à proroger ou à rendre inopposable la durée légale invoquée par le contribuable.

ii) La prorogation du délai de contrôle

Le délai légal de vérification peut faire l'objet d'une prorogation. En effet, si du fait du contribuable, le vérificateur n'est pas en mesure de réaliser sa mission dans le délai, il est prévu, dans certaines conditions, la possibilité de prolonger le contrôle. Tel est le cas lorsque le contribuable ne produit pas à temps les relevés de ses comptes bancaires ou lorsque l'Administration recourt à la coopération internationale. Tel est le cas également lorsque l'Administration découvre une activité occulte ou qu'une instance judiciaire est ouverte. Si le contrôle est prorogé au-delà de la durée initialement prévue, le vérificateur devrait informer le contribuable par écrit avant l'expiration de la durée d'un an, de la poursuite des opérations et des motifs de droit de celle-ci.

- *Le retard dans la production des relevés de compte*

Dans le cadre de la vérification de comptabilité ou de la vérification personnelle, l'Administration a généralement besoin d'exploiter les relevés de compte du contribuable vérifié. C'est pourquoi le vérificateur en fait la requête souvent dès le début de la procédure. Lorsque le contribuable produit les documents qui lui sont réclamés par le vérificateur, il doit établir un reçu détaillé en double exemplaire, mentionnant la date de remise, la nature des documents et l'identification des relevés manquants ou des discordances constatées. Lorsque le contribuable ne produit pas les relevés de compte dans le délai imparti, le vérificateur doit en prendre acte sur la base d'un procès-verbal.

L'Administration peut avoir à rechercher elle-même les relevés de compte de la personne vérifiée. Mieux, elle peut être amenée à rechercher l'existence même de comptes que le contribuable ne lui aurait pas révélés. Lorsque le vérificateur demande en vain au contribuable vérifié de produire le relevé de ses comptes, alors la durée de la vérification est prorogée du délai nécessaire à l'Administration pour obtenir ces documents. Il s'agit des relevés des comptes de toute nature, notamment les comptes bancaires, comptes chèques postaux, comptes de dépôts, d'avances, comptes courants, comptes titres, comptes d'épargne y compris les comptes joints et ceux sur lesquels le contribuable a procuration.

Toutefois, le délai prorogeable comprend uniquement la période utile à l'Administration pour se procurer les relevés. Il ne couvre pas le délai nécessaire pour découvrir l'existence et les références complètes d'un compte dont l'identité n'a pas été révélée par le contribuable. D'ailleurs, la prorogation ne devrait être accordée que si le compte a effectivement fonctionné au cours de la période soumise à vérification.

Si le contribuable produit ses relevés de compte complets, originaux ou copies, dans le délai imparti, le délai de vérification n'est pas prorogé, sauf en cas de découverte ultérieure de comptes pour lesquels le contribuable aurait dû produire les relevés et sous réserve d'autres causes éventuelles de prorogation. Par contre, lorsque le contribuable produit de façon incomplète ses relevés de compte ou s'abstient de les produire dans le délai imparti, et qu'il produise lui-même les documents complémentaires ultérieurement, la prorogation de la durée du contrôle court à compter de la date d'expiration du délai initialement imparti pour produire les relevés jusqu'à leur réception par l'Administration. Mais si les relevés de compte sont fournis par le teneur de compte dans le cadre de l'exercice du droit de communication le délai de prorogation court de la date de la demande de l'Administration à celle de mise à disposition des relevés par ce dernier. En cas d'exercice du droit de communication auprès de plusieurs établissements, le délai de prorogation du contrôle est égal au délai le plus long nécessaire à l'obtention des relevés auprès d'un des établissements sollicités.

- *La mise en œuvre de la coopération internationale*

Lorsque l'Administration réunit des éléments permettant de présumer que le contribuable dispose de revenus à l'étranger ou en provenance de l'étranger, elle peut mettre en œuvre l'assistance administrative prévue par les conventions fiscales internationales. Dans cette hypothèse, le temps pris par les autorités étrangères pour fournir des renseignements sur la personne vérifiée ou pour faire connaître leur décision sur une demande initiée par l'Administration fiscale est augmenté au délai de contrôle. Le revenu en provenance directe de l'étranger s'entend des sommes virées directement au profit du contribuable par le débiteur à l'exception des dividendes et intérêts des titres étrangers cotés au Sénégal et inscrits à un compte ouvert au Sénégal.

Pour que la prorogation du délai soit applicable, l'Administration doit avoir réuni des éléments permettant de présumer l'existence de tels revenus et qu'elle ne peut pour autant déterminer. Cette présomption doit être établie avant l'expiration du délai d'un an ou de 4 mois, le cas échéant, prorogé pour d'autres motifs. La présomption peut résulter, notamment, de l'exploitation d'une déclaration des revenus encaissés hors du Sénégal, d'activités à l'étranger, de patrimoines détenus à l'étranger, de comptes ouverts à l'étranger ou de virements provenant de l'étranger, quelle que soit leur origine.

L'Administration doit donc adresser une demande d'assistance administrative à un pays lié au Sénégal par une convention fiscale internationale. La demande doit concerner des éléments que le pays auquel elle est adressée est *a priori* en mesure de fournir, compte tenu des dispositions de la convention et de sa propre législation. Elle doit nécessairement intervenir avant l'expiration du délai normal, sous réserve d'autres cas de prorogation de la durée du contrôle éventuellement applicables.

La prorogation est égale à la durée nécessaire à l'Administration pour recevoir la réponse de l'autorité étrangère. Cette durée court de la date d'envoi de la demande par l'Administration fiscale sénégalaise à la date de réception de la réponse, y compris lorsque celle-ci fait état de l'impossibilité de donner suite à la demande. Toutefois, en cas d'absence de réponse de l'autorité fiscale étrangère, la durée de la vérification ne saurait être étendue de façon indéfinie. La loi reste muette sur cette possibilité, mais en principe, l'absence de toute réponse dans un délai d'un an devrait être considérée comme équivalant à une impossibilité de donner suite à la demande. La date d'expiration de ce délai constituerait le point d'arrivée du délai de prorogation qui se calcule de quantième à quantième.

La durée de la vérification doit aussi être prorogée en cas de demandes successives d'assistance administrative ou de pluralité de demandes d'assistance non liées. Si de nouvelles demandes sont adressées au pays initialement saisi ou à d'autres, et sont directement liées et consécutives à la réponse faite à la première demande, la durée de prorogation doit être égale au total des délais de réponse successifs. Mais si les demandes d'assistance administrative ne sont pas liées entre elles et quelle que soit leur date d'envoi, la durée de prorogation à retenir doit être le délai de réponse le plus long à l'une de ces demandes.

Si l'Administration ne justifie pas qu'à la date de formulation de la demande d'assistance administrative elle avait réuni des éléments permettant de présumer l'existence de revenus à l'étranger ou en provenance directe de l'étranger dont aurait pu disposer le contribuable vérifié le délai de vérification ne devrait être régulièrement prorogé.

Il appartient à l'Administration fiscale, lorsqu'elle entend prolonger la durée d'une vérification de comptabilité ou d'un examen fiscal personnel, de justifier cette prolongation par une demande faite auprès des autorités étrangères de renseignements sur les revenus dont il s'agit et du délai nécessaire à l'obtention de ces renseignements. Le contribuable doit donc être informé par l'Administration des éléments qui lui permettent de présumer l'existence de revenus étrangers.

La prorogation n'est pas subordonnée à la condition que l'Administration soumette au débat contradictoire les renseignements demandés aux autorités étrangères, mais seulement à la condition que la demande de renseignements soit justifiée par des éléments permettant de présumer que le contribuable a pu disposer de revenus à l'étranger ou en provenance de l'étranger.

- *La découverte d'une activité occulte*

En cas de découverte d'une activité occulte, la loi prévoit un allongement de la durée initiale de la vérification sur place. L'activité occulte est une activité qui n'a pas été portée à la connaissance de l'Administration fiscale. C'est donc une activité que le contribuable n'a pas déclarée et pour laquelle il n'a pas accompli les formalités administratives requises lors de sa création. Il peut s'agir d'une activité exercée par le contribuable sous le couvert de prête-nom ou de société fictive. La définition de l'activité occulte doit prendre en compte le nombre, la fréquence des opérations, leur importance.

Toutefois, la simple défaillance déclarative ne constitue pas une activité occulte. En effet, si un contribuable a déclaré l'existence de son entreprise mais n'a pas, par la suite rempli ses obligations fiscales déclaratives, le caractère occulte de cette activité n'est pas constitué.

Pour permettre à l'Administration de proroger la durée de la vérification, l'activité occulte doit être découverte au cours du contrôle, dans le délai initial, sous réserve d'une prorogation. Cette découverte peut résulter de divers événements, tels l'aveu du contribuable, la révélation par un tiers, l'exercice du droit de communication, la constatation sur les comptes financiers des recettes tirées de cette activité. Lorsque l'allongement de la durée de la vérification est applicable, le contrôle peut porter sur des éléments non directement liés au motif de l'allongement et pour l'ensemble de la période visée dans l'avis de vérification. Lorsque l'Administration découvre une activité occulte au cours d'un délai initial de vérification, la durée de contrôle est prorogée de 6 mois lorsqu'il s'agit d'une vérification de comptabilité et d'un an lorsqu'il s'agit d'un examen de la situation fiscale personnelle.

- *L'ouverture d'une instance judiciaire*

L'examen de la situation fiscale professionnelle est prorogé d'une année supplémentaire, lorsque, dans le délai initial d'un an, une instance devant les juridictions est ouverte à l'encontre du contribuable vérifié. L'ouverture d'une instance judiciaire durant le délai initial de vérification suite à une plainte déposée contre le contribuable vérifiée par l'Administration ou un tiers fait peser sur celui-ci une présomption de fraude fiscale qui entraîne l'allongement du délai de contrôle de ses activités. Le législateur n'a pas limité l'instance judiciaire à la seule procédure fiscale. Toute instance pénale ou commerciale et même civile peut être à l'origine de la prorogation du délai de vérification personnelle d'un an de plus.

iii) L'inapplication de la limitation du délai

La limitation du délai de contrôle sur place n'est pas absolue. L'article 590 du Code général des impôts prévoit une durée illimitée pour le déroulement de certaines opérations de vérification.

Dans le cadre d'un examen de la situation fiscale personnelle, la limitation de la durée du contrôle sur place ne s'applique pas au contrôle des comptes financiers mixtes. En effet, l'expiration du délai d'un an n'est pas opposable à l'Administration lorsqu'elle examine des comptes dont le contribuable se sert à des fins à la fois professionnelles et privées. De la même manière, en cas de vérification de comptabilité, la limitation du délai à un an ou 4 mois, selon le chiffre d'affaires de l'entreprise, ne s'applique pas au contrôle des comptes financiers qui seraient utilisés pour l'exercice d'activités distinctes et seraient, en leur qualité de documents comptables, susceptibles d'être examinés lors de la vérification de chacune de ces différentes activités.

Enfin, l'expiration du délai de contrôle n'est pas opposable à l'Administration pour l'instruction des observations ou des requêtes présentées par le contribuable après l'achèvement des opérations de vérification de comptabilité ou de vérification personnelle. Le nouvel examen des documents comptables nécessité par cette instruction constitue le prolongement de la première intervention sur place et ne doit pas être considéré comme une nouvelle vérification. Toutefois, lorsque l'instruction des observations présentées par un contribuable en réponse aux propositions de rectification qui lui ont été notifiées nécessite de nouvelles recherches dans les documents comptables, l'intervention de l'Administration doit être limitée à l'examen des moyens soulevés par le contribuable. Par conséquent, aucun redressement nouveau, s'ajoutant à ceux qui lui ont été antérieurement notifiés, ne doit être mis à la charge dudit contribuable.

iv) La suspension de la vérification

L'Administration fiscale peut être amenée à suspendre les opérations matérielles de vérification sur place. Cette suspension peut être due à des raisons liées à la nécessité du service ou à la situation personnelle du vérificateur. La durée de la suspension de la vérification ne peut être supérieure à 3 mois. Lorsque l'Administration suspend les opérations de contrôle pour une durée supérieure à cette période, la procédure de vérification est frappée de nullité.

Lorsque l'Administration entend suspendre les opérations de contrôle sur place, elle doit obligatoirement en informer le contribuable par écrit. En cas de reprise des opérations de contrôle, le contribuable doit en être informé auparavant suivant la même forme.

La période de la suspension de la vérification n'est pas prise en compte pour la computation du délai de limitation des opérations de contrôle sur place. La suspension de la vérification court de la notification de la décision de l'Administration jusqu'à la notification de la reprise des opérations sur place.

§2- Les garanties fonctionnelles

Les garanties fonctionnelles sont d'ordre matériel. Elles renvoient aux éléments de fond appliqués au cours de l'exercice du droit de contrôle. Les agents des impôts sont amenés à appliquer la doctrine administrative durant le contrôle. Cette doctrine est opposable à l'Administration. De même, le contrôle fiscal étant, par essence, basé sur le principe du contradictoire, les contribuables sont amenés à exercer le droit de réponse aux actes verbaux et écrits des vérificateurs. Enfin, les agents des impôts chargés du contrôle sont soumis à l'obligation de secret professionnel qui constitue également une garantie certaine du contribuable.

1- L'opposabilité de la doctrine administrative

La doctrine administrative renvoie à l'ensemble des prises de position formelles de l'Administration par rapport à un point de droit ou une situation de fait. Le contribuable peut opposer à l'Administration l'interprétation qu'elle fait d'un texte de loi. La position de l'Administration peut aussi porter sur l'appréciation d'une situation de fait présentée par le contribuable à travers la procédure du rescrit fiscal dont les accords préalables en matière de prix de transfert sont une variante.

a) L'interprétation portant sur un point de droit

La loi a institué un mécanisme de garantie au profit du redevable qui, s'il l'invoque, est fondé à se prévaloir, à condition d'en respecter les termes, de l'interprétation de la loi formellement admise par l'Administration, même lorsque cette interprétation ajoute au texte ou le contredit.

i) Le champ d'application de la garantie

Aux termes de l'article 601 du Code général des impôts, le contribuable peut opposer à l'Administration des impôts l'interprétation des dispositions résultant d'une prise de position formelle à travers des instructions, circulaires ou réponses publiées du ministre chargé des Finances ou de toute autorité ayant reçu délégation dans cette matière. Cette garantie s'applique à tous les impôts, droits et taxes assis et recouvrés en vertu du Code général des impôts ainsi qu'aux taxes dont tout ou partie des règles sont précisées par référence à des règles définies par ledit code. La garantie s'applique aussi aux textes publiés par l'Administration en matière de recouvrement de l'impôt et de pénalités fiscales. Elle s'applique aux impositions tant initiales que supplémentaires. Toutefois, l'article 601 du Code général des impôts ne peut être invoqué que par un contribuable qui conteste son imposition.

Il est, par exemple, sans portée dans le contentieux de l'excès de pouvoir.

L'interprétation opposable à l'Administration porte sur des textes fiscaux de tout rang, législatifs, réglementaires, conventionnels qui se rapportent à l'assiette, au taux, à la liquidation, au recouvrement de l'impôt, aux règles de prescription ou aux pénalités fiscales. Ne constituent, cependant, pas des textes fiscaux pour l'application de l'article 601 du Code général des impôts, les textes relatifs à la procédure d'imposition, à la procédure contentieuse ou aux obligations comptables des contribuables.

Seuls sont opposables à l'Administration, les documents de portée générale publiés, qui comportent une réelle interprétation d'un texte fiscal. Les instructions et les circulaires administratives constituent une source d'interprétation de la loi fiscale. Seules les instructions ou circulaires administratives qui apportent des précisions sur le sens d'un texte fiscal de nature à caractériser une réelle interprétation dudit texte et qui règlent, d'une manière générale, une situation donnée, peuvent être considérées comme interprétatives. Il en est ainsi, par exemple, d'une instruction précisant qu'une catégorie déterminée de dépenses est déductible du revenu global selon des modalités qu'elle indique.

Les précisions apportées dans la charte du contribuable ne sont pas opposables au titre de l'article 601 du Code général des impôts. Il en est de même des déclarations du ministre au cours des débats parlementaires ayant précédé le vote d'un texte fiscal, au sujet de ses intentions quant à l'application du texte à intervenir.

L'interprétation dont entend se prévaloir le contribuable ne peut pas être étendue à d'autres situations que celles qu'elle vise. Ainsi, par exemple, l'interprétation invoquée par le contribuable n'est opposable à l'Administration que pour autant qu'elle concerne l'impôt contesté et, au sein de cet impôt, le même texte fiscal. Toutefois, lorsque les instructions, circulaires et réponses ont été régulièrement rapportées antérieurement à la date des opérations en cause, elles ne peuvent être opposées à l'Administration des impôts.

ii) La portée de la garantie

L'article 601 du Code général des impôts ne peut être invoqué par les contribuables qu'en cas de rehaussement fondé sur une interprétation d'un texte fiscal différente de celle que l'Administration avait précédemment formellement admise. Ainsi, le support doctrinal invoqué peut être constitué par des prises de position formelle n'ayant pas fait l'objet d'une publication, à caractère général ou à caractère individuel. Cette garantie commence à courir au profit du contribuable à partir du moment où celui-ci fait application de la prise de position de l'Administration dans sa déclaration ou lors de la détermination des bases servant au calcul d'impôts acquittés spontanément. Aucun rehaussement fondé sur une interprétation différente ne peut donc être poursuivi aussi longtemps que l'Administration n'a pas, par une nouvelle disposition de portée générale, modifié sa doctrine.

Les demandes individuelles formulées par un contribuable à l'Administration doivent porter sur un point de droit fiscal, de portée générale afin que cette dernière lui fasse connaître le sens et la portée du ou des textes en cause. Lorsque l'interprétation d'un texte fiscal provient d'instructions ou circulaires publiées par l'Administration, la garantie résultant de l'article 601 du Code général des impôts est accordée au contribuable, qu'il s'agisse d'impositions primitives ou supplémentaires. Par contre, lorsque l'interprétation provient d'autres sources, c'est-à-dire de réponses individuelles et, en particulier, de réponses à des demandes de renseignements des contribuables, la garantie ne s'applique que dans le cas de rehaussement d'imposition.

La garantie prévue à l'article 601 du Code général des impôts n'est subordonnée à aucune forme particulière. Il suffit que le contribuable ait fait application de l'interprétation du texte fiscal donnée et publiée par l'Administration. L'application de la garantie dans le temps suppose que le principe d'antériorité soit respecté et que l'interprétation invoquée produise encore ses effets. La garantie demeure subordonnée à la condition que la publication de l'interprétation administrative soit intervenue antérieurement à la date à laquelle le contribuable a fait application de cette doctrine ou aurait pu en faire application. Lorsque l'Administration a modifié son interprétation, il convient de se placer à la date du fait générateur de l'impôt pour apprécier quelle est la doctrine en vigueur *rationae temporis*.

La protection qu'apportent aux contribuables les dispositions de l'article 601 du Code général des impôts ne peut être invoquée que si la législation interprétée par la doctrine en cause est toujours en vigueur. Un changement de législation a donc pour effet de rendre caduque l'interprétation donnée par l'Administration de la loi antérieure dès l'entrée en vigueur de la loi nouvelle. De même, en rendant inapplicable pour le passé la loi précédemment en vigueur, la loi rétroactive rend périmée la doctrine se rapportant à la loi antérieure.

En dépit de l'effet rétroactif qui s'attache normalement à l'annulation pour excès de pouvoir, les dispositions de l'article 601 du Code général des impôts permettent à un redevable de se prévaloir de l'interprétation qui était formellement admise par l'Administration, alors même que serait ultérieurement intervenue l'annulation par le juge de l'acte, quel qu'il soit, par lequel elle avait été exprimée. S'agissant d'une imposition dont le fait générateur est postérieur à la date de l'annulation d'un acte renfermant une interprétation de la loi fiscale, cette annulation a, en revanche, pour effet de priver le redevable de la possibilité de se prévaloir de cet acte au titre de cette garantie.

Aussi longtemps que l'Administration n'a pas formellement abandonné une interprétation renfermée dans un acte qui, bien qu'illégal, n'a pas été annulé, celle-ci reste invocable, en tant que cet acte la renferme, sur le fondement de l'article 601 du Code général des impôts. Par conséquent, lorsque le juge annule un acte comportant une interprétation, cette annulation ne fait pas obstacle à ce que le contribuable puisse continuer à se prévaloir de cette même interprétation si celle-ci est contenue dans un autre acte qui, lui, n'a pas été annulé.

Toutefois, le contribuable ne peut se prévaloir d'une interprétation que pour autant que l'Administration n'ait pas manifesté sa volonté de la modifier ou de l'abroger. Lorsqu'un acte comportant une interprétation est annulé et que ladite interprétation n'est pas reprise par un autre vecteur non annulé, la loi régit seule la situation en cause tant que l'Administration ne fait pas connaître une nouvelle interprétation.

b) L'appréciation d'une situation de fait : le rescrit fiscal

Le rescrit est une consultation juridique par laquelle l'Administration précise l'application qu'elle fait d'un texte au regard d'une situation factuelle exposée par un contribuable. En tant que tel, le rescrit est une garantie qui trouve son fondement dans la recherche de la sécurité juridique. La loi en précise les conditions d'application et la portée.

i) Le fondement de la garantie

Les dispositions de l'article 602 du Code général des impôts relatives à la consultation fiscale constituent une extension de la garantie prévue par l'article 601. L'article 602 ouvre au contribuable la possibilité d'opposer à l'Administration ses prises de position formelle sur l'appréciation de situations de fait au regard d'un texte fiscal. Le rescrit a pour finalité de garantir une meilleure sécurité juridique et d'apporter une limite au droit de reprise de l'Administration en lui interdisant de procéder à des rehaussements contraires à ses propres prises de position formelle sur l'application d'un texte fiscal. Le contribuable peut opposer à l'Administration une prise de position formelle sur l'appréciation d'une situation de fait au regard d'un texte fiscal à la suite d'une demande écrite, précise et complète d'un contribuable.

Il y a appréciation d'une situation de fait au regard d'un texte quand l'Administration tire les conséquences juridiques d'une situation donnée. À partir des éléments portés à sa connaissance, l'Administration donne un avis juridique qui l'engage dès lors que le contribuable qui l'a sollicité présente les faits de façon sincère.

Le rescrit établit une relation quasi-contractuelle entre le contribuable et l'Administration fiscale, celle-ci pouvant même être amenée dans sa prise de position formelle à déterminer les conditions que doit satisfaire le contribuable qui l'a saisie pour que sa situation de fait entre dans le champ des dispositions dont il sollicite le bénéfice. Seul le respect de ces conditions lui permet alors de se prévaloir de la prise de position formelle.

Le principe d'égalité doit utilement être adapté à l'approche de la procédure de rescrit par l'Administration fiscale. Ce principe ne s'oppose pas à ce que l'Administration fiscale règle de façon différente des situations différentes ni qu'elle déroge à l'égalité pour des raisons d'intérêt général, pourvu que la différence de traitement qui en résulte soit, dans l'un comme l'autre cas, en rapport avec l'objet de la norme qui l'établit et ne soit pas manifestement disproportionnée au regard des différences de situations susceptibles de la justifier.

Le rescrit, en tant que technique de consultation juridique de l'Administration sur la situation de fait d'un contribuable, n'est pas contraire aux principes d'égalité devant l'impôt et de non-discrimination. Elle est en revanche essentielle pour assurer une juste mise en œuvre du principe de garantie contre les changements de doctrine.

ii) Les conditions d'application de la garantie

La garantie liée au rescrit n'est opérationnelle que si l'Administration donne une prise de position formelle sur la situation de fait que lui présente le contribuable.

▪ *La prise de position formelle*

Une prise de position peut être considérée comme formelle dès lors qu'elle est suffisamment explicite et non équivoque. Ainsi, ne peut être considérée, dans les termes où elle est rédigée, comme comportant une prise de position formelle de l'Administration qu'une réponse qui règle de manière claire et précise un point de droit fiscal en prenant position sur le sens et la portée du texte examiné. La position de l'Administration doit être formulée de manière non équivoque pour permettre aux personnes concernées de connaître exactement et strictement d'une part, leurs droits, notamment les références législatives et doctrinales et d'autre part, leurs obligations, par exemple, la mention des conditions à satisfaire.

Seuls sont opposables à l'Administration les documents qui comportent effectivement une interprétation d'un texte fiscal qui règle sans ambiguïté un point de droit fiscal en prenant position sur le sens et la portée du texte examiné. Ainsi, les réponses aux demandes individuelles des contribuables ne peuvent être invoquées par les intéressés que dans la mesure où elles contiennent une interprétation du texte fiscal, c'est-à-dire lorsqu'elles ont pour objet de préciser, en droit, la portée de la situation de fait.

L'interprétation d'un texte fiscal ne peut consister en une simple appréciation des faits ou d'une situation au regard des dispositions du texte. Ainsi, les prises de position individuelles qui se limitent à l'appréciation d'une situation de fait au regard de l'application des dispositions d'un texte fiscal sans faire découler cette appréciation d'une solution de droit énoncée dans la réponse ne peuvent, le cas échéant, être opposées à l'Administration.

Lorsque l'Administration agit sur le plan gracieux, la décision prise à ce titre ne constitue pas une prise de position formelle sur l'appréciation d'une situation de fait. Il en est ainsi par exemple d'une décision de dégrèvement gracieux ou d'un abandon non motivé des redressements envisagés à l'encontre d'autres entreprises ayant participé à la même transaction que le contribuable.

À titre d'exemple, peuvent constituer des prises de position formelles opposables à l'Administration, l'acceptation formelle d'un taux d'amortissement ou du mode de calcul d'une provision, la reconnaissance de la qualité de résident ou de non-résident. Par contre, l'Administration ne se livre pas à l'appréciation d'une situation de fait, par exemple, en remboursant un crédit de taxe à la demande d'un contribuable. De même, l'absence de rehaussement opéré par l'Administration au titre d'une charge comptabilisée à la clôture de l'exercice précédent ne peut être regardée comme une prise de position formelle sur la situation de fait du contribuable ; tout comme l'absence de rehaussement lors d'un précédent contrôle ne vaut pas prise de position formelle sur une situation de fait au regard d'un texte fiscal.

▪ *L'exposé de la situation du redevable*

La garantie de l'article 602 du Code général des impôts s'applique si le contribuable concerné est de bonne foi, c'est-à-dire si sa demande est précise, complète, exacte et sincère, si sa situation est strictement identique à celle sur laquelle l'Administration a pris position et si le contribuable s'est conformé à la solution admise par l'Administration lors de sa prise de position formelle. Pour invoquer ce dispositif, il faut donc que le contribuable ait non seulement mis l'Administration en état de se prononcer en pleine connaissance de cause sur la question clairement posée concernant sa situation actuelle, mais encore qu'il ait correctement appliqué la réponse qui lui a été notifiée par l'Administration.

Ainsi, le contribuable doit présenter un exposé complet, clair et sincère de la situation. En effet, les réponses écrites de l'Administration ne peuvent lui être opposées que dans la mesure où la situation réelle de l'auteur de la question correspond effectivement à celle qui a été exposée et n'a pas subi de changement. Un contribuable ne peut se prévaloir d'une prise de position formelle de l'Administration sur une situation de fait, dès lors que les faits revendiqués par le contribuable ayant entraîné la prise de position, sont différents de ceux revendiqués par la suite.

En outre, les questions posées doivent se rapporter à la situation actuelle, personnelle et clairement précisée du contribuable qui a présenté la demande. L'interprétation dont le contribuable entend se prévaloir ne peut pas être étendue à d'autres situations que celles qu'elle vise. Un contribuable ne peut se prévaloir, pour son cas personnel, de l'appréciation d'une situation de fait concernant d'autres contribuables, sauf s'il a participé à l'acte ou à l'opération qui a donné naissance à cette situation.

iii) L'étendue de la garantie

Dès lors qu'un contribuable aura exposé clairement et avec sincérité la situation qui fait l'objet de sa demande, il ne pourra faire l'objet de redressement sur le point de droit réglé dans la réponse, tant que cette situation, la législation, la jurisprudence ou la doctrine administrative n'auront pas été modifiées. En d'autres termes, quelle que soit la nature de l'impôt en cause, une réponse qui serait erronée vaudrait prescription anticipée au profit du contribuable, à compter de la date de cette réponse et jusqu'à ce que l'intéressé ait été officiellement avisé que la position donnée antérieurement comportait une erreur.

La réponse adressée à un contribuable ne lui apporte une garantie que sur le texte fiscal interprété et l'impôt expressément visé par sa demande. L'Administration n'est engagée par l'appréciation qu'elle porte sur une situation de fait, qu'au regard du seul texte fiscal en fonction duquel elle a pris position. L'Administration peut, par exemple, avoir admis formellement, dans une situation donnée, le bénéfice pour un contribuable d'un droit à déduction en matière de taxe sur la valeur ajoutée. Cette prise de position ne lui interdit pas, à l'occasion d'un contrôle ultérieur, de remettre en cause, dans le délai de reprise, le taux applicable aux opérations effectuées dans la même situation de fait. En fait, la prise de position antérieure sur l'appréciation de la situation de fait n'a été effectuée qu'au regard du texte fiscal relatif au droit à déduction et non au regard du texte relatif au taux d'imposition applicable.

En revanche, si ni la situation de fait, ni les textes applicables n'ont évolué, le bénéfice du droit à déduction ne pourrait être remis en cause que pour l'avenir, après notification au contribuable du changement de l'appréciation que l'Administration porte sur sa situation. La réponse donnée est sans incidence sur les autres conséquences fiscales de l'opération présentée, ni sur les autres impôts, le cas échéant, visés par le texte invoqué. En cas de changement dans la situation du contribuable après que la réponse a été adressée, la position de l'Administration perd, *ipso facto*, toute valeur pour l'avenir sans qu'une notification du service ne soit nécessaire. La législation applicable à la situation de fait sur laquelle l'Administration s'est prononcée peut évoluer. Si la prise de position de l'Administration se trouve périmée du fait d'un changement intervenu dans la législation, la réponse qui en fait état perd toute valeur dès l'entrée en vigueur de la nouvelle législation, sans que l'Administration soit tenue d'en aviser le contribuable concerné.

Toutefois, si la réponse de l'Administration est périmée par un changement de doctrine ou par l'évolution de la jurisprudence, elle continue d'être opposable jusqu'à ce que l'Administration ait publié sa nouvelle doctrine ou fait connaître les conséquences qu'elle entend tirer d'une décision juridictionnelle rendue contrairement à sa doctrine.

Au demeurant, l'article 602 du Code général des impôts n'a pas pour objet d'empêcher l'Administration de modifier son analyse d'une situation de fait. Celle-ci peut toujours rapporter une prise de position, mais elle ne peut le faire que pour l'avenir, sans pouvoir revenir rétroactivement sur une appréciation de la situation d'un contribuable conforme à la position qu'elle avait prise antérieurement.

Par ailleurs, l'Administration peut toujours revenir sur l'appréciation portée sur les conséquences fiscales d'une situation de fait concernant un contribuable déterminé. Mais, dans ce cas, l'appréciation antérieure n'est caduque que du jour où le contribuable concerné a été avisé qu'elle était rapportée et ce même en l'absence d'une nouvelle saisine du contribuable. En cas d'application par le contribuable d'une position prise, la garantie commence à courir du jour où le contribuable a appliqué la prise de position de l'Administration dans sa déclaration ou, en l'absence d'obligation déclarative, lors du paiement de l'impôt.

c) Les accords préalables

Aux termes de l'article 602 du Code général des impôts, l'accord préalable en matière de prix de transfert constitue une prise de position formelle de l'Administration fiscale qui garantit à l'entreprise demanderesse que les prix pratiqués dans ses relations industrielles, commerciales ou financières intragroupe n'entrent pas dans les prévisions d'un transfert de bénéfices. L'accord préalable conduit à déterminer une méthode applicable pendant une période donnée en retenant un ensemble de critères, considérés comme les plus appropriés par les autorités compétentes et par l'entreprise. La méthode retenue permettra à l'entreprise de calculer les prix de transfert qui devront être pratiqués lors des transactions ultérieures entre les entreprises liées. Il existe différentes formes d'accords préalables de prix dont la forme, la procédure et les effets sont identiques.

i) Les formes d'accords préalables

Il existe deux formes d'accords préalables en fonction du nombre d'États parties prenantes à la convention. L'accord préalable peut être unilatéral, bi ou multilatéral.

- *L'accord préalable unilatéral*

À la différence d'un accord bilatéral, l'accord unilatéral n'est pas négocié avec l'autorité administrative étrangère concernée. Il revêt la forme d'un accord entre la seule administration sénégalaise et l'entreprise. L'accord préalable détermine, avant la réalisation des transactions entre entreprises associées, un ensemble de critères appropriés permettant de fixer le prix de transfert applicable à ces transactions pendant une période donnée, notamment la méthode à utiliser, les éléments de comparaison et les hypothèses principales quant à l'évolution future.

Aussi, l'accord unilatéral de prix n'offre pas la même garantie de sécurité juridique. Il ne garantit pas en particulier contre une remise en cause de la valorisation des transactions intragroupe par l'Administration de l'autre pays. Dès lors, l'Administration devrait privilégier, chaque fois que cela est possible, la procédure bilatérale.

L'un des objectifs d'un accord préalable en matière de prix de transfert est d'éviter le risque de double imposition. Des entreprises sénégalaise et étrangère liées ne peuvent être sécurisées totalement sur les transactions pratiquées qu'à la condition qu'un accord bilatéral soit conclu entre les deux États concernés.

Dans ce contexte, les entreprises qui le souhaitent peuvent solliciter un accord unilatéral de prix, notamment lorsqu'aucune procédure d'accord préalable de prix n'existe dans l'autre État concerné ou lorsqu'il s'agit d'une petite ou d'une moyenne entreprise. L'accord unilatéral peut aussi être pertinent lorsque les transactions concernent un grand nombre de pays ou alors, lorsque les transactions portent sur des sujets particuliers ou d'une complexité limitée mais source récurrente de divergence d'appréciation.

- *L'accord préalable bilatéral*

L'accord préalable bilatéral est conclu entre deux États par les autorités compétentes, dans le cadre juridique de la procédure amiable prévue par les conventions fiscales. L'accord préalable entre autorités compétentes permet à une entreprise multinationale, par la détermination concertée d'une méthode de prix de transfert, de s'assurer auprès de l'Administration fiscale que les prix pratiqués dans ses relations intragroupe ne constituent pas un transfert indirect de bénéfices en direction de l'étranger.

L'accord préalable bilatéral revêt la forme d'un accord entre deux administrations fiscales dont les effets sont subordonnés à l'adhésion des entreprises concernées. Compte tenu de son caractère bilatéral, l'accord préalable supprime les risques de double imposition tout en préservant l'assiette fiscale des États parties à l'accord.

Tout comme l'accord unilatéral, l'accord bilatéral porte sur la méthode à retenir et non sur la fixation en tant que telle des prix de transfert au sein du groupe multinational. La demande d'accord préalable peut porter sur l'ensemble des transactions entre des entreprises ou, au sein d'une même entreprise multinationale, sur les opérations entre le siège et un ou plusieurs de ses établissements stables. En fonction de la demande du contribuable, l'accord peut concerner un segment d'activité, une fonction, un seul produit, voire un seul type de transaction. Le champ de l'accord peut être étendu ou restreint en fonction des éléments présentés par l'entreprise et de son incidence sur l'assiette taxable d'un autre État.

ii) La procédure de l'accord préalable

Comme en matière d'accord préalable bilatéral, la demande d'accord préalable unilatéral de prix est formulée auprès du Directeur général des Impôts et des Domaines. Les documents à présenter à l'appui de la demande d'accord préalable unilatéral et la justification de la méthode retenue pour la détermination des prix de transfert sont identiques à ceux exigés pour une demande d'accord bilatéral.

Préalablement à la formulation même de la demande, les entreprises devraient se rapprocher de l'Administration pour examiner les conditions dans lesquelles un accord pourrait être sollicité et instruit. Cette réunion préliminaire avant la formulation d'une demande officielle permettrait d'évoquer l'opportunité d'un accord, le type et la portée des informations nécessaires à l'analyse de la politique tarifaire de l'entreprise, le calendrier prévisionnel des travaux ainsi que toutes questions relatives aux modalités d'instruction de la demande.

L'ouverture de la procédure résulte donc d'une initiative du contribuable. La demande doit être présentée dans un délai raisonnable avant l'ouverture du premier exercice visé par la demande d'accord. Le fait qu'un contribuable fasse l'objet d'une procédure de contrôle ne fait pas obstacle à la présentation d'une demande d'accord au titre de transactions futures.

Une demande d'accord préalable ne peut avoir pour effet de suspendre un contrôle en cours ou toute autre procédure d'examen ou d'établissement de l'impôt. Toutefois, rien ne s'oppose à ce qu'une opération de contrôle fiscal puisse être prolongée par l'examen d'une demande d'accord préalable pour les exercices non couverts par la vérification de comptabilité. L'ouverture d'une procédure d'accord préalable demeure sans incidence sur les délais de prescription de l'action administrative et l'instruction de celle-ci ne fait pas obstacle à l'engagement d'une procédure de contrôle fiscal.

Le contribuable propose une méthode de détermination de ses prix de transfert et fournit l'ensemble des données commerciales, industrielles, financières ou juridiques visant à démontrer que, selon lui, cette méthode conduit à déterminer des prix de manière conforme au principe de pleine concurrence. Il doit transmettre à l'appui de sa demande, l'ensemble des informations nécessaires à l'examen de la méthode qu'il entend retenir. L'Administration doit avoir accès à l'ensemble de la documentation permettant d'éclairer la politique de prix de transfert de l'entreprise. Outre la communication des documents nécessaires à l'expertise de sa méthode, le contribuable peut être amené à produire tout document comptable ou extracomptable susceptible d'éclairer les agents chargés de l'instruction de la demande.

L'accord préalable suppose une coopération entre l'entreprise et l'Administration. L'étude de la méthode de prix de transfert et des transactions soumises à l'examen de l'Administration fait l'objet de discussions entre les parties. Des réunions techniques doivent être organisées afin de permettre au contribuable de présenter les documents nécessaires à l'expertise des transactions concernées et de justifier la méthode qu'il entend retenir. Avec l'accord de l'entreprise, les agents de l'Administration fiscale chargés de l'instruction de la demande peuvent se rendre sur place.

L'instruction de la demande conduit à étudier la méthode présentée par le contribuable dans le cadre d'une négociation parallèle avec l'autorité compétente de l'État concerné en cas d'accord bilatéral. Pendant la durée de l'instruction de la demande, l'entreprise tient l'Administration sénégalaise informée de l'avancement des procédures engagées avec les autres autorités compétentes et lui fournit les mêmes documents que ceux qu'elle remet à ces dernières.

Le caractère confidentiel de l'information ne peut être opposé à l'Administration pour faire obstacle à la communication d'un document. Celle-ci ne doit pas, cependant, divulguer à des tiers autres que l'autorité compétente partie à l'accord, l'information transmise. Elle doit respecter les règles de confidentialité qui se rapportent directement à l'existence et au montant de l'impôt dû par le contribuable. Les règles relatives au secret fiscal s'appliquent aux informations transmises dans le cadre de l'accord préalable.

Dès lors que l'Administration aura établi sa position sur la méthode de détermination des prix de transfert proposée par le contribuable, elle poursuit l'examen conjoint de celle-ci avec l'autre autorité compétente partie à la négociation. Pendant la durée de ces échanges, l'Administration tient le contribuable informé des progrès réalisés et peut être conduite à lui demander des informations complémentaires en fonction de l'évolution des discussions. Si, au terme de ces échanges, l'autre autorité compétente parvient à la conclusion qu'elle ne souhaite pas donner son accord, la procédure est close et le contribuable en est informé.

iii) La conclusion de l'accord

Lorsque l'Administration fiscale sénégalaise et l'autre autorité compétente sont parvenues à un accord, le service chargé de l'instruction de la demande adresse au contribuable une lettre définissant les termes de l'accord. Le contribuable fait alors connaître en retour son acceptation et s'engage à respecter les conditions d'application de l'accord. La lettre d'acceptation est signée par le contribuable. L'accord revêt un caractère confidentiel.

La lettre adressée au contribuable par l'Administration fiscale pour l'informer des termes de l'accord préalable précise les entreprises et les transactions couvertes par l'accord, la description de la méthode de détermination des prix de transfert retenue, les hypothèses de base et les modalités de révision ou d'annulation de l'accord. Elle précise également, la date d'entrée en vigueur de l'accord et sa durée, les exercices couverts par l'accord.

La méthode de détermination des prix de transfert présentée par le contribuable, portant par hypothèse sur des transactions futures, peut être affectée par l'évolution des conditions économiques ou opérationnelles dont les effets peuvent modifier les paramètres de l'accord au moment où se réaliseront les transactions en cause. L'entreprise doit, par conséquent, proposer les hypothèses de base, c'est- à-dire les seuils ou les paramètres qui, selon elle, sont de nature à remettre en cause la validité de cette méthode et conduisent à sa révision ou à sa suspension sur la période restant à courir.

L'accord entre en vigueur à la date convenue entre les parties. La durée de l'accord est fixée dans le cadre de la procédure de négociation ; généralement, elle est comprise entre 3 et 5 ans. Les particularités de l'activité exercée par le contribuable et les accords d'ores et déjà conclus avec une autre autorité compétente constituent les principaux facteurs déterminant la durée de l'accord.

iv) Les effets de l'accord préalable

À travers l'accord préalable, les entreprises disposent d'une sécurité juridique de nature législative qui leur permettra d'éviter toute remise en cause de la méthode de détermination de leur prix de transfert utilisée. L'accord préalable stabilise l'environnement juridique et fiscal des sociétés multinationales. Il donne aux entreprises sénégalaises ou étrangères qui le souhaitent la possibilité d'obtenir de l'Administration fiscale un accord sur la méthode tarifaire qui s'appliquera à leurs transactions intragroupe futures.

La garantie prévue à l'article 602 du Code général des impôts s'applique lorsque l'Administration a conclu un accord préalable portant sur la méthode de détermination des prix de transfert. Ce dispositif a pour vocation de s'appliquer en particulier lorsque la mise en œuvre des principes de pleine concurrence pose d'importants problèmes de fiabilité et d'exactitude ou que les conditions spécifiques dans lesquelles sont réalisées les transactions sont d'une complexité inhabituelle.

L'accord préalable ne crée aucune règle d'assiette nouvelle. Il permet de résoudre préventivement les difficultés rencontrées par les entreprises multinationales tout en garantissant que la méthode retenue dans le respect de la législation fiscale est conforme au principe de pleine concurrence.

En cas de contrôle fiscal externe portant sur les exercices couverts par l'accord, les investigations du vérificateur ne pourront pas conduire à remettre en cause les termes de l'accord. En revanche, le vérificateur sera conduit à vérifier la sincérité des faits présentés par le contribuable lors de l'instruction de l'accord ainsi que le respect des obligations mises à sa charge et l'état des hypothèses fondant l'accord ou déclenchant son éventuelle révision. Si un événement modifiant les paramètres de l'accord survient, celui-ci sera révisé d'un commun accord entre les parties ou suspendu à compter de la date de sa survenance.

L'accord préalable ne peut avoir de portée rétroactive. Le dispositif de suivi est déterminé aux termes de l'accord entre l'entreprise et l'Administration sénégalaise. L'entreprise devra conserver et tenir à la disposition de l'Administration fiscale l'ensemble de la documentation relative à la détermination de ses prix de transfert.

Dans le cas où l'application de la méthode conduirait à des résultats différents de ceux prévus par l'accord, celui-ci pourra être révisé conformément aux mécanismes d'ajustements prévus par l'accord. À la demande de l'entreprise, l'accord peut éventuellement être renouvelé. En cas d'accord formel de l'Administration sur le principe d'un renouvellement de l'accord, la nouvelle procédure de négociation peut être allégée en l'absence de modifications substantielles des conditions d'exercice de l'activité et des principaux paramètres de l'accord antérieur.

Toutefois, la garantie ne joue pas en cas de présentation erronée des faits, dissimulation d'informations, erreurs ou omissions imputables au contribuable lors de l'établissement de sa demande. Il en est de même en cas de non-respect des obligations contenues dans l'accord ou de manœuvres frauduleuses.

2- Le droit de réponse

Le contrôle fiscal est sous-tendu par le principe du contradictoire. Le pouvoir d'investigation de l'Administration a pour corollaire le droit de réponse du contribuable. Ce droit de réponse intervient tout au long de la vérification et après.

a) Le droit de réponse au cours du contrôle

Au stade du contrôle fiscal, le droit de réponse du contribuable se traduit par l'exigence du débat oral et contradictoire. Ce dialogue entre le vérificateur et le contribuable permet à chaque partie d'analyser et de discuter les observations de l'autre. L'absence de débat oral et contradictoire doit être prouvée.

i) L'exigence du débat oral et contradictoire

Les procédures de contrôle de comptabilité et de redressement mises en œuvre par l'Administration sont contradictoires. Le principe du contradictoire permet que tout élément de nature à exercer une influence sur la procédure soit soumis à l'examen et à la libre discussion des parties. Le principe du contradictoire a été reconnu par la doctrine comme un principe intangible, consubstantiel à l'équité fiscale et par la jurisprudence, comme un principe général du droit.

Le législateur fait du débat oral et contradictoire une condition de validité de la vérification de comptabilité. En effet, aux termes de l'article 603 du Code général des impôts, l'absence de dialogue constitue une erreur substantielle portant atteinte aux droits de la défense entraînant la nullité de la procédure. L'exigence d'un débat oral et contradictoire procède en effet de l'idée que seule la possibilité d'un dialogue évolutif et constructif sur place est de nature à permettre au vérificateur de recueillir les informations nécessaires au contrôle, d'apprécier concrètement les conditions d'exploitation de l'entreprise et d'informer l'exploitant de ses obligations fiscales. Le dialogue permet aussi au contribuable de présenter utilement ses premières observations.

Le dialogue qui s'ouvre entre le vérificateur et le contribuable, au-delà de garantir à ce dernier de pouvoir se défendre en faisant valoir ses arguments, conduit assez souvent le vérificateur à assurer la qualité des redressements en se rendant compte assez tôt, le cas échéant, du caractère injustifié de certains redressements. Le dialogue tout au long de la procédure de vérification permet de dédramatiser le contrôle fiscal, afin de le rendre moins conflictuel et aussi de faciliter le travail du vérificateur.

Les entretiens et échanges de correspondances qui peuvent avoir lieu au cours de la procédure de rectification qui suit la vérification, sous la forme du dialogue contradictoire ne peuvent être retenus au titre du débat oral et contradictoire propre aux opérations de contrôle sur place. Mais l'exigence d'un dialogue dans les locaux de l'entreprise n'exclut pas la possibilité pour le vérificateur d'adresser également des demandes d'information écrites au contribuable.

Lorsque le contribuable, dans une lettre adressée à l'Administration fiscale, a formellement désigné un conseil pour l'assister dans les opérations de contrôle et de rappel de ses droits, l'Administration ne peut refuser l'assistance dudit conseil. Toutefois, le conseil doit s'abstenir de tout acte d'opposition à contrôle ou de tentative de se substituer au contribuable dans le cadre des questions directement adressées à ce dernier. Les échanges « techniques » qui peuvent avoir lieu avec le conseil ne dispensent pas le vérificateur de discuter directement avec le contribuable, s'il le juge utile.

Le déplacement des documents comptables en dehors des locaux de l'entreprise ne doit pas avoir pour effet de priver le contribuable vérifié de la possibilité d'avoir un débat oral et contradictoire avec le vérificateur. D'où la nécessité de restitution des documents déplacés avant la notification du rappel de droits. Mais, en cas de refus d'accuser réception ou de décharger la restitution de documents, l'absence de débat oral et contradictoire ne peut être invoquée.

ii) La preuve de l'absence de débat oral et contradictoire

Le contribuable qui l'invoque doit prouver l'absence du débat oral et contradictoire. Il est présumé exister si la vérification a eu lieu dans les locaux de l'entreprise ou de son conseil. La potentialité de dialogue est présumée lorsque le vérificateur a eu une présence suffisante dans l'entreprise, rien ne s'opposant alors à ce que le contribuable entre en contact avec lui. En pratique, les périodes d'examen matériel des documents comptables hors du siège de l'entreprise doivent donc alterner avec des interventions effectives du vérificateur chez le contribuable.

Le dialogue, par essence est immatériel et informel. Dès lors, l'Administration doit prendre les précautions afin de se ménager, en cas de contentieux ultérieur, la preuve de la réalité de la discussion ou, à tout le moins, des propositions faites en ce sens au contribuable. Lorsque l'attitude de ce dernier laisse craindre l'engagement ultérieur d'un contentieux, les interventions sur place peuvent utilement être précédées d'une lettre ou d'un avis de passage informant l'intéressé de la date de la visite sur place et l'invitant à une discussion dans l'entreprise, en présence, le cas échéant, de son conseil. Dans l'hypothèse d'un refus du contribuable, une confirmation écrite de ce refus doit être demandée. Il en est de même si le contribuable préfère, de sa propre initiative, qu'un entretien se déroule au bureau du vérificateur ou chez son conseil.

Il y a absence du débat oral et contradictoire dans le cadre d'un contrôle sur place en cas de déplacement des documents comptables originaux en dehors des locaux de l'entreprise sans décharge ni autorisation du contribuable vérifié, sauf en matière de saisie de documents. Dès lors, peut être considérée comme irrégulière la vérification au cours de laquelle le vérificateur ne s'était rendu que deux fois au siège de la société pour emporter les documents comptables de l'entreprise puis pour les restituer. De même, est irrégulière une vérification, alors même que l'emport des documents comptables d'une entreprise aurait respecté les conditions de forme propres à en assurer la validité, si ces documents n'ont été restitués qu'à une date postérieure à la fin des opérations de contrôle et que le vérificateur n'est pas retourné, durant celles-ci, au siège de l'entreprise, la privant ainsi de la faculté d'engager un débat oral et contradictoire sur place.

L'absence de débat oral et contradictoire dans le cadre d'un contrôle sur place ne peut être invoquée en cas d'opposition à contrôle fiscal constatée sur procès-verbal. Lorsque l'attitude du contribuable ou de son conseil est de nature à retarder anormalement les opérations de contrôle sur place, les demandes verbales de documents, de précisions ou de visites de lieux non expressément déjà visés dans l'avis de vérification et non satisfaites peuvent utilement être réitérées. Le défaut de réponse écrite satisfaisante ou le défaut de présentation des éléments demandés peut être constaté par procès-verbal suivi de l'ouverture de la procédure applicable en matière d'opposition à contrôle fiscal.

b) Le droit de réponse après le contrôle

Le contrôle de l'impôt est poursuivi en règle générale selon une procédure contradictoire qui se caractérise par un échange de courriers entre l'Administration fiscale et le contribuable. La forme de la réponse varie selon que l'Administration a procédé à une vérification ou une taxation d'office.

i) À la suite d'une vérification

L'Administration doit informer le contribuable des conséquences financières d'une vérification de comptabilité ou d'un examen contradictoire de la situation fiscale personnelle. La procédure de redressement contradictoire prévoit l'envoi d'une notification à laquelle peut répondre le contribuable avant la confirmation des redressements.

▪ *Le principe de la rectification contradictoire*

La loi rend obligatoire, avant que le contribuable présente ses observations ou accepte les rehaussements proposés, qu'il soit informé du montant des droits et pénalités résultant des redressements envisagés. Ainsi, à la suite d'une vérification, l'Administration adresse au contribuable une notification de redressements pour corriger les manquements relevés ou une notification d'absence de redressements, si des manquements n'ont pas été relevés.

En principe, tout redressement comporte l'engagement de la procédure de rectification contradictoire. Peu importe, pour l'application de cette procédure, qu'il s'agisse de la constatation d'une insuffisance, d'une inexactitude, d'une omission ou d'une dissimulation. La nature des manquements constatés et les circonstances de leur découverte n'ont, en principe, aucune conséquence sur l'obligation de respecter la procédure de rectification contradictoire. Ainsi, celle-ci doit être engagée aussi bien à l'égard des redressements qui découlent de l'application directe d'un texte législatif ou réglementaire que pour ceux qui procèdent d'une appréciation des faits. Elle doit s'appliquer tant en ce qui concerne les rehaussements qui font suite à une vérification de comptabilité, à un examen contradictoire de la situation fiscale personnelle ou à tout autre contrôle comportant une intervention sur place ou des recherches extérieures, que pour ceux qui sont consécutifs à un contrôle sur pièce.

La procédure de rectification contradictoire s'applique lorsque le contrôle de l'Administration fiscale révèle que des redressements doivent être apportés aux déclarations des contribuables, c'est-à-dire toute pièce ou tout document que celui-ci est tenu de déposer auprès de l'Administration des impôts en vertu d'une disposition légale ou réglementaire et qui comporte des éléments servant à établir ou à liquider l'impôt. Dans cette optique, l'opération consistant à réduire un déficit déclaré doit être considérée comme un rehaussement puisqu'elle a pour résultat de diminuer le montant du déficit imputable sur un bénéfice ultérieur et peut ainsi permettre une majoration différée de l'impôt exigible. La présentation d'un acte obligatoirement soumis à la formalité de l'enregistrement ou à la formalité fusionnée est assimilée à une déclaration.

- *L'ouverture d'un délai de réponse*

L'Administration invite le contribuable à faire parvenir son acceptation ou ses observations. Le contribuable doit, à la réception de la notification de redressements ou du procès verbal, dans le délai de 30 jours, accepter les redressements qui lui sont notifiés ou formuler des observations par courrier adressé au service des impôts compétent. Ce délai de réponse doit est considéré comme un délai franc. Dès lors, pour sa computation, il est fait abstraction du jour du point de départ du délai et de celui de son échéance. De plus, lorsque le dernier jour où le contribuable peut présenter sa réponse est un samedi ou un jour férié, le délai est prorogé jusqu'au premier jour ouvrable suivant.

L'acceptation peut être formelle ou tacite. Ses effets sont les mêmes dans les deux cas. L'acceptation est formelle lorsque le contribuable a, dans le délai, acquiescé par écrit et d'une manière non équivoque aux rehaussements proposés. L'acceptation expresse peut être partielle, auquel cas ses effets se limitent aux redressements qui en font l'objet. Le contribuable est considéré comme ayant tacitement accepté les rectifications lorsqu'il ne fournit aucune réponse dans le délai de 30 jours. Il en est de même lorsque la réponse parvenue dans ce délai ne peut être considérée comme constituant des « observations ». Le défaut de réponse dans le délai indiqué équivaut à une acceptation du redressement ou du procès verbal. Comme l'acceptation expresse, l'acceptation tacite peut n'être que partielle. Il en est ainsi lorsque le contribuable n'a répondu, dans le délai, qu'à certaines seulement des redressements proposés.

L'acceptation totale, qu'elle soit formelle ou tacite, met fin à la procédure de rectification contradictoire. Aucune condition de forme n'étant imposée par la loi, le contribuable peut présenter ses observations oralement ou par écrit. Dans l'éventualité d'une formulation orale, l'agent qui a reçu le contribuable devrait l'inviter à formuler son acception par écrit. En cas de formulation écrite, la réponse doit comporter la signature du contribuable ou d'une personne habilitée à répondre en son nom.

Les observations peuvent consister en un refus pur et simple ou comporter une argumentation à laquelle le vérificateur devra répondre. Lorsque des observations ont été présentées par le contribuable, les propositions de l'Administration sont modifiées dans la mesure où ces observations apparaissent valables. Une réponse parvenue après l'expiration du délai de 30 jours ne peut, en principe, être prise en considération. Cependant, le vérificateur peut se montrer compréhensif à l'égard du contribuable qui justifie avoir été, en raison d'un empêchement caractérisé, dans l'impossibilité de donner suite dans le délai imparti à la notification de redressement qui lui a été adressée. En outre, le service devra éventuellement tenir compte des observations présentées tardivement si elles sont de nature, au regard d'une instance ultérieure, à mettre en cause le bien-fondé des impositions.

- *La suite à la réponse du contribuable*

Dans tous les cas où l'envoi d'une notification de redressement a pour conséquence d'ouvrir le dialogue entre le contribuable et l'Administration, il convient non seulement de répondre au contribuable qui a formulé des observations, mais encore de motiver clairement, en précisant les raisons qui justifient le rejet total ou partiel des observations présentées. Bien entendu, ces indications pourront être succinctes si les réponses du contribuable à la notification sont sans rapport avec les motifs des rehaussements.

Les redressements proposés sont abandonnés lorsque les observations du contribuable sont entièrement justifiées. Le contribuable faisant l'objet d'un examen de la situation fiscale personnelle ou d'une vérification de comptabilité doit être informé lorsque l'ensemble des redressements sont abandonnés.

En cas de rejet total ou partiel des observations formulées par l'assujetti, l'Administration ayant procédé à l'établissement de la notification de redressements ou du procès verbal doit obligatoirement constater par écrit le désaccord total ou partiel qui subsiste. Elle doit envoyer à l'assujetti, dans le délai de 60 jours, pour compter de la date de réception des observations formulées par ce dernier, un écrit pour confirmer les redressements.

Le service doit aussi notifier au contribuable, dans le même délai, l'acceptation de ses observations. Le défaut de confirmation dans le délai de 60 jours pour compter de la date de réception des observations formulées par le contribuable, équivaut à une acceptation tacite des observations de celui-ci.

L'acceptation tacite des observations du contribuable résultant du défaut de réponse de l'Administration emporte abandon des redressements contestés et met fin à la possibilité de mettre en recouvrement les impositions correspondantes. Toutefois, le défaut de réponse dans le délai de 60 jours est sans incidence sur la validité des impositions correspondant aux rehaussements acceptés, expressément ou tacitement, par le contribuable. L'abandon des rectifications résultant de l'acceptation tacite des observations du contribuable, ne constitue pas une prise de position formelle engageant l'Administration et susceptible d'être invoquée en cas de contrôles et de rectifications ultérieures de même nature.

L'Administration doit attendre l'expiration du délai imparti au contribuable pour répondre à la notification de redressements avant de procéder à l'établissement de l'imposition. En conséquence, à peine d'irrégularité de la procédure, le visa du titre de perception ou l'homologation du rôle ne saurait intervenir avant l'échéance de ce délai. Si le contribuable se borne à demander des précisions sans prendre parti, l'Administration doit répondre et attendre l'expiration du délai.

ii) À la suite d'une taxation d'office

Lorsque l'Administration met en œuvre la taxation d'office, le droit de réponse du contribuable est réduit à sa plus simple expression. L'Administration procède dans ce cas à une imposition unilatérale. Du fait du renversement de la charge de la preuve opérée par la procédure d'office, le contribuable peut dénoncer l'exagération des bases arrêtées d'office.

- *Le principe d'une imposition unilatérale*

La procédure de rectification contradictoire n'est pas applicable dans les cas de taxation d'office. Le contribuable perd le bénéfice de certaines des garanties attachées au déroulement de la procédure contradictoire. Il doit notamment supporter la charge de la preuve de l'exagération de l'imposition établie unilatéralement par le service.

Dans tous les cas où elle la met en œuvre, l'Administration est tenue de justifier que la procédure d'office est effectivement applicable et régulièrement appliquée. Elle doit notamment être en mesure d'apporter la preuve que le contribuable était bien dans la situation d'être imposé d'office et que la mise en demeure et la notification éventuellement prévues par la loi ont bien été effectuées.

Lorsque la procédure d'imposition d'office a été employée à bon escient et dans les formes requises par la loi, elle couvre les irrégularités qui peuvent avoir entaché la procédure de contrôle diligentée pour déterminer les bases taxables. C'est ainsi que les irrégularités susceptibles d'entacher une vérification de comptabilité sont sans influence sur la régularité de la procédure d'imposition dès lors que le bénéfice du contribuable est à juste titre évalué d'office. De même, un contribuable, dont le bénéfice a été évalué d'office pour défaut de déclaration n'est pas fondé à se prévaloir d'une irrégularité entachant la vérification de comptabilité dont il a été l'objet.

La notification de taxation d'office doit être motivée. Il doit être également indiqué à l'assujetti sur la notification de redressement que les titres de perception seraient établis dans un délai de 30 jours, à compter de la date de réception de la notification de taxation d'office pour le recouvrement des montants dus.

- *La possibilité de dénoncer l'exagération des bases arrêtées d'office*

En cas de contestation, même s'il s'agit d'une taxation d'office simplement rectificative, il appartient au contribuable d'apporter la preuve de l'exagération des montants qui lui sont réclamés, dans le délai imparti. Lorsqu'il est constaté une amende sur un procès-verbal adressé au contribuable pour les faits ou les manquements ayant motivé la notification de taxation d'office, les observations et justifications présentées par le contribuable en réponse à cette notification ne doivent être recevables qu'à la condition qu'y soient jointes les copies de quittances de paiement de l'amende ou de l'engagement accepté par le comptable public compétent d'un moratoire de paiement, sauf à prouver sur document l'erreur du service des impôts.

La preuve de l'exagération des bases arrêtées d'office peut être faite par tous moyens, conformément aux règles de droit commun. Le redevable ne peut se borner à de simples affirmations mais doit apporter les éléments de vérification nécessaires ou des justifications présentant des garanties suffisantes d'exactitude. Il peut notamment établir le montant exact de ses résultats en s'appuyant sur une comptabilité régulière et probante. S'il n'est pas en mesure de procéder ainsi, il peut, en recourant à des moyens extracomptables critiquer la méthode d'évaluation que l'Administration a suivie, en vue de démontrer que celle-ci aboutit au moins sur certains points et pour un certain montant, à une exagération de sa base d'imposition. C'est ainsi qu'un contribuable peut faire état, à l'appui de sa démonstration, de charges qu'il n'avait pas comptabilisées dès lors qu'il en établit la réalité et le montant.

- *L'arrêté définitif du montant de la taxation*

Les montants des impôts et pénalités définitivement arrêtés par l'Administration à la suite de l'examen des observations et justificatifs du contribuable visé par la taxation d'office sont portés à sa connaissance par écrit dans un délai de 2 mois à compter de la réception desdits justificatifs. L'arrêté définitif de taxation clôt la procédure d'assiette en matière de taxation d'office.

3- Le secret professionnel

Les agents des impôts qui ont accès aux dossiers du contribuable, en général, ceux qui sont chargés du contrôle, en particulier, sont tenus à l'obligation de secret fiscal. L'obligation de secret n'est pas absolue. La loi a prévu des dérogations à ce principe.

a) L'obligation de secret professionnel

L'obligation de secret, au-delà de la morale a un fondement légal. Il s'agit d'une notion qu'il convient de délimiter afin de pouvoir déterminer l'étendue de l'obligation et de préciser les sanctions applicables en cas de violation.

i) Le fondement légal du secret professionnel

L'article 604 du Code général des impôts consacre l'obligation de respecter le secret fiscal. D'après cet article, les agents des impôts intervenant dans l'assiette, la liquidation, le contrôle ou le recouvrement des impôts sont tenus de garder secrets les renseignements de quelque nature qu'ils soient, recueillis dans l'exercice de leur fonction. L'article 604 du Code général des impôts est le pendant de l'article 363 du Code pénal. Faisant référence à ces dispositions pénales, le législateur fiscal impose ainsi aux agents des impôts la règle générale du secret professionnel édictée par la loi pénale à l'égard des personnes auxquelles des renseignements confidentiels sont confiés à l'occasion de l'exercice de leur profession.

De plus, les agents des impôts sont soumis à l'obligation de discrétion professionnelle prévue par le statut général de la fonction publique. Les fonctionnaires doivent faire preuve de discrétion professionnelle pour tous les faits ou informations dont ils ont connaissance dans l'exercice ou à l'occasion de l'exercice de leurs fonctions.

L'obligation de discrétion professionnelle se superpose donc à celle du secret instituée par le Code pénal. Elle s'en distingue toutefois par son champ d'application plus étendu, sa finalité et les sanctions que sa violation appelle. En effet, l'obligation de discrétion professionnelle porte sur tous les faits ou informations dont les fonctionnaires peuvent avoir connaissance dans l'exercice de leurs fonctions, alors que l'obligation de secret professionnel porte sur les éléments relatifs aux contribuables.

ii) La notion de secret professionnel

Le secret professionnel renvoie à une réalité qu'il est parfois difficile d'apprécier, en pratique. Il y a lieu de préciser la notion de secret professionnel et la distinguer de celle voisine de discrétion.

- *Le secret professionnel*

Le secret professionnel est une obligation, pour l'agent de l'Administration fiscale, de ne pas révéler les informations, les faits ou les documents dont il a eu connaissance à l'occasion ou en raison de l'exercice de ses fonctions. Le caractère secret s'étend à toutes les informations recueillies à l'occasion des opérations d'assiette, de contrôle, de recouvrement ou de contentieux des impôts prévus au Code général des impôts.

L'obligation de secret professionnel consiste pour l'agent à respecter scrupuleusement la vie privée des contribuables, personnes physiques ou morales, à n'accéder à l'information recueillie par l'Administration fiscale, sur papier ou sous forme dématérialisée, que dans le cadre légal de sa mission et si celle-ci le justifie spécifiquement. Elle consiste aussi pour l'agent à n'utiliser les informations dont il a à connaître dans l'exercice de ses fonctions, ni à son profit, ni au profit de sa famille, ni au profit de tiers et à ne communiquer des informations que dans les cas limitativement prévus par la loi et aux personnes ou organismes légalement désignés.

En application de ce principe, toute information ou tout document détenu dans les dossiers ou dans les logiciels de l'Administration fiscale est confidentiel, et par voie de conséquence, couvert par le secret professionnel. L'agent de l'Administration fiscale ne doit ni communiquer les informations qu'il détient dans le cadre de l'exercice de sa mission, ni en révéler la teneur. Les personnes, administrations ou organismes qui bénéficient de ces dérogations sont eux-mêmes tenus au secret professionnel.

Il y aura donc violation de la règle du secret professionnel dès lors qu'un élément d'information aura été sciemment révélé à un tiers non habilité, indépendamment de toute intention de nuire, par toute personne appelée à intervenir dans les opérations fiscales. Il n'est pas nécessaire que le fait ainsi réputé secret ait été connu par suite d'une confidence expresse avec demande d'avoir à la tenir secrète, ou qu'il soit tel que sa révélation soit de nature à porter préjudice à la personne qu'il concerne.

- *La discrétion professionnelle*

À la différence du secret professionnel destiné à protéger les particuliers, l'obligation de discrétion professionnelle est instituée dans l'intérêt du service. Elle est destinée à protéger les secrets administratifs dont la divulgation pourrait nuire à l'accomplissement normal des tâches ou à la réputation de l'Administration.

L'obligation de discrétion professionnelle s'étend à l'ensemble des faits, informations ou documents dont le fonctionnaire prend connaissance dans l'exercice de ses fonctions. Elle est destinée à assurer la protection de l'Administration lorsque la divulgation d'informations ayant le caractère de secrets administratifs est susceptible de nuire à la bonne marche du service ou de léser les intérêts généraux dont l'Administration a la garde.

Tout ce qui concerne la vie interne et l'activité de l'Administration est présumé confidentiel. L'obligation de non-divulgation joue en toutes hypothèses, à l'égard des personnes étrangères à l'Administration, mais également dans les relations entre fonctionnaires appartenant à des services différents.

Cependant, cette obligation de discrétion n'est pas en contradiction avec l'obligation d'information du public. L'Administration est tenue de communiquer avec les usagers, partant du principe qu'une plus grande transparence et une meilleure information des citoyens conduisent à une plus grande adhésion à l'impôt et au civisme fiscal. La conciliation entre ces deux obligations n'est pas sans difficulté, l'Administration devant nécessairement tenir compte des exigences du public qui, en citoyen responsable, souhaite un accès de plus en plus large à l'information.

La communication de toute information sur la vie interne et l'exercice de l'activité de l'Administration doit être autorisée ou faite par la hiérarchie, qui est seule à même de juger si une information peut être communiquée au public et aux médias. Il y a manquement à l'obligation de discrétion professionnelle lorsqu'un agent divulgue une information de sa propre initiative, sans autorisation de sa hiérarchie.

iii) L'étendue de l'obligation de secret

L'obligation du secret professionnel s'impose à toutes les personnes appelées à intervenir dans l'assiette, le contrôle, le recouvrement ou le contentieux de tous impôts et taxes c'est-à-dire, en pratique, à l'ensemble des personnels, quel que soit leur grade, exerçant leurs fonctions au sein de l'Administration fiscale. Elle concerne également les personnes qui, étrangères à cette administration, sont appelées à participer à l'assiette ou au contentieux des impôts. Il en est ainsi notamment des membres non fonctionnaires de la commission paritaire et de la commission de conciliation. Enfin, un certain nombre de personnes, habilitées par dérogation à recevoir communication de renseignements couverts par le secret fiscal, sont elles-mêmes astreintes au respect de la règle du secret professionnel.

L'obligation de secret professionnel implique pour les supérieurs hiérarchiques de s'assurer que leurs collaborateurs sont informés de l'obligation du secret professionnel. Les chefs de service doivent procéder régulièrement à des contrôles internes, permettant de s'assurer que l'obligation est parfaitement respectée. Ils doivent être informés des conséquences de l'inobservation du secret, tant sur le plan disciplinaire que pénal.

Le secret professionnel n'est pas opposable au contribuable lui-même. Ce dernier peut obtenir, sur justification de son identité, communication des déclarations qu'il a faites au service. Il peut également obtenir des copies, des attestations ou certificats établis à partir des documents élaborés par l'Administration et résultant directement de ses propres déclarations. C'est ainsi notamment qu'il peut obtenir, en ce qui concerne ses propres cotisations d'impôts directs, soit un extrait de rôle ou un bordereau de situation, soit un certificat de non inscription au rôle. Concernant l'enregistrement, l'Administration peut délivrer des extraits de registres sur demande des parties contractantes ou leurs ayants cause. Il peut, par ailleurs, être délivré à ces mêmes personnes copie ou extrait du double des actes sous seing privé déposés.

La règle du secret professionnel ne s'oppose pas non plus à ce que des renseignements ou documents relatifs à un contribuable soient communiqués directement à des tiers, autres que ceux bénéficiant d'une dérogation prévue par la loi, à condition que ceux-ci soient expressément habilités à représenter le contribuable. Il s'agit notamment, des conseils fiscaux, avocats, tuteurs. Les renseignements peuvent aussi être transmis à toute personne bénéficiant d'un mandat exprès. Dans cette hypothèse, seuls les renseignements couverts par le mandat légal, judiciaire ou contractuel sont susceptibles d'être fournis.

iv) Les sanctions de la violation du secret fiscal

Il y a violation du secret professionnel dès que la divulgation à des tiers non prévus par la loi concerne des données spécifiques, utilisées par l'Administration fiscale. La divulgation doit être de nature à porter un préjudice moral ou matériel soit au contribuable lui-même, soit à des tiers. Les informations notoires ou celles qui ont été portées à la connaissance d'autres personnes par le contribuable lui-même ne sont pas couvertes par le secret professionnel. En revanche, la confirmation d'une information simplement soupçonnée ou la simple divulgation d'un détail constituent bien une infraction. La divulgation porte sur des informations communiquées à l'Administration dans le cadre de ses attributions ou confiées à l'agent dans le cadre de ses fonctions. La violation du secret professionnel porte gravement atteinte à la vie privée du contribuable, ainsi qu'à l'intégrité de l'Administration fiscale.

La violation du secret professionnel par une personne qui y est tenue l'expose à des sanctions pénales, ainsi qu'à des sanctions disciplinaires, s'agissant des fonctionnaires. La divulgation avec intention de porter préjudice au contribuable entraîne l'application des poursuites pénales ; la simple négligence, quant à elle, entraîne uniquement des sanctions disciplinaires.

Conformément aux dispositions de l'article 363 du Code pénal, la révélation d'une information à caractère secret par une personne qui en est dépositaire soit par état ou par profession, soit en raison d'une fonction ou d'une mission temporaire, est punie d'un emprisonnement d'un à 6 mois et d'une amende de 50 à 300 mille francs. La procédure applicable pour réprimer le délit de violation du secret professionnel est celle de droit commun, diligentée auprès des tribunaux d'instance.

La violation du secret professionnel peut, en outre, entraîner la responsabilité civile de son auteur envers celui à qui elle porterait préjudice. Les tribunaux peuvent ainsi être appelés, dans le cadre d'une action civile liée à l'action pénale, à fixer le montant de la réparation due par l'agent lui-même ou par l'État à raison de la faute commise à cet égard par l'un de ses agents. En dehors de toute action pénale, des dommages et intérêts peuvent également être mis à la charge de l'État dans le cadre d'une procédure administrative.

La violation du secret professionnel demeure sans conséquence sur la régularité de la procédure d'imposition au cours de laquelle elle a été commise. À l'inverse, un renseignement obtenu en violation du secret professionnel peut, dans certains cas, conduire à l'annulation de la procédure.

b) Les dérogations à l'obligation de secret professionnel

L'application de la règle générale du secret professionnel ne souffre d'exceptions que dans les hypothèses expressément et limitativement énumérées par la loi. Ces dérogations sont établies au profit d'administrations et autorités administratives. Sont concernées par ces mesures, l'assistance fiscale internationale, certaines administrations et autorités judiciaires.

i) L'échange de renseignements

L'article 604 du Code général des impôts dispose que le secret professionnel ne s'oppose pas à l'échange de renseignements entre l'Administration fiscale et une autre administration sénégalaise. Il n'est pas non plus opposable lorsqu'est mise en œuvre une procédure d'assistance mutuelle avec une autre administration. C'est le cas notamment, lorsque l'Administration fiscale est chargée de transmettre certaines données relatives aux redevables à la Douane ou au Trésor.

En outre, le secret ne s'oppose pas non plus à l'échange d'informations entre l'Administration fiscale et celle des États avec lesquels sont conclues des conventions fiscales d'assistance administrative mutuelle. La procédure d'échange de renseignements permet à l'Administration sénégalaise de demander des informations sur la situation de l'entreprise étrangère concernée par les transactions litigieuses auprès de l'Administration de l'autre État concerné, et inversement. Cette procédure est susceptible d'être mise en œuvre, soit en présence d'une convention fiscale conclue par le Sénégal avec d'autres États, soit sur le fondement de la convention multilatérale de l'UEMOA.

ii) L'information judiciaire

En principe, le secret professionnel est opposable aux autorités judiciaires. Toutefois, des dérogations sont prévues par la loi. L'article 604 du Code général des impôts dispose que lorsqu'une plainte régulière a été portée par l'Administration contre un assujetti et qu'une information a été ouverte, les agents des impôts sont déliés du secret professionnel vis-à-vis du juge d'instruction qui les interroge sur les faits faisant l'objet de la plainte. En effet, la fraude fiscale et certaines infractions qui s'y rattachent sont constitutives de délits que le ministère public ne peut poursuivre que sur la plainte préalable de l'Administration des impôts.

De plus, l'Administration fiscale est autorisée à se constituer partie civile dès l'ouverture de l'information. En cours d'information judiciaire, l'Administration fiscale apparaît ainsi à la fois comme plaignante et comme une partie civile d'une nature particulière assumant la défense des intérêts du Trésor public en venant au soutien de l'action publique mise en mouvement par le ministère public.

Le juge d'instruction a alors la possibilité d'entendre les agents impôts, soit en qualité de représentants de la partie civile, soit en qualité de témoins, et dans les deux cas, ceux-ci sont expressément déliés du secret professionnel. Dans ces conditions, les agents de l'Administration doivent donner au juge d'instruction tous les renseignements utiles à l'information et lui remettre directement tous les documents de nature à établir aussi bien la preuve des infractions dénoncées que l'identification des coupables, si tant est que ces documents n'ont pas déjà été annexés à la plainte comme éléments d'appréciation.

Lorsque le juge d'instruction informe sur des faits autres que ceux visés dans une plainte de l'Administration, à raison desquels les dispositions de l'article 604 du Code général des impôts ne peuvent dès lors trouver application, les agents des impôts demeurent légalement tenus au secret professionnel, tant à son égard qu'à l'égard des officiers de police judiciaire auxquels il a pu donner commission rogatoire ou des experts qu'il a pu commettre. En pareil cas, les agents de l'Administration sont dans l'obligation de se retrancher derrière le secret professionnel s'ils sont invités, soit par le juge d'instruction, soit par l'officier de police judiciaire ou par l'expert commis à témoigner sur des faits ou à fournir des renseignements couverts par ce secret.

SECTION 2- LA SANCTION DE LA VIOLATION DES GARANTIES DU CONTRIBUABLE

En contrepartie de l'obligation de respect de ses droits et garanties dans le cadre du contrôle et de la procédure de rappel de droits, le législateur a prévu des sanctions au bénéfice du contribuable en cas de manquement constaté. La sanction dépend de la nature du manquement de l'Administration. La loi énumère des exemples de violations sanctionnées par la décharge des pénalités ou la décharge des impositions. La distinction entre erreurs substantielles et erreurs non substantielles n'est pas très claire. En principe, elle se fonde sur la gravité de l'erreur. La loi entend distinguer les irrégularités entachant l'acte et qui entraînent la décharge des pénalités, des atteintes aux droits de la défense qui entraînent une annulation de la procédure.

§ 1- Les irrégularités entraînant la décharge des pénalités

Lorsque la preuve de la violation d'une garantie non substantielle est établie, l'Administration peut maintenir les droits simples, amendes et intérêts de retard et dispenser le contribuable du paiement des pénalités légales.

1- La preuve de la violation d'une garantie non substantielle

La loi fiscale contient des garanties du contribuable considérées comme importantes, mais non substantielles. Il s'agit du défaut de mention dans la notification de redressements de certaines informations utiles pour le contribuable et du défaut de saisine des commissions paritaires alors que celui-ci en a manifesté la volonté.

a) Les irrégularités sur l'acte de notification

Il en est ainsi, conformément à l'article 603 du Code général des impôts, du défaut de mention sur la notification de la faculté de se faire assister d'un ou de deux conseils de son choix, de l'absence d'information du contribuable notifié du délai de réponse dont il dispose et de l'absence de la signature d'un agent ayant au moins le grade d'inspecteur dans la notification. La preuve de ces irrégularités est apportée par la présentation du courrier de l'administration ne portant pas l'une ou les mentions prévues.

b) Le défaut de saisine des commissions

Le défaut de saisine des commissions paritaires entraîne la décharge des pénalités. La preuve de ce manquement devrait être apportée par le constat de la non-tenue dans le délai imparti d'une réunion de la commission portant sur l'objet du recours, alors que le contribuable avait saisi le Directeur général à cet effet. Constitue également une preuve, la notification au contribuable par le Président de la commission saisie de la non-transmission de sa demande par le Directeur général des Impôts et des Domaines dans le délai de 15 jours. La commission devrait avoir la compétence de sa compétence. L'Administration devrait en principe lui transmettre les demandes des usagers, sans avoir à apprécier si elle est compétente ou pas. C'est la commission elle-même qui doit apprécier, au regard des circonstances de l'espèce, si les faits exposés relèvent de sa compétence.

2- La possibilité de reprendre la procédure

Lorsque l'une des irrégularités ci-dessus est constatée, l'Administration peut réclamer les impôts dus, mais, le contribuable est dispensé de payer les pénalités légales. Toutefois, la procédure de redressement peut toutefois être reprise. La procédure de redressement est reprise à la condition que le délai de reprise ne soit pas expiré, que seuls les droits en principal soient réclamés et que, si une imposition a été établie sur la base de la première procédure annulée, il en ait été, au préalable, prononcé le dégrèvement.

§ 2- Les irrégularités entrainant la nullité de la procédure

Dans le cadre de la procédure de contrôle et de rectification, les agents des impôts peuvent commettre des erreurs considérées par la loi comme étant des violations aux garanties substantielles du contribuable. Si celui-ci en apporte la preuve, l'Administration doit constater la nullité de la procédure et ne pourra pas renouveler les redressements.

1- La preuve de la violation d'une garantie substantielle

Il appartient au contribuable de prouver la violation d'une garantie légale tendant à protéger les droits de la défense ou à assurer la sécurité juridique. L'Administration, si elle n'est pas en mesure d'apporter la preuve devrait constater la nullité de la procédure, décharger le contribuable du paiement de tout impôt, amende ou pénalités, sans pouvoir renouveler les redressements.

a) Le défaut d'information du contribuable sur la procédure

Le défaut de remise préalable d'un avis de vérification sur place accompagné de la charte des droits et obligations du contribuable vérifié constitue un manquement substantiel. L'Administration doit apporter la preuve contraire par la présentation du justificatif de remise figurant dans le cahier de transmission.

La preuve de la vérification d'impôts ou de périodes dont le contrôle n'est pas prévu dans l'avis de vérification est apportée par la mention sur notification de rappel de droits, visant l'avis de vérification d'impôts non visés par l'avis. Sont exclus de l'application de cette disposition, les cas de rappels de droits consécutifs à l'exercice du droit de communication auprès de tiers ou de contrôle effectués postérieurement à la procédure ouverte par l'avis.

L'absence d'indication dans l'avis de vérification de la faculté offerte au contribuable de se faire assister par un ou deux conseils de son choix, des impôts et périodes soumis à vérification constituent également des erreurs substantielles. La preuve de ces manquements est apportée par la présentation du courrier de l'Administration ne faisant pas mention de la garantie.

b) Le détournement de procédure

Dans le cadre du contrôle sur pièce, les demandes de justificatifs ne doivent pas viser les éléments de détail de la comptabilité que sont les factures, les bulletins de paie, les pièces de caisse, les relevés bancaires ainsi que les livres comptables dont le dépôt n'est pas obligatoire. Autrement, les rappels de droits opérés en violation de ces dispositions sont frappés de nullité pour détournement de procédure. La preuve de la violation est apportée par la présentation de la demande de justification établie par le service mentionnant l'obligation de produire la pièce dont la réclamation dans le cadre d'un contrôle sur pièce est proscrite.

Par contre, lorsque, sans qu'ils ne soit visés par une demande intervenue dans le cadre d'un contrôle sur pièce, le contribuable présente à l'Administration fiscale des pièces de comptabilité détaillées ou des livres comptables non soumis à l'obligation de déclaration, les conséquences tirées des informations contenues dans lesdits documents en matière de rappel de droit ne peuvent entrainer une nullité de la procédure. Ne peuvent également entrainer la nullité de la procédure, les informations, pièces et documents obtenus dans le cadre de l'exercice du droit de communication, les pièces et documents réclamés par le service en justification du bien-fondé d'une demande de remboursement, de restitution, d'exonération ou de toute autre dispense de paiement d'un impôt introduite par le contribuable et les pièces produites par le contribuable dans le cadre de l'exercice du droit de réponse ou de justification des bases réelles d'imposition.

c) L'emport irrégulier de documents

L'emport irrégulier de documents dans le cadre de la procédure de vérification est une atteinte aux droits du contribuable. En effet, les pièces et documents remis à l'Administration dans le cadre de la vérification personnelle ou de comptabilité doivent être restitués contre décharge, au plus tard à la date de la réunion de synthèse. La décharge signée par le contribuable sert de preuve contraire. Le refus de décharge du contribuable lors de la restitution doit être constaté par procès-verbal.

d) L'absence de débat oral et contradictoire

L'absence de débat oral et contradictoire dans le cadre d'un contrôle sur place constitue également un manquement substantiel aux droits du contribuable. En général, l'Administration fait signer les décharges par les contribuables ou leurs représentants. Ces décharges servent de preuve contraire. Le refus de décharge du contribuable lors de la restitution est constaté par procès-verbal. En outre, les demandes effectuées par l'Administration dans le cadre du contrôle sur pièces doivent être limitées à la réclamation au contribuable des seules copies de déclarations, pièces et justificatifs dont le dépôt auprès du service des impôts compétent est obligatoire à l'occasion d'une formalité ou du paiement d'un impôt ou pour l'obtention d'un titre d'exonération.

e) Le dépassement irrégulier des périodes de vérification

Le dépassement irrégulier des périodes de vérification sur place constitue aussi un manque à une garantie substantielle du contribuable. Le contribuable qui demande l'annulation de la procédure pour dépassement de la durée légale de vérification doit produire l'avis de vérification qui mentionne le début des opérations matérielles de vérification ou la première convocation en matière d'examen de situation fiscale personnelle et le procès-verbal de réunion de synthèse qui indique la fin des opérations matérielles de vérification.

L'Administration peut apporter la preuve de la durée de la vérification, ainsi que de tout document ou fait de nature à proroger ou à rendre inopposable la durée légale invoquée par le contribuable. Le non-respect du délai prévu entre la réception de l'avis de vérification et le début des opérations de contrôle entraîne également la nullité de la procédure, tout comme la vérification d'impôts de périodes dont le contrôle n'est pas prévu dans l'avis de vérification.

f) Le renouvellement d'un contrôle

Le renouvellement par l'Administration d'un contrôle sur place déjà achevé est aussi une violation substantielle des droits du contribuable. Sont ici visés les cas de vérification générale de comptabilité et d'examen de situation fiscale personnelle précédemment effectués et menés à leurs termes, sans que le contribuable ne fasse opposition à contrôle fiscal ponctué par une taxation d'office. L'interdiction de renouveler une vérification déjà effectuée ne s'applique pas lorsqu'une partie seulement de l'activité du redevable ou un aspect de cette activité a été vérifié. Sont ainsi exclus de l'application de cette sanction, les autres types de contrôle ainsi que les vérifications ne revêtant pas un caractère général.

g) Le défaut de motivation

Le défaut d'indication dans les notifications de redressements des motifs de droit ou de fait qui fondent les redressements est une erreur substantielle de procédure. L'indication des motifs de droit et de fait constitue une mention obligatoire de la procédure contradictoire et de la procédure d'office. L'absence de ces mentions est attestée par la production des documents signés du service et engage la responsabilité des auteurs de l'acte, compte tenu des conséquences sur les créances du Trésor. Il y a lieu de distinguer le défaut d'indication dans les notifications des motifs de droit ou de fait qui est une obligation formelle sanctionnée de l'erreur sur les motifs de fait ou de droit qui peut donner lieu à une substitution de base légale.

h) L'incompétence des agents

En outre, l'incompétence juridique des agents est un manquement substantiel susceptible d'entraîner la nullité des procédures. Ce motif d'annulation est d'ordre public. Compte tenu de la conséquence attachée à l'absence de la signature d'un agent ayant au moins le grade d'inspecteur dans la notification, les actes délivrés aux contribuables à leur demande doivent être précédés d'une demande officielle et qu'il y soit mentionné qu'il s'agit d'une copie. Les agents des impôts ayant au moins le grade de contrôleur sont seuls compétents pour exercer les pouvoirs de contrôle et de rappel de droit. L'exercice des pouvoirs reconnus à l'Administration repose sur le principe d'une compétence s'exerçant dans les limites du ressort territorial ou matériel du service dans lequel l'agent est affecté, assorti d'exceptions prenant la forme d'un « droit de suite », qui permettent à l'agent de procéder, en dehors de son ressort, au contrôle de certaines personnes ou de certaines matières précisément définies.

Les pièces de procédure ainsi que les actes administratifs peuvent être valablement établis par les inspecteurs et contrôleurs des impôts et des domaines, à partir de la date d'effet de l'arrêté prononçant leur affectation. Dès lors que leur affectation prend effet, ces agents sont compétents pour fixer les bases d'imposition, liquider les impôts et notifier les rappels de droits pour les périodes au titre desquelles les contribuables sont, ont été, ou auraient dû être soumis à une obligation déclarative ou être imposés. Ils peuvent suppléer les personnes qu'ils remplacent ou dont ils héritent des compétences dans des procédures entamées par ces dernières.

2- L'impossibilité de renouveler les redressements

La loi prévoit à titre de sanction des erreurs de procédures de l'Administration une limitation du droit de reprise. Lorsque l'erreur commise est substantielle, c'est-à-dire qu'elle a pour effet de porter atteinte aux droits de la défense, la loi prévoit la décharge de l'ensemble des droits en principal, des amendes, majorations, pénalités et intérêts de retard. Ces irrégularités entraînent l'annulation des droits de toute nature réclamés au contribuable et font obstacle à la possibilité pour l'Administration de procéder à de nouveaux redressements au titre de la même période d'imposition pour les mêmes impôts, taxes et redevances.

Les associés, personnellement soumis à l'impôt pour la part des bénéfices sont fondés à opposer à l'Administration toutes les irrégularités commises par elle dans la procédure de vérification de la personne morale. Toutefois, les irrégularités constatées dans la vérification de comptabilité d'une personne morale imposable à l'impôt sur les sociétés n'ont pas pour effet d'entraîner la décharge des suppléments d'impôt sur le revenu auxquels sont valablement assujettis les bénéficiaires de revenus réputés distribués. De même, lorsque l'Administration décide de suivre la procédure de redressement contradictoire dans le cas d'un contribuable susceptible d'être taxé d'office au sens de l'article 617 du Code général des impôts, les irrégularités commises dans ladite procédure sont sans incidence sur la validité de l'imposition établie.

Deuxième partie

Le contentieux fiscal

Le terme « contentieux » connaît deux acceptions. Au sens large, il désigne toute contestation, tout conflit opposant des parties sur leurs droits et obligations respectifs, quels que soient les moyens par lesquels elles tentent de les résoudre. Au sens étroit, il désigne les litiges portés devant un juge et réglés selon des procédures juridictionnelles.

L'établissement et le recouvrement de l'impôt donnent naissance entre les contribuables qui y sont assujettis et l'Administration à des contestations et des litiges qui constituent le contentieux fiscal. Le contentieux fiscal est un observatoire pertinent qui permet d'apprécier d'une part la qualité de l'action administrative, à travers ses méthodes et ses agents et d'autre part, le comportement du contribuable, à travers sa compréhension de la norme fiscale et son adhésion à l'impôt.

L'analyse du contentieux fiscal sénégalais permet de constater que le nombre de dossiers est en augmentation constante, en dépit des efforts entrepris par l'Administration et les mesures prises par le législateur. Mais pour l'essentiel, le contentieux trouve une solution dans sa phase administrative.

Dans le contentieux fiscal, il y a une phase administrative et une phase juridictionnelle. La phase administrative de la réclamation préalable fait en effet partie intégrante de l'instance fiscale. La phase administrative est constituée de plusieurs recours devant l'Administration elle-même avant toute saisine du juge. La phase juridictionnelle quant à elle renvoie au traitement du contentieux fiscal par les cours et tribunaux compétents qui seraient saisis soit par le contribuable comme c'est le cas le plus souvent, soit par l'Administration de façon exceptionnelle, dans la mesure où, elle dispose du privilège d'exécution.

CHAPITRE PREMIER

LES RECOURS ADMINISTRATIFS

Les recours administratifs s'adressent comme leur nom l'indique à l'Administration elle-même. Ils demandent la modification de l'acte ou sa suppression pour des raisons liées à son irrégularité ou simplement pour inopportunité.

L'importance croissante des recours administratifs est due à plusieurs facteurs : le désencombrement de la justice administrative, la nécessité de tenir compte dans le règlement de certains litiges de principes d'équité, le gain de temps réalisé par un règlement préalable, le souci de rapprocher l'Administration des administrés en permettant un dialogue direct susceptible de générer des conciliations.

La notion de recours administratif n'est définie par aucun texte. Elle renferme des variétés de recours fort différents. Il en est ainsi notamment des demandes « initiales » antérieures à tout acte qui peuvent par exemple viser à susciter une décision préalable nécessaire pour lier le contentieux ou celles qui visent un acte juridique de l'Administration sans en contester la légalité ou l'opportunité, par exemple pour en connaître les motifs ou pour demander le sursis à exécution. C'est également le cas des demandes « réitérées », renouvelant une précédente demande sans se rattacher à elle.

Parmi les demandes adressées à l'Administration, les recours administratifs sont habituellement définis par la doctrine en fonction de deux éléments. Il s'agit d'abord de recours exercés, non devant le juge, mais devant une autorité administrative qui statue en tant que telle, c'est-à-dire par un acte administratif. Il s'agit ensuite de recours mettant en jeu la légalité ou l'opportunité d'un acte juridique de l'Administration. Les recours administratifs sont donc d'une utilité certaine pour le règlement des litiges fiscaux. Leur utilisation obéit à des règles particulières fixées par la loi.

SECTION I- L'UTILITÉ DES RECOURS ADMINISTRATIFS

Les recours administratifs constituent un moyen de contrôle interne à l'Administration. De ce fait, ils ont une portée pratique appréciable, notamment par rapport aux recours juridictionnels. La contestation du contrôle de l'impôt obéit aux règles de droit commun du contentieux administratif. Elle a pour origine soit des erreurs, soit de différences d'appréciation ou des problèmes d'interprétation. Les recours administratifs permettent de contourner la voie judiciaire, d'autant plus que leur portée est semblable à celle des recours juridictionnels.

§ 1- L'évitement des voies de recours juridictionnels

Les recours administratifs en matière fiscale sont un outil important permettant à l'Administration de contrôler la qualité des actes qu'elle prend. Ce faisant, ils permettent d'anticiper le contentieux juridictionnel.

1- Le contrôle interne de l'action administrative

La confiance est le ferment du respect des obligations. L'élément fondamental pour l'Administration fiscale qui veut gagner la confiance des contribuables est d'agir d'une façon que ceux-ci considèrent comme juste. L'équité de l'Administration fiscale, telle qu'elle est perçue dépend dans une large mesure de l'expérience des usagers à l'occasion de contacts antérieurs, de l'expérience d'autrui et des informations publiées dans les médias.

Le traitement du contentieux constitue pour l'Administration fiscale un véritable moyen de contrôle interne de qualité. À travers les litiges constituant le contentieux de masse, l'analyse des rectifications opérées permet de localiser les points faibles dans le traitement des informations au niveau des procédures d'assiette. Concernant les litiges importants, le débat préalable approfondi permet de clarifier les positions de principe entre lesquelles le juge aura à trancher, soit d'ajuster les positions prises par les vérificateurs.

Les recours introduits devant l'Administration préalablement à toute action devant le juge permettent à celle-ci de rester maître de la procédure. Par cette occasion, elle a la possibilité de « revoir sa copie » et de « rectifier le tir », s'il y a lieu. C'est dire que par ce biais, elle peut vérifier la régularité de ses actes, notamment le respect des droits et garanties du contribuable. De même, ces recours permettent à l'Administration, tout en restant maître du jeu fiscal, de pouvoir le dénouer plutôt que de le voir tranché par le juge. Elle a l'opportunité ainsi d'anticiper le contentieux juridictionnel en trouvant une solution, même négociée au litige l'opposant au contribuable, dans les limites toutefois, de la légalité.

2- L'anticipation du contentieux juridictionnel

Grâce aux recours hiérarchiques, à la réclamation préalable et aux décisions de remise gracieuse, l'Administration fiscale arrive à pacifier la contestation fiscale limitant d'autant l'intervention du juge. La recherche de solutions de règlement anticipé des litiges fiscaux répond à une double préoccupation. Il s'agit, d'une part, de prévenir le risque contentieux qui représente un coût pour les contribuables, l'Administration et le système juridictionnel et, d'autre part, d'améliorer la qualité des relations entre les contribuables et l'Administration fiscale.

Les modes de règlement amiable des différends fiscaux, d'une grande diversité instaurent, dans tous les cas, les conditions d'un échange contradictoire offrant ainsi aux contribuables et à leurs créanciers publics la possibilité d'une application correcte et sans « heurt » de la réglementation fiscale. En cela, ces dispositifs se singularisent des modes alternatifs rencontrés dans les autres branches du droit. En effet, des désaccords peuvent subsister entre l'Administration et les contribuables à la suite de la procédure contradictoire de rectification des bases d'imposition. Avant de saisir le juge, une fois que la contestation est née, des possibilités sont offertes aux protagonistes pour trouver un terrain d'entente et régler eux-mêmes leur différend. Durant cette phase précontentieuse, la voie juridictionnelle peut encore être évitée. Les voies de recours internes peuvent persuader le contribuable tout comme l'Administration, d'éviter le contentieux.

L'obligatoriété de la réclamation préalable au recours contentieux fiscal contribue à réduire le nombre d'affaires fiscales portées devant le juge du premier degré. Cette procédure interne offre au contribuable et à l'Administration la possibilité d'un gain de temps important et de trouver un arrangement. Un mauvais arrangement, comme on dit, vaut mieux qu'un bon procès. Le juge y gagne également en ce que cette voie de contournement permet de désengorger le prétoire.

Pour certains contribuables, la saisine d'un juge avec toute la mythologie qui entoure la justice, pouvait être paralysante. L'introduction au sein du procès fiscal de la réclamation préalable en tant que phase autonome de celui-ci offre par là même une garantie substantielle au contribuable puisque le litige pouvait être dénoué sans être déféré devant un magistrat. La réclamation préalable permet d'obtenir une solution équitable et d'épargner au contribuable comme à l'Administration les méandres de la justice juridictionnelle. Il paraît inconcevable de saisir le juge de toutes les contestations. Nombre de celles-ci visent à réparer des erreurs et non des questions de principe ou d'appréciation des faits.

Par contre, une partie des justiciables, gênés par la longueur et les difficultés éventuelles d'une double procédure, abandonneraient leur instance et ne saisiraient pas le juge. Les recours internes n'interrompent pas formellement l'exécution du rôle ou du titre de perception. L'Administration doit statuer sur la demande du contribuable dans le délai général de 4 mois à partir de la date de la présentation de la réclamation ; dans le cas contraire, le contribuable peut saisir le juge.

La réclamation préalable permet de satisfaire rapidement et sans frais le redevable dont la contestation apparaît comme manifestement légitime. Lorsque la réclamation s'avère injustifiée, l'Administration a l'occasion de convaincre le requérant du mal-fondé de ses prétentions et de le détourner ainsi d'une procédure vouée à l'échec.

Bien que scellant le début du procès fiscal, la réclamation préalable s'inscrit dans le prolongement de la procédure d'imposition, en ce sens qu'elle assure la poursuite du dialogue entre le contribuable et l'Administration, sous une forme « dépassionnée ». La réclamation préalable permet aussi de clarifier la contestation. Elle permet de délimiter quantitativement et qualitativement les points de désaccord après l'établissement de l'imposition. Elle fixe les limites chiffrées du litige ; elle circonscrit également le champ du débat.

§ 2- L'efficacité des recours administratifs

Au-delà de leur utilité, les recours administratifs sont en pratique, très efficaces. Les recours administratifs bien que se rapprochant des recours juridictionnels, s'en distinguent nettement.

1- Les similitudes entre recours administratifs et recours juridictionnels

En matière fiscale, le recours administratif « concurrence » le recours juridictionnel au moins pour deux raisons : tous deux s'emploient à vider un contentieux. Le recours administratif comme le recours juridictionnel implique une imposition. La phase d'assiette visant à établir l'imposition doit donc être nécessairement achevée. Le recours administratif s'inscrit ainsi dans un cadre totalement différent du débat oral et contradictoire prévu entre l'Administration et le contribuable pour asseoir l'imposition. L'examen du recours administratif n'est pas soumis à un caractère contradictoire. L'examen contradictoire n'est cependant pas totalement exclu, puisque l'obligation de motiver déclenche dans plusieurs cas l'obligation de suivre une certaine procédure contradictoire.

Le recours administratif comme le recours juridictionnel exprime une contestation juridique sur cette imposition. Il s'agit de discuter la légalité des opérations d'assiette et non d'en admettre nécessairement le bien-fondé, en sollicitant simplement la bienveillance de l'Administration, comme c'est le cas en matière de juridiction gracieuse. Le recours administratif comme le recours juridictionnel porte sur le même objet tendant à discuter l'activité d'imposition. Il s'agit d'une prétention unilatérale ou d'une demande par laquelle l'autorité compétente est simplement saisie d'une question de droit qui lui est posée par une personne intéressée à sa solution.

L'autorité saisie d'un recours administratif s'est vue reconnaître par le législateur, au même titre que le juge fiscal, le pouvoir d'examiner les requêtes fondées sur une prétendue violation de la norme fiscale et de prendre les décisions qui seront la conséquence de la constatation de la légalité ou de l'illégalité qu'il aura faite. Ces décisions sont prises sur la base du droit. C'est pourquoi l'Administration fiscale, lorsqu'elle statue sur ce recours se comporte comme une autorité contentieuse.

2- Les différences entre recours administratifs et recours juridictionnels

Bien que s'en rapprochant, le recours administratif diffère cependant du recours juridictionnel. Dans sa fonction contentieuse, l'Administration n'agit pas avec les mêmes garanties processuelles qui caractérisent l'institution juridictionnelle. Dans le même sens, la décision que prend l'autorité administrative au terme d'une procédure non contradictoire n'a pas l'autorité de la chose jugée. Les autorités qui prennent cette décision ne sont pas des autorités indépendantes. Cette décision n'est d'ailleurs pas obligatoire. L'autorité administrative peut même s'abstenir de statuer sans qu'il n'y ait déni de justice, car le défaut de réponse de l'Administration dans le délai de 4 mois, à compter du dépôt de la demande, équivaut à un rejet implicite, conformément à l'article 708 du Code général des impôts.

Malgré cela, la réclamation administrative offre des avantages à l'Administration et aux contribuables, lesquels ne se retrouvent pas dans le contentieux juridictionnel. Enfermée dans des délais précis, elle peut permettre une solution rapide du litige. Or, les recours devant le juge ont une durée illimitée. La décision du juge peut intervenir plusieurs années après la naissance du litige. Ce qui laisse au contribuable le temps d'organiser son insolvabilité. Dans l'hypothèse où l'Administration a poursuivi le recouvrement, le contribuable peut de son côté faire faillite alors que la décision juridictionnelle peut lui être favorable.

L'obligation de recours préalable admet également de nombreux avantages, par exemple, l'accès aux documents administratifs, même si elle peut dans certains cas se révéler fâcheuse. La demande administrative pourrait aussi allonger les procédures. Cet allongement serait d'autant plus fâcheux si l'Administration n'en profite pas pour procéder à un examen attentif des recours portés devant elle. Il en serait autrement si les autorités administratives avaient une véritable obligation de procéder à un examen effectif des recours, cette solution n'appelant pas nécessairement l'obligation du recours préalable. En outre, le préalable obligatoire ne permettrait pas, sauf exception, aux juridictions d'ordonner le sursis à exécution des actes contestés, ces actes ayant le plus souvent été exécutés.

SECTION II- L'UTILISATION DES RECOURS ADMINISTRATIFS

Les recours administratifs en matière fiscale sont marqués par la diversité de leur objet. En droit administratif général, on oppose traditionnellement, le recours gracieux adressé à l'auteur de l'acte contesté, le recours hiérarchique adressé au supérieur de l'auteur de l'acte, le recours de tutelle ou de contrôle porté devant une autorité dont les pouvoirs lui permettent de faire disparaître l'acte attaqué ou d'en modifier le contenu ou les effets. En droit fiscal, la terminologie est différente. Les recours gracieux n'ont pas pour objet la contestation d'une imposition, contrairement aux recours contentieux tendant à contester le montant d'un impôt ou la procédure suivie pour son recouvrement.

Mais d'une façon générale, les recours que le contribuable peut être amené à porter devant l'Administration fiscale sont soit facultatifs, soit obligatoires, même s'il est incontestable que le recours préalable est obligatoire avant toute saisine du juge. D'ailleurs, le principe de l'examen effectif des recours est applicable aussi bien au recours facultatif qu'au recours obligatoire.

§ 1- Les recours facultatifs

En cas de désaccord sur une imposition établie par un service des impôts, le contribuable peut saisir le supérieur hiérarchique de l'auteur en vue d'en solliciter la diminution ou l'annulation. Le supérieur en question peut être le chef de centre ou le chef du bureau du contrôle, le directeur général ou le ministre chargé des Finances. Une telle saisine, n'est pas obligatoire, sauf si le contribuable entend saisir la justice ; auquel cas, il lui est demandé d'introduire un recours préalable. Mais, même en cas d'accord avec le service sur le quantum de l'imposition, le contribuable peut saisir les autorités d'une demande tendant non pas à contester celle-ci, mais à en demandant la réduction, par leur bonne grâce, à travers les recours gracieux.

Les recours gracieux ont pour objet de demander l'annulation partielle ou totale d'une imposition, non en raison de son irrégularité, mais plutôt, du fait de la situation propre du contribuable. L'autorité administrative est compétente pour l'examen des demandes présentées par les contribuables en vue d'obtenir une mesure de bienveillance portant abandon ou atténuation des impositions ou des pénalités mises à leur charge. La juridiction gracieuse recouvre des types de demande variés, dont l'objet diffère selon l'étape où l'on se trouve dans la procédure d'imposition ou de recouvrement. Il s'agit, notamment des demandes de remise gracieuse, de dégrèvement et d'admission en non-valeur.

1- La remise gracieuse

Aux termes de l'article 706 du Code général des impôts, le contribuable qui ne conteste pas le bien-fondé de la dette mise à sa charge peut faire appel à la bienveillance de l'autorité administrative pour cause de difficulté, d'indigence ou de gêne. En effet, lorsque l'imposition est établie suite à une déclaration faite par le contribuable lui-même ou lorsque celui-ci est convaincu du bien-fondé des redressements arrêtés à son encontre, il ne peut valablement contester l'imposition ainsi établie. Il peut seulement, dans le cadre d'une demande écrite, en solliciter l'atténuation, voire la remise totale. La remise gracieuse n'est donc pas à proprement parler un mode de règlement des litiges en ce sens que c'est une faculté laissée à l'appréciation discrétionnaire de l'Administration.

La demande de remise gracieuse n'est pas suspensive du recouvrement et n'est soumise à aucune condition au regard des délais de présentation. Elle doit être accompagnée du titre exécutoire dont il a reçu notification ainsi que des justificatifs de sa difficulté, de son indigence ou de sa gêne.

En principe, les demandes gracieuses ne sont soumises à aucune condition de forme et de délai dès lors que les impositions peuvent être individualisées. Le contribuable doit cependant indiquer clairement son nom, son adresse, l'impôt concerné ainsi que l'objet de sa réclamation et joindre l'avertissement ou le titre de perception relatif à l'imposition en cause. Même si la remise gracieuse est ouverte sans restriction en ce qui concerne les pénalités, cette possibilité n'est offerte en ce qui concerne les droits simples en matière d'impôts directs, pour cause de gêne ou d'indigence du contribuable.

La demande de remise gracieuse doit, quels que soient le motif et le montant des cotisations, être adressée au ministre chargé des Finances, et déposée auprès du chef du service des impôts compétent avec l'ensemble des justificatifs de la situation ayant motivé la demande. Celui-ci l'instruit et transmet le dossier à ses supérieurs hiérarchiques. Après validation, la décision est notifiée au contribuable dans le délai de 2 mois à compter de la réception de la demande. Le défaut de réponse dans le délai susvisé équivaut à un rejet de la demande du contribuable. Les demandes de remise gracieuse ne peuvent faire l'objet de recours juridictionnel.

2- Le dégrèvement

Dans le cadre du recours gracieux, le contribuable a également la faculté d'introduire une demande de dégrèvement. Et, contrairement à la remise gracieuse où ce sont plus des raisons subjectives qui sont à la base de la demande, dans le cas du dégrèvement ce sont plutôt des raisons objectives qui sont invoquées.

D'après l'article 692 du Code général des impôts, le droit de dégrèvement est exercé d'office par l'Administration, dès qu'elle constate une erreur. En effet, dès qu'il constate, par lui-même, une erreur de l'Administration ou reçoit une décision régulière de décharge, le service des impôts compétent peut, en l'absence de demande du contribuable, proposer le dégrèvement.

3- L'admission en non-valeur

Si à la suite de la procédure contradictoire, des titres de perception sont émis à l'encontre du contribuable alors qu'il se trouve dans l'impossibilité de s'acquitter de sa dette fiscale, il a la possibilité de saisir l'Administration d'un recours et faire admettre les titres de perception en non-valeur. Cette admission en non-valeur est consécutive à la procédure de remise gracieuse.

De même si le contribuable est en mesure d'apporter la preuve que l'Administration s'est trompée, cette dernière doit aussi admettre en non-valeur. Le service peut se rendre compte à la suite de l'émission des titres de perception d'une erreur qu'il a commisse durant la procédure. Il doit instruire en admission en non-valeur sans que le contribuable ne lui adresse la demande.

Seul le ministre chargé des Finances est habilité à prononcer l'admission en non-valeur des titres de perception. Le service compétent instruit en motivant sa décision et la soumettre à la signature du ministre par voie hiérarchique. L'octroi de la décharge entraîne l'annulation des pénalités et majorations correspondantes.

4- La demande de remboursement

Lorsque le contribuable considère que le montant de l'impôt qu'il a payé est supérieur à ce qu'il estime devoir au trésor public, il peut demander un remboursement du surplus. La demande de remboursement ou de restitution doit être introduite dans un délai de 2 ans. Le point de départ de ce délai est constitué par la date du paiement.

Aux termes de l'article 692 du Code général des impôts, l'action en restitution est introduite par voie de réclamation dans les formes et délais propres à chaque impôt. Le contribuable fournit à l'appui de sa demande de dispense, d'exonération, d'imputation, de restitution ou de remboursement les justificatifs comptables. Il peut aussi produire la décision administrative de décharge ou la décision de justice ou justifier de l'erreur d'imposition, de versement ou de retenue ou tout document établissant la nature et la destination des produits ou des services justifiant la dispense, l'exonération, l'imputation ou le remboursement.

Au demeurant, pour l'instruction de la demande, le service d'assiette peut exiger tout document de nature à établir la destination des prestations accomplies ou des produits livrés, notamment les bons de commande, bons de livraison, procès-verbaux de réception de commande, avis bancaires et autres justificatifs de règlement, conventions, justificatifs de transport, documents douaniers dûment visés.

§ 2- Les recours contentieux

À côté des recours gracieux, il y a les recours contentieux qui ont pour objet de contester une imposition et non d'en solliciter uniquement l'atténuation. En effet, si un désaccord subsiste entre le vérificateur et le contribuable, ce dernier a la faculté d'introduire un recours soit devant le supérieur hiérarchique, soit devant les commissions mixtes.

a) Le recours devant le supérieur hiérarchique

Le recours hiérarchique est la suite logique de la contestation qui a pris sa source depuis la procédure contradictoire de redressement. Elle obéit à des conditions de forme et de délais. Le domaine du recours hiérarchique est celui des discussions qui se situent en amont de la mise en recouvrement ou de la prise en charge de la créance par le comptable public. Au-delà de cette phase, la dette fiscale ne peut être modifiée que par des procédures qui font l'objet d'un formalisme contraignant.

Aussi, est-il normal que le contribuable puisse, lorsqu'il l'estime indispensable alerter directement le niveau hiérarchique supérieur pour solliciter son arbitrage. L'Administration fiscale s'est organisée pour donner un réel contenu à ce recours sans pour autant dévaloriser en quoi que ce soit la responsabilité de l'agent de terrain. Au contraire, celui-ci sait que son supérieur pourra prendre les décisions dont les éléments sont les plus difficiles à apprécier car il bénéficiera non seulement d'un recul plus grand mais souvent d'une expérience plus importante.

Le recours hiérarchique est généralement porté devant le supérieur direct de l'agent qui arrête les bases d'imposition. En pratique, le contribuable qui conteste le bien-fondé d'une imposition établie à la suite d'un contrôle fiscal, saisit d'un appel hiérarchique le ministre chargé des Finances ou le Directeur général des Impôts et des Domaines, conformément à l'article 707 du Code général des impôts.

Le meilleur usage de l'appel hiérarchique suppose de privilégier le sens remontant. L'interlocuteur qui sera saisi renvoie le contribuable devant l'inspecteur si celui-ci n'a pas été saisi au préalable. Le ministre doit également engager ceux qui souhaitent le saisir à mener d'abord jusqu'au bout les discussions possibles avec les services de l'Administration fiscale. De même, il est important d'examiner les affaires en faisant en sorte que les droits et pénalités retenus aient toutes les chances d'être maintenus si le litige se poursuit au niveau du juge. Il s'agit donc d'une sorte de précontentieux préventif.

La réclamation peut être établie par écrit sous forme d'une simple lettre sur papier libre. Les réclamations sont individuelles. Toutefois, les membres de sociétés de personnes qui contestent les impôts à la charge de la société sont habilités à déposer une réclamation au nom de la société pour laquelle ils agissent. Lorsqu'une personne introduit une réclamation pour le compte d'autrui, elle doit justifier d'un mandat régulier délivré par le contribuable lui-même ou par un mandataire expressément habilité à se substituer à lui.

Pour être recevable, le recours hiérarchique doit être déposé dans le délai de 2 mois à compter de la notification qui lui est faite du titre de perception. La demande doit porter sur des questions de droit et être appuyée des copies de tous les éléments de la procédure contestée ainsi que les justifications du bien-fondé de la requête. Le recours hiérarchique n'est pas recevable lorsque le contribuable a manifesté son acceptation des montants qui lui sont réclamés au cours de la procédure de rappel de droits ou lorsqu'il a préalablement saisi le tribunal d'un recours.

L'autorité compétente saisie notifie sa décision au contribuable dans le délai de 3 mois à compter de la réception de la demande. Le défaut de réponse dans ce délai équivaut à un rejet implicite.

b) Le recours devant les commissions

La loi fiscale a prévu des commissions paritaires dans le but de concilier les positions de l'Administration et les usagers en cas de désaccord sur l'appréciation des questions de fait en matière de contrôle sur place. Il s'agit des commissions spéciales en matière de droits d'enregistrement et de la commission paritaire de conciliation. En cas de désaccord sur les modalités de redressement proposées par l'Administration au terme d'une procédure de rectification contradictoire, la loi offre la possibilité au contribuable de saisir pour avis les commissions réunissant des représentants des contribuables et des représentants de l'Administration. Les commissions rendent des avis motivés.

En ce qui concerne la commission paritaire, elle n'est compétente que pour se prononcer sur des questions de fait. Elle est compétente pour contrôler la matérialité des faits et donner un avis sur l'appréciation à porter sur ces faits. Elle n'est pas, par contre, compétente en tout ce qui a trait aux questions de droit, notamment la qualification juridique des faits qui relèvent de son appréciation. La saisine de la commission est suspensive de la procédure de rappel de droits ou de recouvrement.

La commission est saisie par le contribuable, par lettre adressée au Directeur général des Impôts et des Domaines à cet effet, sur les questions qui relèvent de sa compétence. Le recours est accompagné de l'ensemble des pièces de procédure. Le contribuable dispose d'un délai de 30 jours à compter de la réception de la confirmation de redressements pour saisir la commission.

Dans les 15 jours qui suivent sa réception, le Directeur général des Impôts et des Domaines transmet la demande du contribuable, avec les observations du service de contrôle, au président de la commission pour avis. La commission se réunit sur convocation de son président, par lettre recommandée avec accusé de réception ou par tout autre moyen susceptible d'assurer la convocation des membres avec date certaine de réception de celle-ci. Elle dispose d'un délai 2 mois, à compter de la date de sa saisine, pour donner un avis motivé sur les questions qui lui sont soumises.

Les parties sont convoquées 20 jours au moins avant la date de la réunion et transmettent leurs observations écrites. Le contribuable peut se faire assister par une personne de son choix, ou se faire représenter par un mandataire dûment habilité. La commission délibère valablement lorsque la majorité de ses membres sont présents. En cas de partage des voix, celle du président est prépondérante. Lorsqu'un membre d'une commission a des intérêts auprès du contribuable concerné ou est en relation d'affaire avec celui-ci, il ne peut participer aux délibérations.

La commission est tenue de notifier son avis, signé de l'ensemble de ses membres présents, au Directeur général des Impôts et des Domaines et au contribuable concerné dans les 8 jours qui suivent la réunion. En l'absence de notification d'avis sur des demandes à elle parvenues avant la convocation du président, la commission est réputée s'être dessaisie. L'avis de la Commission ne lie pas les parties. L'Administration fiscale informe le contribuable de sa décision suite à l'avis de la commission. Les irrégularités qui peuvent affecter la compétence matérielle ou géographique de la commission, sa composition, le déroulement de la séance, ou la motivation de l'avis qu'elle a rendu, ne constituent pas une cause de nullité de la procédure d'imposition.

§ 2- Le recours obligatoire

Si le contribuable entend porter le litige l'opposant à l'Administration fiscale devant le juge, à peine d'irrecevabilité, il est obligé de saisir au préalable celle-ci. C'est en cela que la saisine de l'Administration est obligatoire : il s'agit d'un recours rattachable à la procédure juridictionnelle.

1- L'exigence d'un recours administratif préalable

Le recours contentieux fiscal, dans sa phase juridictionnelle, ayant pour objet l'application individuelle et le recouvrement de l'impôt, ou contentieux fiscal proprement dit, doit être précédé d'un recours devant l'Administration fiscale.

La réclamation préalable a pour objet de lier le contentieux devant le juge. Elle permet d'obtenir à la demande du contribuable une décision expresse ou implicite de la part de l'Administration. La finalité de cette règle est de prendre position sur le litige avant de le soumettre au juge.

En matière fiscale, la décision préalable existe déjà du fait de l'acte d'imposition : la mise en recouvrement ou le paiement spontané, qui fait suite à la déclaration du contribuable ou à l'exercice du contrôle de l'Administration et qui est lui-même indispensable pour que le recours contentieux soit recevable. La décision de l'autorité administrative sur la réclamation a la nature d'un acte administratif, qui est l'expression du pouvoir hiérarchique et de contrôle de l'autorité sur les services en charge de l'imposition.

Le redevable qui conteste une imposition mise à sa charge ne peut saisir directement le juge de l'impôt. Il lui faut, au préalable, s'adresser à l'autorité administrative, notamment le Directeur général des Impôts et des Domaines ou le ministre chargé des Finances. C'est en cela que le recours préalable se confond avec le recours hiérarchique.

En effet, les décisions rendues par le ministre chargé des Finances sur les réclamations contentieuses qui ne donnent pas entière satisfaction aux contribuables peuvent être déférées par assignation au tribunal de grande instance dans le délai de 2 mois à partir du jour de la réception de l'avis portant notification de la décision. À compter de la décision explicite ou implicite de rejet, le contribuable dispose d'un délai de 2 mois, sous peine d'irrecevabilité du recours, pour contester devant la juridiction compétente les impôts, intérêts, amendes et pénalités qui lui sont réclamés. Le délai court à partir du rejet de la demande de dégrèvement ou de remboursement ou celui de toute autre demande tendant à la délivrance d'un acte pour la reconnaissance d'un droit.

Telle est le sens et la portée de la règle de la réclamation préalable devant les autorités administratives ; règle capitale puisqu'elle est à la base de toute la phase administrative du contentieux de l'imposition. En principe, les tribunaux, déclarent irrecevable toute demande n'ayant pas été préalablement soumise aux autorités fiscales.

En fait, le recours juridictionnel n'est pas recevable s'il n'est pas appuyé du justificatif de la décision explicite de rejet ou de celui du dépôt du recours hiérarchique. Il en est de même lorsque le contribuable avait au préalable reconnu le bien-fondé des réclamations de droits qui lui sont adressées.

Les contribuables ont droit à l'examen effectif des demandes qu'ils présentent à l'Administration. Celle-ci a souvent la mauvaise habitude d'instruire peu ou mal les requêtes qui lui sont adressées, laissant à l'intéressé le soin, s'il s'y croit fondé, d'attaquer la décision explicite ou implicite intervenue. Un examen attentif et sérieux des recours permettrait de prévenir les contentieux et d'améliorer les relations avec les contribuables. À cet effet, l'Administration fiscale doit éviter de faire jouer la règle du silence-rejet, et s'efforcer de répondre rapidement de manière explicite et motivée. Elle doit aussi, sauf dans le cas d'affaires très complexes, respecter le délai de réponse.

2- La portée du recours administratif préalable

L'institution de la saisine préalable de l'autorité fiscale en tant qu'acte préalable et obligatoire de la procédure devant le juge répond à une impérieuse nécessité. Mise en évidence par la pratique, cette nécessité a vu son caractère patent s'affirmer en raison notamment de l'accroissement de la complexité de la législation et de l'augmentation du nombre d'assujettis à l'impôt.

En matière fiscale, si le recours administratif n'est pas mis en œuvre, le recours juridictionnel ultérieur sera déclaré irrecevable. Le recours administratif proroge le délai de recours ; ce qui signifie que le délai reprendra son cours pour toute sa durée, à savoir 2 mois, il n'est donc pas suspendu. Le recours administratif doit être présenté pendant le délai du recours contentieux. Car un délai déjà dépassé ne saurait être prorogé. Il revient au requérant de prouver qu'il a bien introduit un recours administratif à temps. Un seul recours administratif proroge le délai contentieux : la prorogation ne joue qu'une seule fois. Si un requérant introduit un recours gracieux, le délai est prorogé. Après rejet, si le requérant introduit un recours hiérarchique le délai contentieux ne sera plus prorogé.

Aucune forme n'est requise pour la présentation de la réclamation préalable. L'instruction se caractérise par l'examen en la forme de la réclamation du point de vue des conditions de délai et des conditions de recevabilité. L'instruction comporte aussi et surtout un examen au fond de l'affaire, touchant à la fois aux motifs de fait et de droit invoqués par le réclamant et la recherche éventuelle de compensation à opérer entre des insuffisances d'imposition et la surtaxation contestée.

Les décisions qui peuvent être prises sur les réclamations peuvent être classées en deux catégories : celles ne tranchant pas le fond du litige et celles statuant sur le fond. Parmi les décisions ne tranchant pas le fond du litige, il y a celles qui donnent acte du désistement du contribuable, celles qui rejettent la réclamation pour une irrecevabilité tirée d'un vice de forme.

Les décisions qui tranchent le fond de la contestation peuvent être des décisions de rejet ou des décisions d'admission totale ou partielle. L'admission totale conduit l'Administration à prononcer le dégrèvement sollicité dans la réclamation. Le ministre des Finances et le Directeur général des Impôts et des Domaines ont, en pratique, le choix entre deux attitudes lorsqu'ils sont saisis d'une demande administrative, soit ils admettent le bien-fondé de la réclamation et y font droit, ce qui aura pour effet de mettre un terme à la procédure ; soit ils rejettent la réclamation, expressément par une décision motivée, ou implicitement en ne répondant pas à la réclamation dans le délai qui leur est imparti. C'est alors seulement que le contribuable pourra valablement saisir le juge de l'impôt.

Toutefois, la décision de l'Administration n'a pas l'autorité de la chose jugée. Aussi la décision notifiée n'est-elle pas intangible pour le requérant, car elle peut toujours être remise en cause par l'Administration, soit pour satisfaire des prétentions qui avaient été primitivement rejetées, soit pour remettre en cause le dégrèvement consenti à la suite de la réclamation. La décision n'épuise donc ni le pouvoir de décision de l'Administration, ni son pouvoir d'imposition.

CHAPITRE II

LES RECOURS JURIDICTIONNELS

Le pouvoir judiciaire est gardien des droits et libertés définis dans la constitution et les lois. La possibilité d'ester en justice en matière fiscale permet de lever beaucoup d'incertitudes. Il est important d'offrir aux contribuables et à l'Administration les garanties d'un État de droit.

L'État de droit, dit-on, ce n'est pas le gouvernement des hommes, c'est le règne des normes. Le principe de l'égalité implique une confiance absolue placée dans le droit, la croyance dans les vertus de la dogmatique juridique. Figure centrale, personnage-clé de l'État de droit, le juge se voit assigner la fonction de garantir le respect des lois. Mais cette fonction est perçue comme une fonction « objective », excluant toute marge de libre détermination. Si le contrôle juridictionnel ne dégénère pas en « gouvernement des juges », c'est parce que le travail juridictionnel est censé être de nature purement déductive : le juge ne ferait qu'« appliquer » la loi, en tirant les conséquences de la hiérarchie des normes ; au service exclusif de la norme, il n'exercerait pas lui-même de « pouvoir ».

C'est devant le juge que le contribuable doit porter sa contestation s'il n'obtient pas satisfaction devant l'Administration. Au Sénégal, cette contestation juridictionnelle se déroule dans un cadre institutionnel particulier et selon des modalités de mise en œuvre déterminées.

SECTION I- LE CADRE INSTITUTIONNEL DES RECOURS JURIDICTIONNELS

Le système juridictionnel sénégalais repose sur une unité de juridiction et une spécificité du contentieux administratif qui font du Tribunal de grande instance, juge de droit commun en toute matière. Ce schéma unitaire avec dualité de contentieux présente certains avantages, mais aussi des inconvénients. Le premier avantage est lié à la simplicité du système qui rompt d'avec la tradition française de dualité juridictionnelle. Le système français présente un certain nombre d'inconvénients. Le plaideur est confronté à la redoutable question de savoir quel est l'ordre juridictionnel compétent pour connaître d'un litige né d'une opération de l'Administration car celle-ci n'est pas soumise automatiquement au droit administratif. En renonçant à ce système, le Sénégal a choisi de faire l'économie des conflits de compétence.

Les limites du modèle sénégalais ne découlent pas forcément de l'unité de juridiction. Elles tiennent à une certaine conception de la matière administrative, notamment l'exigence d'une demande préalable en cette matière. Cette règle, inopportune en ce qu'elle réintroduit une scission, se manifeste par une particularité de procédure sanctionnée par une irrecevabilité. Elle est contraire à l'esprit du système d'unité juridictionnelle. En effet, pour se prononcer sur la recevabilité d'une requête, le juge doit définir d'abord le droit applicable. Si c'est le droit administratif qui s'applique, il exigera le respect de la demande administrative préalable. L'unité de juridiction pose aussi le problème de la privatisation du contentieux administratif. Il existe un risque de confier le contentieux administratif à un juge de droit commun plus habitué aux contentieux judiciaires, incapable de formuler les règles propres à l'Administration[1].

En définitive, le cadre de la contestation juridictionnelle de l'activité fiscale est marqué, au plan organique, par l'unité juridictionnelle et au plan fonctionnel, par une pluralité de contentieux.

§ 1- L'unité de juridiction au plan organique

Le système de l'unité organique de juridiction au Sénégal reste inaccompli. Parfait à la base, c'est-à-dire au niveau des juridictions inférieures, il est marqué par une instabilité au niveau supérieur. C'est dire que l'unité juridictionnelle est une constante à la base, alors qu'au sommet de la hiérarchie judiciaire, même s'il existe une unité actuellement, il n'en a pas toujours été ainsi.

1- L'unité juridictionnelle à la base

La vertu simplificatrice de l'unité de juridiction devait l'emporter sur l'efficacité assortie de la complexité. Le système de l'unité organique des juridictions évite au justiciable la délicate question de la détermination du juge compétent. Tous les chemins débouchent sur un juge qui est le juge du droit commun : le Tribunal de grande instance. La conséquence la plus importante de l'existence d'une juridiction de

[1] B. KANTE, *Unité de juridiction et droit administratif. L'exemple du Sénégal*, Thèse de doctorat d'État de droit public, Université d'Orléans, 1983, p. 127.

droit commun est l'absence de spécialisation des juridictions et des juges.

a) Le Tribunal de grande instance, juridiction de droit commun

Le tribunal de grande instance a une compétence de droit commun en toute matière. Il connaît des litiges auxquels l'Administration est partie, sous réserve des compétences d'exception aménagées au profit d'autres juridictions. Ses décisions sont susceptibles d'appel. Il connaît des litiges relatifs à l'assiette, au taux et au recouvrement des impositions de toute nature et particulièrement des demandes en décharge ou réduction formulées par les contribuables, ainsi que les actes de saisie et de poursuite administrative. Il est juge de l'appréciation ou de l'interprétation de la légalité des actes administratifs.

Le Tribunal de grande instance n'est pas structuré en chambres ou formations spécialisées. Les magistrats siégeant dans cette institution sont polyvalents. Le président du tribunal peut faire appel à l'office d'un juge pour toute affaire relevant de la compétence de la juridiction. Ces juges généralistes sont appelés à statuer sur le contentieux administratif qui obéit à des règles spécifiques de procédure et de fond. Ce qui constitue d'ailleurs l'une des raisons de la difficile gestation du droit administratif sénégalais[2].

Le juge de droit commun rend ses jugements en premier ressort. L'appel est porté devant la Cour d'appel qui dispose des mêmes compétences que le juge du premier degré. Les chambres qui existent au sein de la Cour d'appel ne disposent d'aucune compétence expresse ou d'un corps spécial de magistrats. Elles fonctionnent avec le système du « roulement » des conseillers.

Toutefois, la Cour suprême connaît de l'excès de pouvoir des autorités exécutives. Elle statue en premier et dernier ressort de tous les recours à l'encontre d'un acte administratif unilatéral pour violation de la légalité objective. Tout recours en annulation, même à titre d'exception, introduit auprès d'une autre juridiction est irrecevable. En effet, l'exception d'illégalité est redevenue l'apanage exclusif du juge de l'excès de pouvoir.

L'exception d'illégalité est une sanction de la violation par un acte administratif du principe de légalité. Ses effets sont cependant moins absolus, dans la mesure où elle ne débouche que sur la neutralisation de

2 A. BOCKEL, *Droit administratif*, Dakar, Nouvelles Éditions africaines, 1978.

l'acte dont la légalité est contestée. Ce recours peut être exercé tant au niveau du contentieux objectif, qu'à l'occasion du contentieux subjectif. Appliqué au contentieux objectif, il permet au requérant de demander au juge de l'excès de pouvoir l'annulation d'une décision réglementaire ou non réglementaire prise sur la base d'un règlement illégal qui n'a pas été attaqué dans les délais. Si le juge estime que la norme de référence est illégale, il l'écarte du litige entraînant ainsi l'annulation des normes dérivées pour défaut de base légale.

b) L'absence de spécialisation des juridictions et des juges

L'unité de juridiction, même complète, laisse intacte la différenciation entre les divers contentieux ainsi que les règles de droit spécifiques, respectivement applicables. La Cour d'appel, le Tribunal de grande instance et le Tribunal d'instance sont chacun investis d'une compétence générale au niveau de son ressort, à l'exception du contentieux de recours pour excès de pouvoir. Ces juridictions ne comportent aucun rouage tant soit peu spécialisé en matière de contentieux administratif encore moins fiscal.

Le juge administratif sénégalais n'est donc guère spécialisé, même du temps de l'existence d'un Conseil d'État, ni par sa formation spécifique, ni par ses titres universitaires, ni par son cursus professionnel ; sa carrière étant gérée dans les mêmes conditions qu'un magistrat pénaliste ou civiliste. Il semble que le législateur a fait le choix de l'inefficacité dans la simplicité, au détriment de l'efficacité assortie d'une certaine complexité. Il s'agissait d'opter entre la dualité de juridictions accompagnée de quelques difficultés de compétences, mais source d'un droit administratif efficace ou l'unité de juridiction avec absence de droit administratif véritable. Déjà la création d'un Conseil d'État au Sénégal a été considérée comme une illusion dans la spécialisation des juridictions administratives. Un recul est noté sur ce plan, à travers la suppression de cette juridiction spécialisée et son remplacement par la résurrection de l'ancienne Cour suprême[3]. La

[3] Aux termes de l'article 19 de la loi organique n° 2008-35 du 7 août 2008 portant création de la Cour suprême précitée, cette juridiction comprend quatre chambres : la chambre criminelle qui connaît des pourvois en cassation, en matière pénale ; la chambre civile et commerciale qui connaît des pourvois en matière civile et commerciale ; la chambre sociale qui connaît des pourvois en matière sociale et la chambre administrative qui connaît des pourvois en cassation en matière administrative, et juge en premier et dernier ressort de l'excès de pouvoir des autorités exécutives.

meilleure solution aurait été d'avoir des juges spécialisés, regroupés en une juridiction spéciale.

Le contrôle exercé sur l'action administrative par une juridiction administrative propre a eu, en France, des avantages considérables pour la régularisation du fonctionnement de l'Administration elle-même, des avantages que l'on pourrait attendre d'un contrôle judiciaire de type anglo-saxon. Cette efficacité d'une juridiction administrative distincte, ses conséquences indirectes certaines font de la dualité entre les tribunaux administratifs et les tribunaux judiciaires quelque chose de « globalement positif » et dont on pouvait souhaiter qu'elle fût reprise au Sénégal.

2- La valse institutionnelle au sommet

L'organisation juridictionnelle du Sénégal est marquée par une instabilité au sommet de la hiérarchie judiciaire. Selon l'option retenue, les juridictions supérieures sont soit spécialisées, soit généralistes. Ce qui n'est pas sans implication sur la qualité des décisions et du droit.

D'un point de vue historique, on est passé d'une pluralité de juridiction à l'époque coloniale à une unité juridictionnelle au lendemain des indépendances avant leur éclatement en 1992. De la pluralité, on retrouve une unité juridictionnelle en 2008.

a) De l'unité à l'éclatement

Durant la période coloniale, la dualité du système juridictionnel était en vigueur au Sénégal. L'accession du Sénégal à l'indépendance lui accordait la pleine souveraineté et l'autorisait à mettre en place ses propres institutions, notamment judiciaires. Il était tentant d'adopter l'organisation judiciaire de l'ancienne puissance coloniale, marquée par l'existence de deux ordres de juridictions judiciaire et administrative.

Un tel choix entraînerait la création de plusieurs juridictions supérieures[4] et la transposition de la complexité du dualisme juridictionnel qui fait peser sur le contribuable la question du droit applicable pour engager correctement les recours devant la juridiction compétente. Le choix devait être fait entre l'unité et le pluralisme, la spécialisation et la polyvalence institutionnelle.

La voie de l'unité de juridiction semblait être plus sage parce qu'elle conduisait à la simplification et à l'économie des moyens. À l'instar des autres États ouest-africains, l'insuffisance des moyens humains,

[4] Conseil constitutionnel, Cour de cassation, Conseil d'État, Cour des comptes.

matériels et financiers, a amené les gouvernants à opter pour une Cour suprême regroupant en son sein toutes les hautes juridictions sous forme de chambres. Sur le plan matériel, le regroupement des hautes juridictions dirigées par un président, a l'avantage de créer une synergie communicative entre les chambres. Les échanges de connaissances et d'expériences qu'offrent les chambres réunies sont une source de richesse permettant de consolider la formation des juges. Ayant à son sommet la Cour suprême, le pouvoir judiciaire était régi par le principe de l'unité de juridiction dans lequel les divers contentieux sont tranchés par le même juge judiciaire.

En 1992, l'organisation juridictionnelle a subi une mutation structurelle profonde qui lui fait passer d'un système d'unité de juridiction coiffé par la Cour suprême à un système d'« autonomisation » des juridictions et des contentieux. Chacune des juridictions autonomes découlant de l'éclatement de la Cour suprême disposait des ressources nécessaires à l'accomplissement de sa mission en vue d'une plus grande efficacité. Ce faisant, le constituant de 1992 avait mis fin au principe de l'unité de juridiction jusque-là en vigueur et l'option avait été déterminante pour la dualité de juridiction au sommet. L'unité organique de juridiction est remise en cause avec l'éclatement de la Cour suprême. Le Conseil d'État était créé en même temps que le Conseil constitutionnel et la Cour de cassation.

Toutefois, la réforme de 1992 était très limitée. Elle continuait à faire de la Cour de cassation le juge de droit commun en matière de cassation administrative. Le Conseil d'État restait confiné dans sa compétence d'attribution formellement spécifiée. C'est en 1996 que cette incohérence a été corrigée. L'émergence d'une justice administrative organiquement spécialisée et institutionnellement souveraine était nécessaire pour la sécrétion d'un droit administratif réellement autonome.

b) De la pluralité à l'unité juridictionnelle

En toute logique, la spécialisation entreprise, tant au plan organique que fonctionnel devait être poursuivie et parachevée. Des tribunaux et cours d'appel administratifs auraient dû être créés, pour une correcte prise en charge du contentieux administratif. Mais curieusement, la loi organique n° 2008-35 du 7 août 2008 opère un retour à la case de départ observé avec le rétablissement de la Cour suprême. En effet, la réforme du système judiciaire s'est traduite par le regroupement de la Cour de cassation et du Conseil d'État en une Cour suprême créée en leur lieu et place.

Ce retour en arrière est justifié par la persistance des causes d'unité de juridiction qui incitent au regroupement des hautes juridictions. L'existence de juridictions distinctes génère des coûts importants de fonctionnement de ces institutions. Apparemment, la réforme judiciaire de 1992 ne reposait pas sur une bonne connaissance des coûts de la justice. Ce qui fait que la plupart des objectifs visés par la loi n° 92-22, n'ont pas été atteints surtout en ce qui concerne la spécialisation des magistrats, aujourd'hui confrontés à des questions nouvelles dans le contexte de la mondialisation des dispositifs juridiques et judiciaires, le traitement des affaires dans un délai raisonnable et l'utilisation rationnelle des ressources budgétaires allouées à la Justice.

La création de plusieurs juridictions supérieures a eu un impact pernicieux sur les moyens budgétaires et les ressources humaines mis à la disposition de la justice. L'insuffisance des moyens combinée à la faiblesse des effectifs des magistrats n'a pas permis d'améliorer la qualité institutionnelle de la justice. De même, le relâchement dans l'organisation du service public de la justice et dans la mise en œuvre des procédures de gestion s'est accentué. L'institution d'une pluralité de juridictions supérieures n'a pas permis au pouvoir judiciaire d'accomplir, comme auparavant, sa mission fondamentale, qui est d'assurer l'égalité des citoyens par le droit du fait notamment de l'impossibilité d'harmoniser la jurisprudence dans l'intérêt des justiciables et de la justice.

§ 2- La pluralité de contentieux au plan fonctionnel

Le système sénégalais, caractérisé par une unité de juridiction, est cependant marqué par une pluralité de contentieux. L'unité juridictionnelle n'a pas pour conséquence l'unité du contentieux. Même si le contentieux judiciaire demeure plus important, la matière administrative reste spécifique. En matière fiscale, même si le juge de droit commun est compétent pour l'ensemble des litiges appartenant aux impôts directs et indirects, il n'en demeure pas moins que le contentieux des impositions individuelles et leur recouvrement est à distinguer du contentieux de l'annulation des décisions fiscales.

1- La spécificité de la matière administrative

La distinction des juridictions de l'ordre administratif aurait permis au juge administratif de se spécialiser en droit public. Ce qui n'est pas le cas dans le système actuel. Malgré tout, il existe un contentieux administratif spécifique par rapport au contentieux judiciaire. L'unité de juridiction n'est pas assortie d'une unité de contentieux. Elle s'accompagne du maintien de la spécificité du contentieux administratif qui reste soumis à des règles particulières de procédure et de fond visant à protéger l'intérêt général que l'État doit prendre en charge.

Au-delà de l'héritage juridique français, le maintien d'un régime exorbitant de droit commun, à côté des règles égalitaires de droit privé se justifie par la mission qui est assignée à l'État. Ce droit de privilèges, mais aussi de contraintes, à certains égards, trouve application à chaque fois qu'on est en présence d'un litige relevant de la matière administrative. L'imprécision de cette notion est de nature à complexifier davantage le système juridictionnel sénégalais. On retrouve le même inconvénient que celui de la dualité des juridictions et des contentieux en France.

L'équation du juge compétent n'est pas posée au justiciable sénégalais : c'est toujours le même juge qui est compétent en toutes matières. Par contre, il doit déterminer au préalable le droit applicable pour pouvoir suivre de façon adéquate la procédure de saisine du juge. L'inobservation de cette formalité peut être soulevée par le juge et conduire au rejet de l'action du demandeur. La procédure administrative doit être suivie à chaque fois qu'on est en présence du contentieux administratif. Cette procédure pose moins de problèmes en matière fiscale du fait du caractère obligatoire de la demande administrative préalable. Le contentieux de l'annulation quant à lui est soumis à ses propres règles.

À défaut d'une définition légale de la matière administrative, la doctrine et la jurisprudence ont essayé de préciser cette notion. En doctrine, deux conceptions sont retenues. La première prend en considération la présence d'une personne publique. Elle conduit à l'application du droit administratif dès lors qu'une personne est partie au litige. Cette conception conduit à une extension démesurée du champ d'application du droit administratif. En revanche, la conception matérielle tient plus compte de la spécificité du contentieux administratif. Elle conduit à appliquer le droit administratif au cas par cas, à chaque fois que la particularité de l'Administration est notoire et à appliquer le droit commun, à chaque fois que l'Administration se comporte comme un particulier.

La jurisprudence, quant à elle, se réfère à la conception matérielle, même si l'application est critiquable. Par conséquent la seule présence d'une personne publique ne suffit pas pour appliquer la procédure et le droit administratifs. Il faut que le litige relève effectivement du contentieux administratif. En effet dans la décision *Sékou Badio*[5], le juge ne soulève pas le problème du respect de la procédure de l'article 729 du Code de procédure civile car l'État n'a fait aucune observation sur l'absence de requête gracieuse. Dans le jugement *Abdourahmane Ndoye*[6], le tribunal avait débouté le plaideur qui l'avait saisi sans respecter la procédure administrative à propos d'un litige relevant du contentieux administratif et relatif à la responsabilité de la puissance publique pour fonctionnement défectueux du service public. Par contre, dans l'arrêt *Babacar Guèye*, à propos d'un litige de droit privé, le même juge vérifie si la procédure administrative est respectée ; alors même qu'on est en présence d'un contentieux relevant du droit commun.

2- La dualité du contentieux fiscal

L'exercice de la prérogative fiscale donne lieu à plusieurs sortes de contentieux dont les uns sont de nature administrative et les autres, judiciaire. Le contentieux fiscal de l'annulation pose moins de problèmes dans la mesure où, il relève en premier ressort d'une juridiction autonome, la Cour suprême. Le contentieux fiscal *stricto sensu*, entendu au sens du contentieux de l'application individuelle de l'impôt, relève en totalité du Tribunal de grande instance en premier ressort.

Si en France, un partage de ce contentieux est opéré entre deux ordres de juridictions, au Sénégal, du fait de l'unité juridictionnelle, c'est le Tribunal de grande instance qui connaît de tout le contentieux de l'impôt à l'exclusion du recours pour excès de pouvoir des actes unilatéraux des autorités en matière fiscale. Mais, au sein de la même juridiction de droit commun, la distinction est faite entre le contentieux judiciaire et le contentieux administratif.

En France, le critère de répartition est essentiellement tiré de la distinction entre impôts directs et impôts indirects, de la nature

---

5. Tribunal de première instance de Dakar, 1er mars 1969.

6 Tribunal de première instance de Dakar, 23 mai 1970.

juridique du fait générateur et de l'importance des règles de droit privé prises en considération pour fixer les modalités d'assiette ou de recouvrement. En fait, les actes par lesquels l'État met en œuvre ses prérogatives de lever l'impôt, selon l'habilitation et les normes fixées par le législateur, sont des actes administratifs, dont le contentieux n'est pas, en principe, dévolu à l'autorité judiciaire. Le contentieux judiciaire fiscal n'est pas négligeable en raison de son objet. Les impositions en cause s'appliquent à des actes de la vie ou à des activités économiques nécessairement accomplis par le grand nombre de personnes physiques ou morales, encore que ce soit souvent à titre occasionnel.

Naturellement au Sénégal, pour les impôts directs, la cote de chaque contribuable est établie sur un rôle nominatif qu'un acte de puissance publique rend exécutoire et dont les extraits constituent de véritables décisions administratives ; sa régularité ne peut donc être appréciée dans le cadre d'un contentieux judiciaire. Les impôts indirects, par contre, sont dus en raison de faits matériels de consommation, de fabrication, de transport, d'entrée et de sortie de marchandises sans que l'application du tarif légal donne lieu à l'émission d'un acte administratif. Il n'y a donc aucun obstacle à l'adoption de la compétence judiciaire. Cette distinction n'a pas en réalité une portée pratique importante au Sénégal, du fait de l'unité juridictionnelle à la base et au sommet.

SECTION II- LA MISE EN ŒUVRE DES RECOURS JURIDICTIONNELS

Le principe de légalité constitue une pièce maîtresse de l'architecture juridique et politique dans les pays se réclamant du libéralisme. Il est à l'origine de l'assujettissement de la puissance d'État. L'activité des divers organes de l'État doit être encadrée et régie par le droit. Ayant besoin d'un titre juridique pour agir, l'Administration est soumise à un ensemble de règles qui s'imposent à elle de façon contraignante et constituent tout à la fois le fondement, le cadre et les limites de son action.

C'est ainsi que l'Administration fiscale peut voir son action contestée sur la base de la violation du principe de légalité. Et lorsque son action cause au contribuable un dommage, réparation peut être demandée à l'État, du fait de l'activité de l'Administration des impôts sur la base du principe de responsabilité. D'un autre côté, le contribuable peut aussi voir son action en matière fiscale déférée devant les juridictions répressives, notamment en cas de fraude.

§ 1- Le principe de la légalité des actes d'imposition

La légalité des actes administratifs est contrôlée à travers le contentieux fiscal et le recours pour excès de pouvoir. L'action fiscale est définie comme le pouvoir conféré au redevable d'obtenir qu'un juge se prononce sur l'existence ou la consistance de l'imposition individualisée mise à sa charge. Exclusivement conçue en vue d'assurer le contrôle des pouvoirs d'imposition individualisée de l'Adminis-tration, l'action fiscale est bien une action spéciale.

En matière de recours contentieux comme en matière de recours en annulation, l'acte attaqué doit être une décision faisant grief. Dans le contentieux fiscal, les mesures préparatoires ne sont pas susceptibles, prises en elles-mêmes, de faire naître l'action fiscale. Elles ne constituent que des actes préalables à l'assiette et ne sauraient donner lieu à réclamation qu'après la mise en recouvrement. C'est ainsi que les contribuables peuvent contester la régularité des impositions mises à leur charge individuellement ; tout comme ils peuvent contester la régularité des décisions fiscales ayant une portée générale.

1- La contestation de la régularité des impositions

La régularité des actes d'imposition individuelle peut être contestée devant le juge par les contribuables. Le juge de l'impôt exerce une fonction juridictionnelle, c'est-à-dire qu'il est chargé de résoudre ou de régler un litige entre deux parties. C'est donc, en fonction de règles bien particulières que le recours fiscal est exercé. Mais au préalable, il convient de préciser la nature du contentieux fiscal ainsi en cause.

a) La nature juridique du contentieux de l'imposition

Le contentieux des impositions regroupe des règles régissant les contestations relatives à l'existence ou à la consistance des obligations fiscales particulières mises à la charge des assujettis. Le contentieux des impôts est un contentieux mixte ou hybride qui combine à la fois le contentieux de la pleine juridiction et de la légalité avec une dominante pour le plein contentieux. Il est donc tout à la fois un contentieux de pleine juridiction et un contentieux de la légalité, mais d'une légalité qui se trouve discutée dans le cadre étroit des rapports unissant l'Administration fiscale à chaque contribuable.

De ce fait, le contentieux des impôts peut être regardé comme appartenant au contentieux administratif dont il est tout naturellement une composante. La nature administrative du contentieux des impôts directs se justifie ainsi par l'existence d'un acte administratif, le rôle dont il faut apprécier la légalité pour juger du bien-fondé des impositions. L'opération d'imposition est une opération purement administrative. D'ailleurs, quelle que soit la nature de l'impôt en cause, toute opération d'imposition, est par essence une opération de puissance publique assurée par les corps administratifs. Son caractère exorbitant se traduit soit par l'émission d'un acte d'imposition soit par la mise en œuvre des procédures de contrainte entourant le recouvrement forcé. En fait, imposer est une fonction administrative, suivre l'effet de l'imposition en est une dépendance.

Le contentieux des impositions est un contentieux objectif, car le contribuable se trouve dans une situation objective à la fois générale et impersonnelle établie par la loi fiscale. En effet, le juge de l'impôt a pour mission de rechercher si un acte d'imposition est conforme ou non à la légalité, si le pouvoir fiscal a été exercé conformément à la loi et s'il y est respecté le statut du contribuable tel qu'il est précisé par la loi fiscale. Il dispose d'un pouvoir identique à celui dont fait usage l'Administration pour établir l'imposition contestée. Il peut non seulement annuler l'imposition litigieuse, mais aussi redéfinir lui-même l'obligation du contribuable. Le contentieux fiscal est un contrôle hiérarchique, mais d'une intervention conditionnée par l'action en justice du contribuable, se croyant lésé dans ses droits. À ce propos, le juge s'assure du bien-fondé de l'imposition. Il vérifie si l'imposition a été établie conformément aux dispositions des textes législatifs et réglementaires en vigueur. Il peut réduire le montant de l'imposition contestée, ou l'annuler en totalité, voire l'augmenter dans le cas où il trouve que le demandeur a été sous-imposé.

Ce pouvoir, le juge le tient du principe constitutionnel selon lequel chacun doit supporter une partie des charges publiques suivant ses facultés contributives. Mais pour que cette répartition soit équitable, il faut qu'il y ait un moyen de mesure, et ce moyen c'est la loi fiscale qui s'impose aussi bien à l'Administration, au contribuable, qu'au juge. La loi fiscale est d'ordre public, c'est-à-dire que nul ne peut y déroger et qu'elle doit recevoir pleine et entière application. De ce fait, le juge fiscal ne se borne pas à apprécier la légalité de l'impôt ou à mettre en jeu la responsabilité de l'État, il dispose du pouvoir d'établir l'impôt en lieu et place de l'Administration compétente. Une fois l'imposition établie, le juge ne défend plus le contribuable contre l'excès de pouvoir de l'Administration, mais s'assure que l'imposition a été établie conformément à la loi, garante d'une répartition équitable des charges publiques.

b) L'exercice du recours contentieux devant le juge

Le contentieux fiscal a un domaine nettement circonscrit : l'impôt et la taxe fiscale. L'action fiscale est conçue pour contrôler la légalité des créances fiscales établies par l'Administration. Les demandes se rapportant au contentieux fiscal se scindent en deux branches. Les unes se rattachent au contentieux de l'assiette, les autres, au contentieux de l'opposition à contrainte. Certes dans l'un et l'autre contentieux, le litige est relatif à la légalité d'une imposition individualisée, mais ce sont deux aspects différents de celle-ci qui sont en cause. Au Sénégal, il y a une confusion des contentieux de l'assiette et du recouvrement. En conséquence de quoi, la procédure fiscale est identique.

i) La confusion des contentieux de l'assiette et du recouvrement

Le contentieux de l'assiette est relatif aux modalités de détermination du quantum de l'impôt dû par le contribuable. Les réclamations présentées à cet effet tendent à la réparation d'erreurs commises dans l'assiette ou le calcul des impositions.

La mise en recouvrement de l'impôt permet à l'Administration de disposer d'un titre exécutoire en vertu duquel le comptable public, dans les limites du délai de prescription des créances fiscales, peut recouvrer l'impôt sans nécessiter l'autorisation du juge et sans que les réclamations contentieuses introduites par les contribuables aient nécessairement un effet suspensif. Le contentieux du recouvrement est un contentieux essentiellement lié aux actes de poursuite. C'est un contentieux qui, en première instance se déroule devant le juge des référés. En effet, le référé est une procédure ayant pour objet de faire statuer aussi rapidement que possible dans les affaires urgentes et dans les cas où les titres ou jugements soulèvent des difficultés relativement à leur exécution.

Le droit fiscal sénégalais ne fait pas une distinction nette entre le contentieux de l'imposition et le contentieux du recouvrement. La partie du Code général des impôts qui traite du contentieux ne distingue pas à vrai dire la procédure contentieuse de ces deux matières ; le Code de procédure civile, non plus. Et pourtant ces deux contentieux ne se confondent pas. Sous le prétexte d'une unité du droit fiscal, le législateur ne traite que du contentieux fiscal en général. En ce sens, le Code de procédure civile, partout où il traite du recouvrement, traite de l'assiette en même temps.

Les contestations relatives à l'assiette des impôts sont traitées au moment et à l'occasion de leur recouvrement. Tout assujetti peut contester devant la justice, les impositions qui sont établies à son encontre après réception des avertissements ou des notifications des titres de perception ou de refus de restitution, à condition de se conformer aux règles particulières établies spécifiquement pour chaque impôt.

Les conditions de recevabilité du recours sont essentiellement de forme. Le requérant assigne le Directeur général des Impôts et des Domaines, quelle que soit la nature de la contestation : que celle-ci se rapporte aux modalités d'assiette ou à la procédure de recouvrement. En matière d'impôts directs, l'article 735 du Code de procédure civile précise que les décisions rendues par le ministre des Finances sur les réclamations contentieuses qui ne donnent pas entière satisfaction aux contribuables peuvent être déférées par assignation au Tribunal de grande instance. Pour les taxes indirectes, le Code général des impôts et le Code de procédure civile, en son article 736, ont opéré une synthèse entre ces deux étapes de la procédure pour consacrer un délai intermédiaire de 3 mois à compter de la réception de la notification des titres de perception ou de la décision de rejet de la demande de restitution.

Ainsi, du fait de l'unité de procédure, la confusion entre l'assiette et le recouvrement est renforcée, tous les litiges étant portés devant les mêmes autorités administratives puis juridictionnelles, suivant les mêmes procédures. Cette option n'était pas judicieuse. Mais avec le transfert du recouvrement des impôts directs d'État de la Direction générale de la Comptabilité publique et du Trésor à la Direction générale des Impôts et des Domaines, cet inconvénient majeur de la confusion des contentieux, se pose avec moins d'acuité. En fait, tout naturellement, le contribuable est tenté de chercher les moyens de résoudre les différents problèmes auxquels il est confronté dans la loi fiscale, document de base de la réglementation fiscale, ignorant tout à fait que les principes régissant la phase administrative du contentieux fiscal se trouvent exposés dans le décret financier.

ii) La procédure juridictionnelle fiscale

L'article 710 du Code général des impôts précise qu'en matière de contentieux d'assiette, l'introduction de l'instance a lieu devant le tribunal de situation du service chargé du recouvrement. Les tribunaux peuvent accorder aux parties les délais qu'ils demandent pour produire leur défense. Ce délai ne peut néanmoins excéder 30 jours. Si le demandeur n'observe pas ce délai, il est réputé s'être désisté.

Le ministère d'avocat n'est pas obligatoire. Les mémoires et contre mémoires ne peuvent être présentés que sous la forme écrite. Ce qui signifie qu'au moment du débat oral à l'audience, les parties ne peuvent pas soulever de moyens nouveaux par rapport à ceux qui ont été développés dans les mémoires écrits. Le juge ne fera référence qu'aux pièces figurant aux dossiers. C'est ce qui explique le caractère accusatoire de la procédure confinant le juge à un rôle de simple arbitre et laissant aux parties le choix des initiatives dans la conduite de l'instance. La requête du redevable doit être accompagnée d'une assignation à comparaître notifiée au Directeur général des Impôts et des Domaines et délivrée dans les 3 mois qui suivent la réception de la notification du titre de perception.

Le recours, en principe, n'a pas un effet suspensif. En effet, aux termes de l'article 730 du Code de procédure civile, l'introduction de l'instance n'est pas suspensive de l'exécution de la mesure attaquée. Il s'agit là d'une consécration logique de la prépondérance de l'intérêt général que représente le recouvrement des créances du Trésor public, sur l'intérêt particulier que représente le patrimoine du contribuable requérant.

Néanmoins, le juge cherche un équilibre entre le souci d'éviter, d'une part, que le recouvrement entraîne pour l'assujetti un dommage irréparable et, d'autre part, que le sursis compromette la créance de l'État. En fait, il est possible que le juge, sur demande du requérant, prononce le sursis à exécution du recouvrement. Le contribuable qui a saisi le juge de l'impôt de conclusions tendant à contester une imposition peut demander au juge des référés d'en suspendre la mise en recouvrement, indépendamment de tout recours contentieux et sans attendre que l'Administration ait statué sur la réclamation préalable. En matière de recouvrement fiscal, le contribuable poursuivi peut soulever certaines difficultés pouvant causer un préjudice irréparable. Dans ce cas, il peut s'agir d'une difficulté provenant d'une contestation de la validité du titre exécutoire ou des biens ou valeurs saisis.

L'ordonnance de référé rendue par le Président du tribunal n'a pas au principal, l'autorité de la chose jugée. Elle est exécutée à titre provisoire, en attendant le jugement au fond. Le contentieux du recouvrement est caractérisé par deux types de procédures : les contestations liées aux actes de poursuite et le sursis à exécution ou demande de discontinuation des poursuites.

2- La contestation de la régularité des décisions fiscales

La régularité des décisions fiscales peut être contestée par la voie du recours pour excès de pouvoir. La Cour suprême est compétente en la matière par voie d'action et par voie d'exception. C'est une voie de recours simple et efficace, même si on ne la retrouve que très rarement dans le domaine fiscal. Le recours pour excès de pouvoir est une action de droit commun ouverte même sans texte contre tout acte administratif. En vertu de ce principe de procédure administrative contentieuse, la compétence du juge de l'excès de pouvoir est générale. Néanmoins certaines conditions sont requises pour toute requête en annulation. C'est seulement lorsque ces conditions sont remplies que la décision fiscale pourra faire l'objet d'une annulation.

a) La recevabilité du recours en annulation

La décision exécutoire est un acte unilatéral, c'est-à-dire qui n'a qu'un seul auteur : une personne publique. Cet acte va s'imposer à d'autres, soit désignés par leur nom, un acte unilatéral individuel, soit par une catégorie de personnes, un acte unilatéral impersonnel.

Un contribuable ne peut intenter un recours pour excès de pouvoir en matière fiscale qu'à l'encontre d'actes administratifs unilatéraux, c'est-à-dire contre des actes présentant un caractère décisoire faisant grief. Tous les actes ne sont pas à proprement parler des décisions. Un acte constitue une décision lorsqu'il se traduit par une norme dont le but est de modifier l'ordonnancement juridique ou de maintenir celui-ci en l'état.

Les décisions exécutoires sont des actes juridiques aux appellations différentes : décrets, arrêtés, etc. Mais, ils présentent une unité de nature : ce sont des actes unilatéraux dotés d'une force obligatoire dans la mesure où ils modifient l'ordonnancement juridique. Ils sont à l'origine de règles nouvelles qui comportent des droits et obligations pour les administrés. Ne peuvent donc faire l'objet d'un recours pour excès de pouvoir les circulaires, directives, mesures préparatoires ou mesures d'ordre intérieur.

L'exclusion des circulaires « interprétatives », « non décisoires » ou encore « non impératives » du champ du contrôle juridictionnel découle de la nature même de ces actes ainsi que de la nature de la fonction juridictionnelle. L'instruction, ne relevant pas elle-même du monde de la normativité, n'ajoute rien à l'ordonnancement juridique ; elle n'impose aucun comportement. Dès lors, elle ne pourrait « par nature » faire l'objet d'une appréciation en termes de légalité.

Les mesures d'ordre intérieur sont une notion importante dans l'Administration moderne. Elles ont des appellations différentes : circulaire, directive, instruction, note de service, etc. Ces termes désignent des actes très semblables. L'expression emporte plusieurs sens : dans un sens large, elle désigne tout acte, circulaire ou instruction qui, à l'intérieur d'un service administratif, met en œuvre le pouvoir hiérarchique du chef de service ; dans un sens plus étroit, elle désigne les seules règles qui posent des règles de police interne au service. Ces actes ont une force obligatoire pour les agents du service. Ils n'ont pas d'effet juridique direct sur les administrés.

Toutefois, il existe deux types de circulaires contre lesquels les administrés peuvent agir : les circulaires interprétatives précisant le sens donné aux lois et les circulaires réglementaires posant des règles nouvelles sous couvert d'interprétation. Les administrés peuvent attaquer en justice ces prétendues circulaires afin que le juge en contrôle la régularité, la légalité.

La question du contrôle de la légalité des circulaires administratives est, en matière fiscale plus qu'ailleurs, indissociable de la question de leur opposabilité. Sur cette base, le Conseil d'État français a consacré un nouveau critère de recevabilité du recours. Ce critère est celui du caractère « impératif » de l'acte porteur de l'interprétation litigieuse. Auparavant, le juge administratif exigeait généralement que l'acte contesté proposât une interprétation non seulement impérative mais aussi « innovante » des lois et règlements, sans quoi le recours était rejeté comme irrecevable.

Le juge administratif peut également annuler une circulaire se présentant comme une simple reproduction ou « photographie » du droit existant lorsque le modèle photographié contrevenait aux exigences inhérentes à la hiérarchie des normes. Ainsi en serait-il, par exemple, d'une circulaire reproduisant une disposition du Code général des impôts contraire au droit communautaire ou à une convention internationale. L'objectif, défendu d'assez longue date, était d'éviter que les services administratifs n'aient la tentation de suivre les consignes d'une instruction leur suggérant d'appliquer un texte illégal ou inconventionnel. Il s'agissait dès lors non seulement de prévenir l'annulation ultérieure des actes individuels d'application, mais aussi de satisfaire un souci de cohérence avec les principes selon lesquels il incombe à l'Administration de ne pas appliquer un texte réglementaire illégal, tout comme il lui appartient de ne pas appliquer une loi incompatible avec un engagement international.

Cet objectif peinait à être satisfait sous l'empire des critères de recevabilité antérieurs à l'arrêt *Duvignères*. Dans le prolongement de la décision *Institution Notre-Dame du Kreisker*, et à quelques cas d'espèce près[7], le juge administratif n'acceptait en effet de contrôler et donc, le cas échéant, d'annuler que les circulaires ajoutant à l'ordonnancement juridique.

b) L'annulation des décisions fiscales illégales

L'arrêt de la Cour suprême annulant en tout ou partie un acte administratif a effet à l'égard de tous. Pour que le juge puisse annuler une décision fiscale, le recours doit être introduit dans le délai légal. L'annulation se fonde en général sur des motifs à la fois internes et externes à l'acte.

i) L'introduction du recours en annulation

Le recours pour excès de pouvoir n'est recevable que contre une décision explicite ou implicite d'une autorité administrative. Le demandeur est dispensé du ministère d'un avocat. Le délai pour se pourvoir est de 2 mois. Ce délai court de la date de la publication de la décision attaquée, à moins qu'elle ne doive être notifiée ou signifiée, auquel cas, le délai court de la date de la notification ou de la signification. Le silence gardé plus de 3 mois par l'autorité compétente vaut décision de rejet.

La décision explicite de rejet intervenue postérieurement à l'expiration de la période de 3 mois fait courir un nouveau délai de 2

---

7 Certains arrêts du Conseil d'État s'étaient en effet essayés à compléter les critères posés par la jurisprudence Notre-Dame du Kreisker, en suggérant que le recours en annulation était recevable non seulement contre les circulaires « impératives » et « innovantes », mais aussi contre les circulaires portant atteinte aux « exigences inhérentes à la hiérarchie des normes » (voir en particulier : CE, ass., 28 juin 2002, n° 220361 et n° 228325, Villemain, rec. CE 2002, p. 229 ; RFDA 2002, p. 723, concl. S. Boissard).

mois. Sur demande expresse de la partie requérante, la Cour suprême peut, à titre exceptionnel, ordonner le sursis à exécution des décisions des autorités administratives contre lesquelles a été introduit le recours en annulation. Le sursis en exécution ne peut être accordé que si les moyens invoqués paraissent, en l'état de l'instruction, sérieux et si le préjudice encouru par le requérant est irréparable.

ii) Les moyens d'annulation

Les moyens d'annulation d'un acte administratif unilatéral sont nombreux. Ces moyens sont regroupés en deux grandes causes juridiques : les moyens de légalité externe qui permettent théoriquement d'apprécier la validité de l'acte sans lire son contenu et les moyens de légalité interne qui nécessitent la lecture du contenu de l'acte.

Parmi les moyens de légalité externe, il y a l'incompétence. C'est l'illégalité tenant à l'auteur de l'acte. Il y a également les vices de procédure et les vices de forme. Le vice de procédure est la violation d'une des règles organisant la procédure d'élaboration des décisions administratives. La violation des règles de procédure entraîne normalement l'annulation de l'acte. Cependant, le juge administratif estime que l'annulation systématique de l'acte pour violation des règles de procédure n'est pas dans l'intérêt de la justice : c'est pourquoi il distingue entre formalités substantielles et formalités accessoires. Selon le juge administratif, il n'y a lieu d'annuler l'acte que si la formalité prescrite par les textes était substantielle. Présentent un tel caractère substantiel, les procédures et formalités ayant d'une part, une influence essentielle sur le contenu de la décision et d'autre part, celles qui ont été créées pour protéger les administrés.

Les moyens de légalité interne concernent notamment le détournement de pouvoir qui renvoie à une illégalité tenant au mobile de l'acte. C'est un des moyens les plus graves d'annulation d'un acte administratif unilatéral. Il consiste à sanctionner l'Administration ayant usé de ses pouvoirs en vue d'un objectif autre que celui pour lequel ses pouvoirs lui ont été confiés. Si l'Administration agit avec une intention ne correspondant pas au but qu'elle devait poursuivre, elle accomplit un détournement de pouvoir.

La violation directe de la loi est aussi une cause d'illégalité. Il s'agit de la méconnaissance d'une norme de fond établie par une source supérieure. C'est donc une illégalité tenant au contenu lui-même de l'acte qui est contraire aux prescriptions de textes d'une valeur supérieure. L'erreur de droit quant à elle concerne non pas le contenu de l'acte proprement dit mais les motifs de droit qui le fondent.

Il y a aussi l'erreur sur l'exactitude matérielle des faits. Cette erreur concerne les motifs du fondement. Ce contrôle, institué depuis l'arrêt *Camino*, consiste pour le juge administratif à vérifier que les faits avancés par l'Administration pour motiver sa décision existent réellement : c'est pourquoi on qualifie également ce contrôle de contrôle de matérialité des faits. Si le fait sur lequel l'acte déclare se fonder ne s'est pas produit, n'a jamais existé, alors l'acte administratif perd sa justification en l'absence de motif réel et doit être annulé.

Il y a enfin le contrôle de la qualification juridique des faits. C'est le contrôle le plus délicat à effectuer par le juge. Il consiste à vérifier que les faits invoqués par l'auteur de l'acte administratif sont bien de nature à fonder juridiquement sa décision. En d'autres termes, il faut que l'autorité administrative compétente ait bien apprécié les faits et leur ait donné une correcte qualification juridique : le juge examine que ces faits sont de nature à justifier l'acte pris.

Au contraire, la question est beaucoup plus délicate lorsque l'autorité administrative n'est pas liée par les textes : elle bénéficie alors d'un pouvoir discrétionnaire et prend ses décisions au regard de considérations d'opportunité. Le juge peut néanmoins contrôler ces motifs ; ce qui reviendrait pour le juge à substituer son appréciation à celle de l'Administration et à incorporer des éléments d'opportunité dans son contrôle. Mais, lorsque l'acte de l'Administration porte atteinte à une liberté ou au droit de propriété, le juge n'hésite pas à pratiquer un contrôle plus approfondi qui constitue un véritable contrôle de la proportionnalité de la mesure prise par l'Administration.

§2- Le principe de responsabilité de l'Administration fiscale

La responsabilité de l'Administration peut être engagée du fait du fonctionnement défectueux du service public des impôts. Pour que la responsabilité de l'État soit engagée, un certain nombre de conditions doivent être respectées : l'existence d'une faute ayant causé un dommage. Le préjudice susceptible d'être réparé doit être causé par un fait générateur imputable à l'activité de l'Administration fiscale.

1- Le fondement de la responsabilité fiscale

Par l'arrêt *Blanco*, le Tribunal des Conflits affirme la compétence de la juridiction administrative pour connaître des demandes de réparation liées à l'activité des services publics. Restée longtemps à l'écart, la matière fiscale n'échappe plus à une éventuelle sanction indemnitaire en cas de manquement de l'Administration à ses devoirs.

L'activité fiscale de l'Administration constitue un véritable service public. Dès lors, le contribuable qui conteste devant un juge le bien-fondé d'une imposition ou de certains faits se rapportant à l'assiette, à la liquidation ou au recouvrement d'une imposition, se plaint en réalité du mauvais fonctionnement de ce service. Il se trouve dans la situation générale et impersonnelle de tous les usagers de tous les services publics. Si ce fonctionnement défectueux du service cause un dommage au contribuable, l'Administration doit être tenue pour responsable. La Cour d'appel de Dakar a eu à juger que le préjudice résultant d'un redressement doit être réparé. Selon cette cour, « sans qu'il soit possible de reprocher à l'administration l'exercice de ses attributions de recherche et de vérification si contraignantes soient elles, lorsqu'une procédure de redressement fiscal a été menée et poursuivie avec légèreté et sans fondement, de manière à causer un préjudice au contribuable, l'administration encourt la condamnation à réparer le préjudice ainsi causé par le fait de ce fonctionnement défectueux du service public »[8].

Au demeurant, le contentieux de la responsabilité administrative sénégalais est caractérisé par l'existence d'un Code des obligations de l'Administration. L'avantage de ce code est qu'il constitue la systématisation du droit de la responsabilité. Ce qui permet d'avoir une visibilité quant à l'action de l'Administration en la matière et qui réduit d'autant la liberté d'appréciation du juge quant à la sanctionnabilité de la puissance publique. Par contre, l'existence même d'un Code des obligations de l'Administration pose un problème de principe en droit administratif, à savoir le caractère prétorien de ce droit et sa nature évolutive. En fait, ce texte constitue la codification de la jurisprudence française à un moment précis de son évolution. En conséquence, toutes les avancées postérieures n'ont pu être prises en compte. Et en cela, cette codification est un frein au développement du droit sénégalais de la responsabilité administrative.

[8] CA Dakar, n° 115/76 du 19 mars 1976, « Reginterco et Alamaddine c/ État du Sénégal » (inédit).

2- Le fait générateur

La notion de fait générateur est inhérente au droit de la responsabilité. Cependant s'agissant de responsabilité en matière fiscale, il convient de distinguer le fait générateur d'une imposition du fait générateur d'un dommage. Le premier se définit comme l'évènement qui fait naître une créance au profit du Trésor. Le second s'assimile, par opposition à l'acte, au fait juridique, c'est-à-dire au comportement, action ou omission de l'homme, l'action de l'animal ou l'intervention d'une chose. La responsabilité de la puissance publique repose sur deux régimes : la responsabilité pour faute et la responsabilité sans faute. Le fait générateur est généralement présenté comme synonyme de faute. La faute quant à elle, est un manquement à une obligation préexistante. Il convient de distinguer illégalité et faute ; si toute illégalité est fautive, toute faute ne constitue pas une illégalité.

Par contre, en matière fiscale, la responsabilité de la puissance publique repose essentiellement sur le régime de la faute lourde et, dans une proportion moindre, sur celui de la faute simple.

a) La primauté de faute qualifiée

Considérée dès l'origine comme une activité régalienne de l'État, la perception des impôts ne tolérait pas la moindre mise en cause de la responsabilité de la puissance publique. La décision généralement présentée comme admettant pour la première fois la responsabilité de la puissance publique en matière fiscale, après une période d'irresponsabilité, date du début du XXe siècle. L'arrêt reconnaît, en effet, que l'illégalité d'un refus d'abonnement à l'octroi pour les combustibles est de nature à engager la responsabilité de la Ville de Paris. Cet arrêt « novateur » n'est en fin de compte qu'une illustration d'une jurisprudence classique se résumant à l'expression : « toute illégalité est fautive ».

La responsabilité des services fiscaux ne date vraiment que de l'après-guerre. Entre 1925 et 1939 s'échelonnent une série de décisions de fond qui permettent de dessiner les traits actuels de cette responsabilité. Par l'arrêt *Demoreuil* du 1er juillet 1927, le Conseil d'État a mis un terme à l'irresponsabilité dont bénéficiaient les services chargés d'établir ou de percevoir les impôts. Mais la particularité du domaine fiscal réside dans l'exigence d'une faute d'une exceptionnelle gravité. Cette faute qui se trouvait très proche de la notion privatiste de faute inexcusable, est parfois appelée faute « sur-qualifiée ».

En droit administratif général, une faute simple ou faute légère, suffit pour engager la responsabilité de l'Administration. Parfois, le juge administratif exige une faute lourde, quand la difficulté technique de l'activité, la nature régalienne du service, le souci moral d'effacer les effets d'un comportement scandaleux le justifient. D'ailleurs, une des caractéristiques les plus récentes du droit de la responsabilité administrative est le rétrécissement du champ d'application de la faute lourde. À présent, l'exigence d'une faute lourde recule au bénéfice de la faute simple.

En matière fiscale le préjudice découle presqu'exclusivement d'une faute et, plus particulièrement d'une faute de service. En effet, il apparaît que la construction juridique de la responsabilité sans faute n'a pas cours dans ce domaine. Il existe deux responsabilités sans faute, l'une fondée sur le risque et l'autre sur la rupture d'égalité devant les charges publiques. Force est de constater que le premier doit être écarté. Celui-ci concerne essentiellement les matières présentant un danger pour la sécurité des personnes et des biens. Les rares fois où le juge administratif a été confronté à un problème de responsabilité sans faute en matière fiscale, les requêtes ont été systématiquement rejetées.

Seule une faute permettrait au juge d'engager la responsabilité des services fiscaux. Ce qui en fait une responsabilité exceptionnelle comme la faute. Irresponsabilité, responsabilité pour faute d'une exceptionnelle gravité puis pour faute lourde, les fils cèdent néanmoins un à un sous la pression des progrès de la jurisprudence.

En ce qui concerne les services de l'assiette, la jurisprudence exigeait toujours la démonstration d'une faute d'une exceptionnelle gravité. Mais contrairement aux services de recouvrement aucune décision n'a reconnu remplie l'exigence d'une telle faute. Les justiciables n'ont que peu intenté d'actions à l'encontre de ces services à moins que ceux-ci n'aient commis que peu d'erreurs. Les services d'assiette n'ont été reconnus responsables que très tardivement. En France, le premier cas de reconnaissance d'une telle faute date de 1984. Les services du recouvrement quant à eux donnent lieu à une jurisprudence plus riche.

b) La possibilité d'invoquer la faute lourde

Les litiges indemnitaires dans lesquels l'activité fiscale demeure prépondérante obéissent toujours au régime de la faute lourde. La faute simple ne peut engager la responsabilité des services fiscaux que lorsque l'acte dommageable est entièrement détachable de l'activité fiscale proprement dite.

Il ressort de l'évolution de la jurisprudence française que la responsabilité des services fiscaux relève systématiquement du régime de la faute lourde. Les cas où la faute simple a été admise sont détachables de la matière fiscale ou ne sont pas propres à cette matière.

Les actes qui ne traduisent aucune spécificité de la matière fiscale soit que l'on puisse les retrouver dans d'autres domaines, soit qu'ils constituent une illégalité, relèvent du droit commun. L'illégalité peut même provenir de l'incompatibilité du droit interne avec le droit international. Il s'agit de matières relevant du droit commun et dont le lien avec l'activité fiscale est purement factuel. Or, on sait que normalement pour engager la responsabilité de l'Administration, une faute simple, que l'on appelle aussi parfois une faute légère, suffit. Il existe des services pour lesquels il y a une présomption de difficulté à la fois générale et absolue. Les services fiscaux n'en font pas partie ; ce qui explique alors l'applicabilité du régime de la faute simple. Le Conseil d'État français estime dans l'arrêt *Bourgeois* que « les erreurs ainsi relevées dans la saisie et le traitement informatisé des déclarations et dans l'exécution automatique des prélèvements mensuels ont été commises lors de l'exécution d'opérations qui, si elles se rattachent aux procédures d'établissement et de recouvrement de l'impôt, ne comportent pas de difficultés particulières tenant à l'appréciation de la situation des contribuables ; qu'elles sont constitutives d'une faute de nature à engager la responsabilité de l'État »[9].

Lorsqu'il s'agit de la matière fiscale, le juge requiert toujours la faute lourde. Ainsi en fut-il dans l'affaire *Garges-les-Gonesse*. Le Conseil d'État estima que « dans les circonstances de l'espèce lesdites erreurs ne sont pas constitutives d'une faute lourde de nature à engager la responsabilité de l'État ». En l'espèce, « les difficultés particulières » justifiant la faute lourde tenaient à l'appréciation de la situation des contribuables, activité caractéristique des services fiscaux et d'eux seuls. Cette décision rendue après l'arrêt *Bourgeois*, révèle une activité fiscale dans son fait générateur. Il s'agissait de l'oubli par les services fiscaux, à la suite de la révision générale des évaluations de propriété, d'entreprises établies sur le territoire communal ; le manque à gagner au

[9] CE, 27 juillet 1990.

niveau de la taxe foncière sur les propriétés bâties n'était pas négligeable.

3- Le préjudice susceptible d'entraîner une indemnisation

Pour que le préjudice causé par les services fiscaux soit réparable, le dommage causé au contribuable doit être imputable à l'activité d'imposition. C'est seulement dans ce cas que la réparation du préjudice est envisageable.

a) L'imputabilité du dommage

Pour que la responsabilité de la puissance publique puisse être mise en cause, il faut prouver l'existence d'un lien entre l'Administration et le personnel ou le matériel qui a causé le dommage. Il faut établir un lien de causalité entre la personne publique, son action et le dommage. Il existe, cependant des exonérations de nature à dissiper la responsabilité de la puissance publique.

i) Le lien de causalité

Le lien de causalité doit être prouvé par la victime. Il n'est présumé par le juge que très rarement. À défaut de lien direct, la responsabilité des services fiscaux ne saurait être engagée. À ce propos, le commissaire du gouvernement notait en effet qu'entre « la faute de service et le préjudice subi s'est intercalée la faute du contribuable lui-même qui, en souscrivant avec retard ses déclarations de bénéfices professionnels, s'est placé lui-même en situation d'évaluation d'office... »[10].

Le préjudice doit être réellement imputable à une personne publique. L'analyse du préjudice direct se fait *in concreto*. Le Conseil d'État français a eu aussi à juger dans l'arrêt *Société industrielle de Saint-Ouen* « qu'en admettant même qu'en adressant cette lettre, les services de l'Enregistrement aient commis une faute lourde... cette circonstance, qui a été sans influence sur le dommage allégué, ne serait pas en tout état de cause de nature à justifier l'octroi d'une indemnité... ».

ii) Les exonérations

Les causes d'exonération ont pour effet soit de supprimer entièrement, soit d'atténuer la responsabilité de l'Administration. Leur existence signifie que le dommage n'est pas imputable à la seule

[10] CE, 8 juillet 1988, rec. n° 77 118, *Droit fiscal* 1988, n° 46-47, comm. 2148, concl. M. Laprade.

activité administrative. Il s'agit, pour l'essentiel, de causes étrangères à l'auteur du dommage. De façon classique, on en distingue quatre dans le droit de la responsabilité : la force majeure, le cas fortuit, le fait de la victime. Toutes sont susceptibles d'exonérer l'Administration lorsque sa responsabilité dépend d'une faute, ce qui est le cas en matière fiscale.

Toutefois, on conçoit mal que la notion de force majeure ait à jouer un rôle quelconque en matière fiscale. La force majeure doit être extérieure, imprévisible et irrésistible. Par contre, si aucun précédent n'illustre une exonération de la responsabilité administrative en matière fiscale pour cause de cas fortuit ou du fait d'un tiers, on pourrait imaginer des cas où ces notions interviendraient. De même, la faute de la victime peut s'appliquer.

b) La réparation du préjudice

Pour être réparable, le préjudice doit présenter certaines caractéristiques. Il convient alors d'en apprécier l'importance même si certains préjudices ne sont pas indemnisables. Une fois le principe de la réparation arrêté, le préjudice doit être évalué et l'obligation de réparer mise à la charge du responsable qui est soit l'Administration, soit l'agent.

i) Le préjudice réparable

Comme dans les autres domaines, en matière fiscale, le juge doit se pencher sur la notion de préjudice dont dépend, le cas échéant, la condamnation de l'État à verser des dommages et intérêts à la victime. Tout d'abord, le préjudice doit être certain. Le préjudice certain est celui qui est immédiat et tangible. Ce qui exclut le préjudice éventuel ou hypothétique. Mais, un préjudice futur peut être certain et donc réparable. L'exclusion du préjudice éventuel n'est cependant pas une particularité de la matière fiscale. Il ne doit pas y avoir de doute sur la réalité et sur l'étendue du préjudice.

Ensuite, le préjudice doit être réparable. Il doit porter atteinte sinon à un droit, du moins à un intérêt légitime juridiquement protégé. Si la réparation du préjudice matériel va de soi, la réparation du préjudice moral longtemps limitée, est aussi admise. D'une manière générale, le préjudice doit être évaluable en argent, pour être indemnisable, c'est-à-dire qu'il doit être effectif et personnel : les atteintes aux biens matériels, à l'intégrité physique des personnes, à la situation professionnelle et enfin les préjudices moraux.

ii) L'évaluation du préjudice

En matière fiscale, les atteintes à l'intégrité physique n'auront pas cours, et, si les atteintes aux biens matériels s'avèrent quantitativement les plus importantes, les autres n'en sont pas exclues pour autant. C'est ainsi, par exemple que dans l'affaire relative à l'erreur due à l'homonymie entre deux contribuables, le Conseil d'État a expressément indemnisé « les troubles causés au sieur Rossi dans ses conditions d'existence ».

Quant au préjudice moral, le Conseil d'État français l'a admis dans l'arrêt *Guillard*, en estimant que « la saisie et la vente des récoltes ont été de nature à porter atteinte à la situation du requérant vis-à-vis des indigènes ». Auparavant, le juge, bien qu'il refusât d'indemniser un préjudice moral, utilisait des palliatifs. Ainsi, après avoir constaté l'existence d'une faute d'une exceptionnelle gravité et l'absence de préjudice d'ordre matériel, il mit les dépens à la charge de l'État.

En vertu du principe qu'aucune injonction ne peut être prononcée à l'égard de l'Administration, il s'agit presque exclusivement d'une réparation pécuniaire. L'indemnité est accordée sous la forme soit d'un capital, soit d'une rente. L'évaluation se fait en principe à la date du jour du dommage mais le juge tiendra compte de la hausse des prix si la victime n'est pas responsable du retard apporté à la réparation.

L'indemnisation des préjudices survenus en matière de fiscalité ne traduit pas de rigueur particulière de la part du juge. Si notamment il répugne à mettre en cause la responsabilité de l'Administration sur la base d'une faute simple ou se montre sourcilleux quant à l'appréciation du lien de causalité entre un dommage et un comportement fautif, ce pas franchi, il semble qu'il se plie au droit commun en matière de réparation. L'évaluation semble même plus aisée en ce domaine. En effet, dans l'immense majorité des cas, le préjudice est seulement matériel.

iii) Le partage de responsabilités

Lorsque l'Administration cause un dommage à une personne, c'est un de ses agents qui est à l'origine du préjudice et dont la responsabilité pourrait être engagée. À ce niveau, il faut opérer une distinction entre la faute personnelle engageant la responsabilité du fonctionnaire et l'application du droit privé et de la faute de service engageant la responsabilité de la puissance publique et l'application du droit public.

La faute personnelle, c'est la faute qui révèle l'homme avec ses faiblesses, ses passions, ses imprudences. Elle peut n'avoir aucun lien avec le service. La faute de service, par contre, est celle qui « révèle un administrateur plus ou moins sujet à erreur ». Il s'agit donc d'une faute commise dans le cadre du service et qui n'est pas détachable compte tenu de ses caractéristiques.

Mais, un dommage causé à un tiers peut résulter à la fois d'une faute personnelle de l'agent et d'une faute de service de l'Administration. C'est l'hypothèse de la responsabilité simultanée de l'agent et de l'Administration envers les tiers. En général, on distingue le cumul de fautes du cumul de responsabilité.

Mais s'il y a cumul de responsabilité, il ne saurait y avoir de cumul d'indemnités. Si la victime a été indemnisée par l'Administration et si elle a poursuivi également le fonctionnaire, l'Administration sera subrogée pour cette action dans les droits de la victime. Deux hypothèses peuvent alors se présenter : l'Administration a été condamnée à payer et veut se retourner contre le fonctionnaire ou le fonctionnaire condamné veut se retourner contre l'Administration.

Pendant longtemps prévalait le principe de l'irresponsabilité du fonctionnaire envers l'Administration. Ce principe est à présent abandonné. L'action récursoire est maintenant admise. L'article 145 du Code des obligations de l'Administration dispose en effet que « la faute commise par un agent public à l'occasion de l'exercice de ses fonctions engage la responsabilité personnelle de son auteur, si elle est détachable du service public ». Et dans ce cas, lorsqu'une action en indemnité est intentée, l'Administration doit être mise en cause. Elle répond de la faute de son agent, sauf à exercer contre celui-ci une action récursoire. Par contre, si le fonctionnaire est condamné pour faute personnelle alors qu'il y a aussi faute de service, il peut se retourner contre l'Administration et le partage de responsabilité est possible devant le juge administratif. Mais il ne peut se retourner contre l'Administration s'il n'y a pas de faute de service.

§ 3- La responsabilité pénale du contribuable

La lutte contre la fraude fiscale a été érigée au rang d'objectif de valeur constitutionnelle par le Conseil constitutionnel français. Au Sénégal, sans avoir cette valeur, elle constitue une préoccupation majeure de l'Administration et du législateur qui en a fixé les règles. Pour que le délit de fraude fiscale puisse être sanctionné, il faudrait au préalable qu'il soit constitué par la réunion des différents éléments qui le caractérisent.

1- La constitution du délit de fraude fiscale

L'article 679 du Code général des impôts prévoit le délit général de fraude fiscale. Une personne ne peut être responsable que dans la mesure où elle a commis un acte légalement prohibé, une infraction. Mais l'infraction génératrice de responsabilité pénale doit être rattachée ou, tout au moins, rattachable à l'auteur de l'acte incriminé. Comme tout délit pénal, la fraude fiscale n'existe que lorsque les éléments légal, matériel et moral sont réunis. La loi n'est pas pour autant une composante de l'infraction ; elle en est plutôt une condition, un préalable. Car, il est inadmissible qu'une norme puisse s'intégrer à un fait, au surplus illicite.

a) L'élément matériel de l'infraction

Le fraudeur fiscal est aussi bien le débiteur légal ou son représentant que tous ceux qui tirent bénéfice de la fraude fiscale en souscrivant des documents fiscaux entachés d'erreurs volontaires. Aux termes de l'article 679 du Code général des impôts, le délit de fraude fiscale est matérialisé par la soustraction frauduleuse à l'établissement ou au paiement ou le détournement d'un impôt, des intérêts, amendes et pénalités y afférents, qu'il s'agisse de dissimulation, de défaut de reversement, de manœuvre ou de tout autre procédé frauduleux. Le déficit constaté au cours d'un transport, qui résulterait d'une mise à la consommation frauduleuse est aussi constitutif du délit de fraude fiscale. Il en est de même en cas de déficit constaté à l'occasion d'un recensement des mêmes biens.

L'affirmation frauduleuse constitue également un délit fiscal. Toute personne qui, pour ne pas déclarer ou pour ne pas payer l'intégralité ou une partie de sa dette fiscale, formule faussement les prescriptions légales ou règlementaires est passible de sanctions pénales. Lorsque l'affirmation jugée frauduleuse émane d'un ou de plusieurs des cohéritiers solidaires, ou que la déclaration a été souscrite par un mandataire, les autres héritiers solidaires ou le mandataire sont passibles des mêmes peines, s'il est établi qu'ils ont eu connaissance de la fraude et s'ils n'ont pas complété la déclaration dans un délai de 3 mois.

Si l'on est en présence d'une direction collégiale telle que celle qui existe dans certaines SA ou SARL dotées de plusieurs gérants, l'attribution de la matérialité de l'infraction sera faite à plusieurs coauteurs chargés au même titre de satisfaire aux obligations légales. Et si des répartitions de pouvoir existent, alors le véritable responsable devra être recherché dans le secteur considéré.

Le fraudeur fiscal ayant parfois besoin de se voir prêter main-forte, le législateur s'est intéressé aux comptables et experts-comptables qui tiennent une fausse comptabilité. À ce titre, la fraude comptable est assimilée à la fraude fiscale. L'article 682 du Code général des impôts sanctionne la tenue d'une comptabilité irrégulière. Il en est de même de l'existence de différences entre les écritures de la comptabilité commerciale et celle d'un compte de fabrication des produits ou du livre journal des ventes, qui est de nature à réduire la valeur imposable.

Les récidivistes s'exposent aux condamnations aggravées prévues par le Code pénal pour tout type d'infractions et pour celles spécifiquement prévues par la législation fiscale. De même, la tentative de fraude fiscale est sanctionnée selon les mêmes modalités que l'action réussie.

b) L'élément moral de l'infraction

L'infraction pénale fiscale suppose à sa base une faute, c'est-à-dire que l'action ou l'inaction incriminée doit avoir son origine dans un état d'âme, dans une tournure d'esprit socialement et moralement répréhensible. Pour que la responsabilité pénale fiscale d'une personne soit retenue, il faut tout d'abord que l'infraction lui soit imputable personnellement. Cela suppose sa culpabilité et l'imputabilité de la faute.

La culpabilité du chef d'entreprise suppose d'une part, une relation entre l'infraction et l'activité personnelle et d'autre part, une faute, fondement de toute réaction pénale. En effet, nul n'est punissable qu'en raison de son fait personnel. C'est le fait qui désigne le contrevenant. En principe, l'infraction pénale est imputable à l'auteur du fait matériel créateur de l'état d'infraction. Dans les faits, la faute du chef d'entreprise apparaît généralement de manière indiscutable. La faute constitutive de l'élément moral de l'infraction présente des degrés différents selon la trilogie classique : infractions intentionnelles, matérielles ou d'imprudence.

Les infractions matérielles apparaissent comme le domaine naturel de la responsabilité pénale fiscale. Il en est de même de celles où la faute est déduite de la matérialité même de l'infraction. De telles infractions se caractérisent le plus souvent par un élément moral extrêmement ténu, inexistant même. En matière d'infractions matérielles, la culpabilité n'a pas à être établie positivement, la simple commission de l'infraction dans le cadre de l'activité révèle la culpabilité du fraudeur. Dans la loi fiscale, l'intention est requise expressément en termes variables : « frauduleusement », « sciemment », « de mauvaise foi ». Le juge répressif n'assimile pas néanmoins la négligence à de la fraude fiscale.

L'imputabilité, quant à elle, renvoie à la possibilité de mettre l'infraction au compte débiteur d'une personne, de l'inscrire au passif de celle-ci, comme le suggère le verbe latin *imputare*. C'est la fonction rétributive de la peine fondée sur le libre arbitre qui préside à la notion d'imputabilité. De façon pratique, l'imputabilité apparaît comme l'existence chez l'agent d'une volonté libre et d'une intelligence lucide, c'est-à-dire la capacité de comprendre et de vouloir, le degré liminaire au-dessous duquel le comportement délictueux ne saurait relever du droit pénal.

Ainsi, conformément au droit commun, la responsabilité pénale fiscale peut être rejetée du fait d'une cause de non imputabilité telle la démence, c'est-à-dire toute forme d'aliénation mentale qui ne permet pas à la personne un contrôle suffisant de ses actes et la force majeure. En effet, l'article 50 du Code pénal dispose qu'il n'y a ni crime, ni délit lorsque le prévenu était en état de démence au temps de l'action ou lorsqu'il a été contraint par une force à laquelle il n'a pu résister. La contrainte, la maladie ou le fait d'un tiers et l'erreur, même invincible, ne sont pas de nature à exonérer le redevable de sa responsabilité pénale fiscale.

2- La mise en œuvre de l'action pénale fiscale

Pour que la sanction pénale soit appliquée au délit de fraude fiscale, il faut que soit mise en œuvre la machine répressive à travers la procédure pénale qui fixe les modalités de saisine du juge et organise le procès. Les infractions fiscales sont prouvées par tous les moyens de droit et constatées sur procès-verbal ou notification de redressements, par les agents assermentés des impôts.

a) L'exercice des poursuites

Les poursuites en matière de fraude fiscale sont engagées sur la plainte du Directeur général des Impôts et des Domaines, du Directeur chargé de la Comptabilité publique ou du comptable public dont l'action en recouvrement est entravée, sans qu'il y ait lieu, le cas échéant, de mettre au préalable l'intéressé en demeure de compléter sa déclaration. Elles sont portées devant le tribunal correctionnel dans le ressort duquel un titre exécutoire quelconque du montant éludé de la dette fiscale aurait dû être établi ou acquitté.

La plainte doit être déposée dans les délais de la prescription de l'assiette ou de l'action en recouvrement. Dans le cas de défaut de déclaration dans les délais prescrits, l'infraction est réputée commise dans l'année d'expiration de ces délais. Le ministère public exerce les poursuites contre tous ceux qui ont participé aux délits de fraude fiscale.

Aux termes de l'article 689 du Code général des impôts, les personnes arrêtées en flagrant délit sont obligatoirement placées sous mandat de dépôt, après avoir fait l'objet de poursuites, conformément aux dispositions de l'article 63 du Code de procédure pénale. À l'encontre des personnes poursuivies, le mandat d'arrêt est immédiatement délivré par le juge d'instruction contre les inculpés en fuite. Le mandat de dépôt est obligatoirement décerné si le montant éludé des impôts, ressort d'un titre de perception non réglé, même frappé d'opposition, d'une valeur supérieure à 2 millions de francs.

L'article 690 du Code général des impôts dispose que la mainlevée du mandat de dépôt et la mise en liberté provisoire sont, en tout état de cause, subordonnées aux réquisitions écrites conformes du ministère public et au versement du montant éludé des impôts et pénalités y afférents. Il n'y a d'exception que si, selon le rapport d'un médecin commis en qualité d'expert, l'état de santé du détenu, est incompatible avec le maintien de l'incarcération, même dans un centre hospitalier.

Les dispositions relatives à la mise en liberté provisoire sont applicables, même après la clôture de l'information, jusqu'à l'intervention d'une décision définitive sur l'action publique, dès lors que la durée de la détention préventive ne dépasse pas le maximum de la peine privative de liberté encourue. À l'égard des prévenus reconnus coupables des faits prévus, l'application des circonstances atténuantes et le bénéfice du sursis sont subordonnés au paiement avant jugement, au moins, de la moitié du montant éludé. La proposition ou demande de libération conditionnelle n'est recevable qu'après paiement de la totalité du montant dû.

b) La particularité de l'action pénale

Le principe de séparation des procédures judiciaires et pénales permet à ces deux procédures de prospérer indépendamment l'une de l'autre. Cette imperméabilité peut aboutir à des contradictions de nature à rendre possible une condamnation pour fraude fiscale par le juge pénal, alors que le juge fiscal a décidé qu'aucun impôt n'est dû.

L'intervention d'une décision suite à l'instance judiciaire par laquelle sont définitivement annulés des titres de perception établis par l'Administration des impôts ne saurait faire échec à une condamnation définitive prononcée par le juge répressif. Quand, pour un fait identique, existent les caractères formateurs des sanctions pénales d'une part, et fiscales d'autre part, le cumul de ces sanctions est tout à fait régulier.

En tout état de cause, le juge de l'impôt n'est pas lié par les qualifications du juge pénal. Le juge fiscal manie des concepts et des instruments qui présentent de nombreuses analogies avec ceux qui constituent l'ordinaire du juge répressif. Il peut se prononcer sur la régularité de certaines pénalités, dont celles infligées pour manœuvres frauduleuses, qui ne présentent qu'un lien ténu avec la notion de fraude puisque le juge pénal peut fort bien sanctionner la fraude là où le juge de l'impôt aura écarté la notion de manœuvre, en général pour retenir la simple mauvaise foi.

TROISIÈME PARTIE

LE RECOUVREMENT DE L'IMPÔT

Le recouvrement des créances fiscales contribue, au même titre que les opérations d'assiette et de contrôle, au respect du principe d'égalité devant l'impôt. L'égale répartition de la contribution commune entre les citoyens est, en effet, acquise à la condition que les créances fiscales, une fois déterminées, soient recouvrées.

Les dates et modalités de paiement des impôts et taxes sont fixées par la loi. Les impôts directs font généralement l'objet d'une déclaration et le recouvrement a lieu après émission d'un titre exécutoire, le plus souvent par voie de rôle. Par contre, les impôts indirects dont les contribuables professionnels sont redevables sont principalement déclaratifs et autoliquidés. Le paiement spontané au comptant en est la règle. En cas de défaillance déclarative ou à la suite d'un contrôle fiscal, les créances sont constatées et recouvrées sur la base d'un titre exécutoire : le titre de perception.

Lorsque les dispositions relatives au paiement amiable des impôts et des taxes à leur échéance légale ou à une des échéances négociées dans le cadre d'un plan de règlement pour un contribuable justifiant de difficultés de trésorerie n'ont pas été respectées, les services en charge du recouvrement engagent des procédures de relance des défaillants puis de recouvrement forcé.

Les procédures de recouvrement forcé spécifiques, telles que l'avis à tiers détenteur ou de droit commun comme la saisie-vente, sont conduites en permettant au contribuable de les contester. Lorsqu'il conteste le montant mis à sa charge, le contribuable a la faculté de demander le bénéfice du sursis légal de paiement. L'exigibilité de la créance est alors suspendue et le bénéfice du sursis lui est accordé en contrepartie de garanties qui doivent être constituées dans certains cas.

CHAPITRE PREMIER

LE PAIEMENT VOLONTAIRE DE L'IMPÔT

La règle en matière de recouvrement est la perception amiable de l'impôt. Le corollaire du système déclaratif est le paiement volontaire de l'impôt par le contribuable. Celui-ci doit se présenter de son gré auprès du comptable pour honorer sa dette fiscale. En fonction de la nature de l'impôt, son mode de perception diffère. En outre, il est prévu des modalités particulières de paiement des impôts directs, notamment à travers les acomptes provisionnels et la retenue à la source.

SECTION 1- LES MODES DE PERCEPTION DE L'IMPÔT

Il existe trois modes de perceptions de l'impôt sur la base d'un paiement volontaire. Les impôts directs sont perçus en principe sur la base du rôle. Les impôts indirects font l'objet d'une auto-liquidation et d'un paiement au comptant. Les droits constatés sont payés sur la base d'un titre de paiement.

Le paiement peut se faire, dans tous les cas, à distance, à travers le télépaiement. Les télé-procédures permettent aux usagers de déclarer et de payer les principaux impôts en ligne, en utilisant internet. La Direction générale des Impôts et des Domaines a mise en place une plateforme de télé-procédures fiscale dénommée e-tax. Cette application permet aux usagers de déclarer et de payer les impôts en ligne.

§ 1- La perception des impôts enrôlés

Aux termes de l'article 647 du Code général des impôts, les impôts directs enrôlés sont perçus sur la base des rôles qui les constatent. La date de mise en recouvrement est indiquée sur le rôle, ainsi que sur les avertissements délivrés aux contribuables. Les titres exécutoires sont pris en charge par le comptable public compétent. Leur recouvrement donne lieu à l'apurement du compte du contribuable à hauteur du montant perçu. Les impôts directs sont recouvrés par les comptables publics compétents en vertu de rôles établis par le service chargé d'asseoir l'impôt. Rendu exécutoire, le rôle n'est pas destiné au contribuable. Celui-ci est informé de sa dette par l'envoi d'un avertissement.

1- Le rôle

Le rôle est un titre exécutoire en vertu duquel le comptable public effectue et poursuit le recouvrement des impôts directs. Le rôle se présente sous la forme d'une liste de contribuables passibles de l'impôt établies par l'Administration fiscale qui comporte pour chaque contribuable son identification, la nature de l'impôt, les bases et les taux d'imposition, le montant à payer et le bénéficiaire.

Pour constituer un titre de recouvrement, le rôle doit être homologué, c'est-à-dire revêtu de la formule qui le rend exécutoire et certifie ainsi l'existence de la créance sur le contribuable. Le rôle est rendu exécutoire par le ministre chargé des Finances. La formule exécutoire enjoint au contribuable ainsi qu'à ses représentants ou ayants-cause d'acquitter les sommes dues à peine d'y être contraint par les voies de droit. Lors de l'homologation, il est également attribué au rôle une date de mise en recouvrement qui constitue le point de départ de différents délais : d'exigibilité, de détermination de la date limite de paiement, de réclamation et de prescription. Cette date est indiquée sur le rôle ainsi que sur les avertissements délivrés aux contribuables.

Il existe plusieurs catégories de rôles. Les rôles primitifs ou généraux mentionnent les contribuables imposés normalement pour une contribution et pour une année donnée. Les rôles complémentaires comportent les contribuables qui ont été omis sur les rôles primitifs ou qui y figurent mais pour des montants insuffisants eu égard à leur base de taxation véritable. Les rôles de régularisation indiquent les personnes qui ont payé leurs impôts avant la sortie des rôles primitifs et complémentaires qui les concernent.

2- L'avertissement

L'information du contribuable inscrit au rôle est assurée par l'envoi d'un avertissement. L'avertissement constitue un extrait du rôle établi au nom de chaque contribuable figurant au rôle. Il mentionne le total par nature d'impôt des sommes à acquitter, les conditions d'exigibilité, la date de mise en recouvrement et la date limite de paiement.

L'avertissement est façonné pour être remis aux contribuables officiellement. C'est le premier document par lequel le contribuable est informé de l'existence d'un impôt qu'il doit acquitter. La remise aux contribuables de leur avertissement ou distribution des avertissements est en principe effectuée par les agents de poursuite ou agents de recouvrement du service chargé du recouvrement des rôles correspondants. L'avertissement informe le contribuable qu'il doit payer à sa caisse un montant précis au titre d'un impôt déterminé avant une date limite précise fixée dans l'avertissement ; au-delà de cette date, une pénalité de retard de paiement est prévue. L'Administration est chargée de l'envoi des avertissements et doit prendre toutes les dispositions utiles pour assurer leur expédition bien avant la date de mise en recouvrement. En effet, dans le cas où un avertissement serait adressé tardivement au contribuable, l'impôt ne pourrait être exigible qu'à compter de la date à laquelle le contribuable aurait été informé de la mise en recouvrement du rôle. Toutefois, l'avertissement est réputé reçu lorsque le contribuable a changé d'adresse sans en informer le comptable chargé du recouvrement.

La non-réception d'un avertissement ne peut pas toujours justifier valablement le non-paiement de l'impôt y afférent. En effet, il existe des impôts qui doivent être acquittés partiellement ou entièrement avant l'émission du rôle et des avertissements. C'est le cas notamment de l'impôt sur le revenu et de l'impôt sur les sociétés. En cas d'omission sur le rôle d'impôt sur le revenu ou d'impôt sur les sociétés par exemple, le contribuable pourra verser de manière spontanée tout ou partie de l'impôt qu'il reconnaît devoir, alors que son nom ne figure pas dans les rôles reçus à la Perception ou le Bureau du recouvrement. Par ailleurs, en cas de non réception ou de perte de son avertissement, le contribuable pourra, s'il en fait la demande, se faire délivrer un extrait de rôle. Ce document a la même valeur que l'avertissement.

Un avertissement est façonné pour chaque article. Si la contribution à acquitter est composée de plusieurs catégories d'impôts et taxes, le total de l'article va se subdiviser en autant de montants partiels. Chacun de ces éléments de l'article est la côte. Cette décomposition de l'article en plusieurs éléments se rencontre dans la plupart des rôles d'impôts locaux et rarement dans ceux qui concernent les impôts d'État.

3- L'exigibilité de l'impôt perçu par voie de rôle

Les impôts directs enrôlés sont exigibles pour chaque contribuable dès le premier jour ouvrable du mois suivant celui de la mise en recouvrement du rôle. Ce principe est valable quels que soient la date d'homologation du rôle et le délai existant entre celle-ci et la date de mise en recouvrement. En outre, il s'applique sans qu'il y ait lieu de tenir compte de l'année au titre de laquelle l'impôt est établi : seule la date de mise en recouvrement du rôle est prise en considération pour déterminer la date d'exigibilité, même si ce rôle est émis au titre d'une année d'imposition antérieure à l'année courante.

La date d'exigibilité revêt une importance particulière puisque c'est à compter de cette date que le comptable public chargé du recouvrement pourra, en vertu de la force exécutoire du rôle, exiger du contribuable le paiement de son impôt et en poursuivre éventuellement le recouvrement par toutes voies de droit. L'exigibilité de l'impôt est suspendue au sens où le comptable public chargé du recouvrement ne peut exiger du contribuable le paiement immédiat de ses impôts et ne peut recourir aux voies d'exécution, lorsqu'un contribuable, contestant le bien-fondé ou le montant des impositions mises à sa charge, sollicite le bénéfice du sursis de paiement. La date d'exigibilité coïncide avec la date de mise en recouvrement, sous réserve que l'avertissement ait été adressé au contribuable avant cette dernière ou la survenance d'un événement entre la mise en recouvrement et la date normale d'exigibilité.

§ 2- La perception des impôts autoliquidés

Les impôts directement liquidés et déclarés par le contribuable font en principe l'objet d'un paiement au comptant. Dans certains cas, ces impôts peuvent faire l'objet d'un paiement fractionné ou différé.

1- La perception des droits au comptant

Les impôts indirects autoliquidés, tels que la taxe sur la valeur ajoutée, sont perçus au comptant sans émission d'un titre de perception. Les contribuables peuvent également être amenés à acquitter des droits au comptant en matière d'enregistrement, de publicité foncière et de timbre. Le paiement de ces droits, dits autoliquidés, doit accompagner le dépôt de la déclaration auprès du service des impôts compétent.

Les impôts autoliquidés ne constituent donc pas des créances assimilées en comptabilité privée à des opérations à crédit. En effet, l'impôt est perçu sans rôle nominatif. Le paiement s'effectue volontairement par le contribuable après avoir calculé le montant de l'impôt. Ce n'est que si le contribuable omet ou paie insuffisamment que l'Administration sera amenée à établir un titre de perception qu'elle rendra exécutoire.

Le recouvrement des taxes indirectes, y compris les pénalités, amendes et intérêts de retard y afférents, autres que celles liquidées par l'Administration des Douanes, est assuré par les comptables publics en charge du recouvrement. Les redevables soumis au réel, sont tenus de calculer eux-mêmes et d'acquitter, lorsqu'ils déposent leurs déclarations, le montant des taxes dues sur les opérations réalisées le mois précédent. À l'intérieur du cordon douanier, les taxes spécifiques sont liquidées, collectées et reversées à l'État par les producteurs locaux des biens soumis à la taxation. À l'importation, elles sont liquidées par l'Administration des Douanes et perçues par les services du Trésor en même temps que les droits et taxes d'entrée exigibles au moment de la mise à la consommation des biens soumis à ce régime.

Les droits au comptant sont perçus sur la base des formulaires de déclaration ou bordereaux de reversement, propres à chaque impôt présentés par le contribuable. Les déclarations ou bordereaux de reversement dont le montant n'est pas soldé à l'échéance sont pris en charge et recouvrés comme des droits constatés. Les droits au comptant doivent être acquittés en même temps que sont déposés les déclarations et bordereaux de versement qui les constatent.

2- Le paiement différé des droits

Le droit proportionnel exigible sur les mutations de jouissance d'immeubles et de fonds de commerce est perçu, en principe, lors de l'enregistrement de l'acte ou de la déclaration. Toutefois le montant du droit est fractionné d'office s'il s'agit d'un bail à durée fixe, en autant de paiements qu'il y a de périodes triennales dans la durée du bail ; s'il s'agit d'un bail à périodes, en autant de paiements que le bail comporte de périodes. Chaque paiement représente le droit afférent au loyer et aux charges stipulées pour la période à laquelle il s'applique, sauf si les parties, si le bail est à périodes et si la période dépasse 3 ans, requièrent le fractionnement.

Le droit afférent à la première période du bail est seul acquitté lors de l'enregistrement de l'acte ou de la déclaration ; celui afférent aux périodes suivantes, est payé dans le mois du commencement de la nouvelle période, à la diligence du propriétaire ou du locataire. Il est perçu d'après le tarif en vigueur au commencement de la période. Pour les locations d'immeubles inférieures à une année et non renouvelables, le droit est perçu sur la durée du bail.

Le droit proportionnel exigible sur les actes portant baux de meubles autres que les fonds de commerce, est perçu lors de l'enregistrement de ces actes pour toute la durée du bail. Pour les locations inférieures à une année et renouvelables par tacite reconduction, le droit est perçu pour une année au moins.

Concernant le droit d'apport des sociétés, le paiement du droit proportionnel, lorsqu'il excède 5 millions de francs, peut sur la demande de la société débitrice, être acquitté en 3 versements égaux. Le premier versement est seul acquitté lors de l'enregistrement de l'acte. Les autres fractions, majorées de l'intérêt au taux légal, sont exigibles d'année en année et doivent être payées dans les 30 jours suivant chaque échéance annuelle.

La demande de fractionnement n'est recevable que si elle est accompagnée d'une offre de garantie suffisante. Cette garantie, indépendante du privilège conféré du Trésor public, consiste dans une hypothèque sur un ou plusieurs immeubles dont la valeur doit être au moins égale au montant des droits différés. Elle doit, à peine de déchéance, être réalisée dans un délai maximum de six mois à compter de l'enregistrement de l'acte. L'hypothèque peut être remplacée par l'engagement personnel d'acquitter les droits différés souscrits par un ou plusieurs établissements bancaires, ou une ou plusieurs sociétés ou personnes physiques agréées par l'Administration. L'autorisation du paiement fractionné est visée dans l'acte de formation, de prorogation ou d'augmentation de capital.

Enfin, le droit proportionnel exigible sur les marchés publics est fractionné d'office s'il s'agit d'un marché à durée fixe, en autant de paiements qu'il y a de périodes triennales dans la durée du marché et s'il s'agit d'un marché à périodes, en autant de paiements qu'il y a de périodes. Si le marché est à périodes et si la période dépasse 3 ans, le fractionnement triennal peut être requis pour chaque période. Chaque paiement représente le droit afférent à la première période du marché et est seul acquitté lors de l'enregistrement de l'acte. Celui afférent à chacune des périodes suivantes est payé dans le mois du commencement de la nouvelle période, à la diligence de l'une des parties.

§ 3- La perception des droits constatés

Les droits constatés concernent toutes les créances exigibles donnant lieu à l'émission préalable de titres de perception constatant le droit du créancier public. Ces créances sont assimilées en comptabilité privée à des opérations à crédit. Le titre de perception est l'acte au moyen duquel l'Administration authentifie une créance fiscale non acquittée spontanément dans les délais légaux, ou partiellement acquittée. Il est adressé par le comptable public compétent à tout redevable de sommes, droits, taxes et redevances de toute nature dont le recouvrement lui incombe, lorsque le paiement n'a pas été effectué à la date d'exigibilité.

1- Le champ d'application des titres de perception

Le titre de perception est à la fois le titre qui délimite l'étendue de l'obligation pécuniaire du redevable et le titre qui permet au comptable public de poursuivre la personne qu'il désigne en recouvrement de l'impôt. La notification du titre de perception marque le point de départ du délai de prescription de l'action en recouvrement.

Le titre de perception est étendu à la totalité des impôts et taxes, quelle qu'en soit la nature, ainsi qu'aux pénalités y afférentes. Lorsque le contribuable n'acquitte pas spontanément sa dette dans les délais prévus, à savoir celui de la date d'exigibilité de l'impôt considéré, le comptable public est autorisé à engager des poursuites pour recouvrer la somme due. Préalablement aux poursuites, le comptable est tenu d'authentifier sa créance, qu'elle résulte ou non de la déclaration du redevable, par l'établissement et la notification d'un titre de perception. Toute rectification, toute taxation d'office implique le défaut de paiement dans les délais légaux des sommes qui en font l'objet et, par conséquent, doit en principe donner lieu à l'émission d'un titre de perception.

Le titre de perception établi et visé par le comptable public compétent, doit être obligatoirement revêtu de la formule exécutoire. L'affirmation de la créance passe par la désignation du débiteur. Le critère de validité du titre exécutoire est que le débiteur ne puisse se méprendre sur la cause et l'objet du principe de créance résultant de l'obligation légale à laquelle il est soumis.

En cas de prise en charge concomitante de plusieurs créances au nom du même débiteur par le même comptable, la notification d'un titre de perception commun est, en principe, possible. Des impositions de nature différente peuvent, à certaines conditions, figurer sur le même titre. En regroupant ainsi plusieurs créances sur un seul titre de perception, l'Administration limite le nombre de titres émis et simplifie les relations avec les redevables. Par ailleurs, les impôts de nature différente peuvent être groupés sur un même titre de perception, dès lors qu'ils sont dus par un même redevable et qu'ils résultent d'un même fait générateur ou d'un même acte pour les impositions qui sont établies par la voie d'une rectification ou d'une taxation d'office.

2- Les modalités d'établissement du titre de perception

Les impôts, pénalités et amendes établis à la suite d'un contrôle ainsi que les intérêts de retard sont perçus sur la base des titres de perception qui les constatent. Le service des impôts ayant procédé aux régularisations de droits établit les titres de perception. Le titre de perception, établi par le service des impôts, est visé et rendu exécutoire par le Directeur général des impôts et des Domaines. Le titre de perception rendu exécutoire est transmis au comptable public compétent pour recouvrement.

Les titres de perception sont établis à l'expiration du délai de 30 jours ou de 8 jours, lorsque le contribuable ne fait pas usage de son droit de réponse, selon que la procédure utilisée est contradictoire ou d'office. Ils sont établis dès la réception de la réponse du contribuable portant acceptation de tout ou partie du redressement ou du procès-verbal qui lui est notifié ou enfin, à la confirmation du redressement ou du procès-verbal.

Le titre de perception indique pour chaque impôt ou taxe le montant global des droits, des pénalités et des intérêts de retard qui font l'objet de cet avis. Le titre de perception comporte en outre les informations nécessaires à la connaissance de la dette, à savoir la date du fait générateur ou de l'exigibilité de l'impôt, la nature des droits et des pénalités.

Le titre de perception doit comporter l'affirmation de la créance et indiquer des effets de sa notification. L'affirmation de la créance implique l'identification du débiteur ainsi que la description de la créance. Le principe de créance est justifié, suivant le cas, par l'indication de la nature et de la date, soit du fait générateur ou de l'échéance des droits constitutifs de cette créance, soit de la déclaration ou de l'acte qui est à la base de son établissement. La description de la créance comporte également, pour chaque impôt, le montant global des droits, des pénalités et des intérêts de retard, avec l'indication de leur nature et le cas échéant. La nature exacte de l'imposition est donnée par la référence au Code général des impôts. En cas de redressement, la base légale de chacun d'eux doit figurer sur le titre et les éléments de la liquidation sont donnés uniquement par référence à la notification de redressement ou à la notification de taxation d'office.

3- Les effets de la notification du titre de perception

Acte administratif, le titre de perception est appelé à produire, à partir du moment où il a été notifié, des effets de droit dont il importe que le redevable soit exactement informé. Deux effets s'attachent particulièrement à l'envoi et la notification du titre de perception : l'ouverture du délai de réclamation en faveur du redevable et l'ouverture du délai de prescription de l'action en recouvrement de l'Administration. Le titre de perception constitue en outre un préalable aux poursuites. Il permet également d'effectuer la publicité du privilège du Trésor.

Les impôts, pénalités et amendes établis à la suite d'un contrôle ainsi que les intérêts de retard sont exigibles 10 jours après la notification au contribuable du titre exécutoire qui les constate. Par contre, il n'y a pas de délai à observer pour la mise en œuvre des actions de recouvrement de titres exécutoires lorsqu'elles procèdent de taxation d'office ou de mesures conservatoires. De même, certains évènements de nature à compromettre le recouvrement d'une créance fiscale entraînent l'exigibilité immédiate de la totalité de la créance constatée sur titre exécutoire. Il en est ainsi du départ définitif du Sénégal, de la faillite personnelle, la liquidation judiciaire, la vente volontaire ou forcée d'entreprise.

La date d'effet de la notification d'un titre de perception constitue le point de départ du délai de réclamation dont dispose le redevable pour présenter une réclamation contentieuse. La réclamation doit être adressée au service compétent dont l'adresse figure sur le titre. La réclamation n'interrompt pas l'exécution du titre de perception ni pour le principal des sommes qui y sont énoncées ni pour les pénalités qui s'y rattachent, sauf si elle est assortie d'une demande de sursis de paiement.

SECTION 2- LES MODALITÉS DE PAIEMENT DE L'IMPÔT

Les impôts directs qui sont des impôts annuels font l'objet de modalités particulières de paiement. C'est ainsi que les acomptes provisionnels permettent un paiement échelonné de l'impôt. Par ailleurs, l'intermédiation fiscale permet de sécuriser le recouvrement de l'impôt, à travers le mécanisme de la retenue à la source.

§ 1- Les acomptes provisionnels

Les acomptes provisionnels sont des paiements anticipés de l'impôt calculés provisoirement en attendant la détermination du montant exact dû. La loi fixe le champ d'application des acomptes ainsi que les modalités de calcul et d'imputation.

1- Le champ d'application des acomptes provisionnels

Conformément à l'article 213 du Code général des impôts, l'impôt sur les sociétés et l'impôt sur le revenu donnent lieu chaque année, au versement d'acomptes à imputer sur les impôts dus sur les revenus de l'année précédente. Toutefois, les salariés et les titulaires de revenus relevant du régime de la retenue à la source sont dispensés du versement d'acomptes provisionnels, s'ils ne disposent que de revenus ayant subi une retenue à la source.

De même, il est institué un acompte au titre des importations de produits de consommation au taux de 3 % de la valeur en douane des produits majorée des droits d'entrée exigibles, à l'exclusion de la taxe sur la valeur ajoutée et des droits d'enregistrement et de timbre. Cet acompte ne concerne pas les grandes entreprises.

La contribution globale unique est également établie par voie de rôle. Elle donne lieu chaque année, au versement d'acomptes à imputer sur l'impôt dû au titre de l'année.

2- Le calcul de l'acompte provisionnel

Concernant l'impôt sur les sociétés et l'impôt sur le revenu, les acomptes provisionnels doivent être versés à la caisse du comptable public compétent. Ils sont exigibles pour le premier acompte dans les 15 premiers jours du mois de février de chaque année et au plus tard le 30 avril pour le deuxième acompte.

Chaque acompte est égal au tiers de l'impôt dû sur les résultats du dernier exercice imposé au titre de l'année précédente. En cas d'exercice d'une durée inférieure ou supérieure à un an, les acomptes sont calculés sur la base des bénéfices rapportés à une période de 12 mois et versés aux mêmes dates. Le solde de l'impôt calculé d'après les résultats déclarés doit être acquitté spontanément le 15 juin au plus tard. Toutefois, pour les sociétés et personnes morales passibles de l'impôt sur les sociétés, le premier acompte ne peut être inférieur au montant de l'impôt minimum forfaitaire. Le deuxième acompte est égal au tiers de l'impôt dû au titre de l'année précédente si le premier était lui-même égal ou supérieur au montant de l'impôt minimum forfaitaire.

En ce qui concerne les actions, parts d'intérêts et emprunts à revenus variables, le paiement de l'impôt s'opère par le versement, dans les 20 premiers jours du mois de janvier de chaque année, d'un acompte à faire valoir sur l'impôt dû au titre de la distribution de l'année en cours. Cet acompte est égal à la moitié de l'impôt dû sur le dernier revenu distribué. Chaque année, après la distribution et au plus tard le 20 juillet, il est procédé à une liquidation définitive de l'impôt dû pour l'exercice entier. Si, de cette liquidation, il résulte un complément d'impôt au profit du Trésor, il est immédiatement acquitté. Dans le cas contraire, l'excédent versé est imputé sur l'exercice courant ou remboursé si la société est arrivée à son terme ou si elle cesse de distribuer des revenus.

En ce qui concerne les obligations, emprunts et autres valeurs dont le revenu est fixé et déterminé à l'avance, le paiement est effectué dans les 20 premiers jours du mois de janvier de chaque année, pour les produits échus au cours de l'année précédente. Pour les lots et primes de remboursement mis en paiement et les bénéfices, jetons de présence et rémunérations diverses servis aux membres des conseils d'administration au cours du trimestre précédent, le paiement se fait dans les 20 premiers jours des mois de janvier, avril, juillet et octobre de chaque année.

Pour ce qui est du remboursement ou amortissement total ou partiel, l'impôt sur le revenu des valeurs mobilières doit être acquitté dans les 30 jours suivant la mise en paiement. Toutefois, si une demande d'exemption a été présentée la retenue n'est exigible qu'après qu'il aura été statué sur ladite demande. Le reversement de l'impôt doit intervenir dans les 3 mois de la clôture de l'exercice pour les sommes, rémunérations et avantages mis à la disposition des associés, dans les 20 jours suivant la date de distribution effective des réserves et dans les 30 jours de l'établissement du bilan de clôture de liquidation d'une société dissoute.

Toutefois, en ce qui concerne les personnes morales étrangères, le paiement de l'acompte au titre de l'impôt de distribution est déterminé provisoirement d'après le résultat du dernier exercice et calculé sur la moitié des sommes imposées. La liquidation définitive a lieu le 1er mai de chaque année en ce qui concerne l'exercice clos au cours de l'année précédente.

Pour les revenus des créances, dépôts et cautionnements, le versement est effectué par le notaire, lorsque la créance a été constatée par acte notarié passé au Sénégal et lorsque le notaire est chargé de payer ou de percevoir les intérêts. Le versement est fait par les banques, sociétés de crédit ou d'assurance, lorsque les produits sont inscrits dans leur comptabilité au débit ou au crédit d'un compte ou sont payés par elles.

Concernant la contribution globale unique, chaque acompte est égal au tiers de l'impôt dû. Ces acomptes sont spontanément versés dans les 15 premiers jours des mois de mars et mai de l'année d'établissement de l'impôt. Ils doivent être payés à la caisse du comptable du Trésor du lieu d'imposition. Les contribuables dont le montant de l'impôt n'excède pas 100 mille francs sont tenus de payer spontanément l'impôt dont ils sont redevables. Ce paiement est effectué en une fois, par voie de fiche de paiement par anticipation, avant le 1er mars de chaque année pour l'année en cours.

3- L'imputation des acomptes provisionnels

Le total des versements effectués au titre des acomptes provisionnels doit être imputé en l'acquit du premier rôle d'impôt sur le revenu établi, au cours de l'année pendant laquelle les versements ont été effectués, à raison des revenus réalisés par le contribuable pendant l'année précédente. Le solde doit être payé à l'initiative du contribuable. Le surplus des paiements sur acomptes constitue un excédent de versement qui, soit est employé au règlement d'autres impôts éventuellement dus par le contribuable, soit est remboursé à l'intéressé.

Le contribuable qui estime que, pour un exercice, le montant de l'acompte déjà versé est égal ou supérieur à la cotisation dont il sera finalement redevable pour cet exercice, peut se dispenser d'effectuer le versement du deuxième acompte, en remettant au comptable public compétent, au plus tard le 30 avril, une lettre datée et signée. De même, au titre d'un exercice, le contribuable qui estime que le montant du deuxième acompte provisionnel est supérieur au solde de l'impôt dû, après imputation du premier acompte, peut se dispenser d'effectuer le versement supplémentaire.

Concernant l'acompte sur les importations, les avances opérées sont prises en compte pour le calcul du montant du deuxième acompte. Le versement intervient dans les 30 jours de l'établissement du bilan de clôture de liquidation d'une société dissoute. Si l'imposition mise en recouvrement par voie de rôle est inférieure au total des acomptes versés par le contribuable au titre de la même année, l'excédent versé est imputé sur les exercices suivants ou remboursé, si le redevable cesse son activité ou quitte le Sénégal ou si l'exploitation est restée déficitaire pendant deux exercices consécutifs d'au moins douze mois chacun. Cet excédent peut également, à la demande du contribuable, être utilisé pour le paiement de tout autre impôt direct ou taxe assimilée dont il est, par ailleurs, redevable.

En ce qui concerne les redevables de l'impôt minimum forfaitaire, la fraction du premier acompte correspondant au montant de cet impôt demeure acquise au Trésor public. Par contre, l'acompte payé au titre des importations est imputable sur l'impôt dû dans les mêmes conditions et suivant les mêmes garanties que celles applicables aux acomptes provisionnels.

§ 2- La retenue à la source

La retenue à la source est une modalité particulière de recouvrement de l'impôt qui sécurise le paiement de la créance publique par le transfert de cette obligation administrative au redevable légal. Celui-ci se substitue au redevable réel dans le paiement de l'impôt. La retenue à la source est applicable à différentes catégories d'impôt sur le revenu.

1- La retenue à la source sur les salaires

La retenue à la source sur les salaires est un mécanisme efficace de recouvrement de l'impôt sur le revenu. Plutôt que de devoir contrôler et poursuivre les salariés, l'Administration fiscale a un comme interlocuteur l'employeur qui verse les rémunérations. La loi précise les sommes soumises à la retenue à la source, les modalités de perception et de régularisation.

a) Les revenus soumis à la retenue

Les revenus provenant des traitements publics et privés, indemnités et émoluments, salaires pensions et rentes viagères sont soumis à la retenue à la source. La retenue s'opère après déduction d'un abattement spécial de 10 % applicable uniquement aux agents de l'État en poste dans les représentations diplomatiques et consulaires et dans les services qui leur sont rattachés. Toutefois cet abattement spécial est porté à 20 % pour les agents de l'État en poste dans les représentations diplomatiques et consulaires et dans les services qui leur sont rattachés situés dans les pays hors zone CFA.

Il est aussi opéré un abattement forfaitaire de 30 % représentatif des cotisations versées à titre obligatoire pour la constitution d'une retraite et des frais inhérents à la fonction ou à l'emploi, sans que ce montant ne puisse dépasser 900 mille francs. Cet abattement ne s'applique pas aux pensions et rentes viagères.

b) Les modes de perception de la retenue

Lorsque l'employeur est domicilié au Sénégal, l'impôt est perçu par voie de retenue pour le compte du Trésor public au moment où le paiement est effectué, que le bénéficiaire soit domicilié ou non au Sénégal. Les contribuables domiciliés au Sénégal qui reçoivent des revenus salariaux de personnes domiciliées ou établies hors du Sénégal sont tenus de calculer eux-mêmes l'impôt afférent aux sommes qui leur sont payées, majorées des avantages en nature et de verser le montant de cet impôt à la caisse du comptable public compétent du lieu de leur domicile.

Les dispositions concernant le mode de perception de l'impôt sont étendues à la taxe représentative de l'impôt du minimum fiscal dû sur ces revenus. En ce qui concerne les pensions et rentes viagères, ces impôts sont perçus au moment de chaque paiement, par voie de retenue opérée pour le compte du Trésor public par les débirentiers domiciliés au Sénégal.

Toute personne physique ou morale qui paie des sommes imposables à des salariés domiciliés au Sénégal est tenue d'effectuer pour le compte du Trésor public la retenue de l'impôt. Les retenues afférentes aux paiements effectués pendant un mois déterminé doivent être versées dans les 15 premiers jours du mois suivant par les employeurs à la caisse du comptable public compétent. Toutefois, pour les contribuables soumis aux régimes du réel simplifié ou de la contribution globale unique ou lorsque le montant des retenues mensuelles n'excède pas 20 mille francs, le versement est fait dans les 15 premiers jours des mois de janvier, avril, juillet et octobre, pour le trimestre écoulé.

c) La régularisation

Les traitements et salaires de même source ou de sources différentes et dont le contribuable a disposé pendant une année déterminée sont totalisés à l'expiration de ladite année. Si le montant de l'impôt qu'il a supporté est supérieur à la somme effectivement due, le contribuable peut obtenir, par voie de réclamation adressée au chef du service chargé de l'assiette des impôts, avant le 1er avril de l'année suivante, la restitution des droits qu'il a supportés en trop. Il en est de même lorsque des impôts et taxes ont été irrégulièrement ou indûment perçus ou versés à la suite d'une erreur des assujettis ou de l'Administration. Dans le cas contraire, les droits ou compléments de droits sont perçus au moyen de titres de perception établis au nom de l'employeur suite à une procédure de redressement.

Peuvent également être réparées par voie de titres de perception, dans les mêmes conditions et délais, toutes omissions totales ou partielles ainsi que toutes erreurs commises dans l'application de l'impôt. Les droits mis en recouvrement sont établis au lieu du domicile ou au lieu de l'exercice de l'activité.

Lorsque le salarié quitte définitivement le Sénégal, son employeur est tenu de procéder à la régularisation de l'impôt au cours de l'année considérée. Il devra en outre, sous peine d'être redevable du complément de droits exigibles, délivrer à son employé une attestation de régularisation visée par l'Administration fiscale.

Tout employeur qui n'a pas effectué les retenues ou qui n'a opéré que des retenues insuffisantes devient personnellement redevable du montant des retenues non effectuées qu'il peut récupérer sur ses salariés. Il est, en outre, passible d'une amende de 25 % des droits éludés qu'il ne peut, en aucun cas, récupérer sur les salariés.

2- La retenue à la source sur les sommes versées à des tiers

Du fait de la diversité et de la multiplicité des bénéficiaires, le législateur a institué une retenue à la source sur les sommes versées à des tiers, dans le but d'en faciliter le recouvrement. Ce mécanisme s'applique à des sommes déterminées suivant des modalités précises.

a) Le champ d'application de la retenue

La retenue à la source s'applique aux sommes versées par un débiteur établi au Sénégal à des personnes physiques qui y résident en rémunération de prestations de toute nature fournies ou utilisées au Sénégal. Par prestation de toute nature fournie ou utilisée au Sénégal, on entend toute opération juridique autre qu'une vente.

La notion de personne physique renvoie à tout exploitant individuel exerçant une activité industrielle, commerciale, non commerciale, agricole ou artisanale, non effectivement soumis à un régime d'imposition d'après les bénéfices réels réalisés. Les exploitants individuels soumis à un régime d'imposition réelle peuvent, sur option, être soumis à la retenue à la source. Les personnes morales ou groupements n'ayant pas opté pour leur assujettissement à l'impôt sur les sociétés sont également assimilées à des personnes physiques pour l'application de la retenue. Par contre, les bénéficiaires des prestations fournies par les hôteliers et les restaurateurs ne sont pas concernés par cette retenue à la source.

L'obligation de retenue s'impose à toute personne physique ou morale ayant son domicile fiscal au Sénégal ou y disposant d'un établissement stable ou d'une installation fixe d'affaires dans le cadre de l'exercice de ses activités professionnelles. Elle s'impose aussi à l'État, aux représentations diplomatiques et consulaires, ainsi que les organismes internationaux et assimilés.

L'obligation de retenue à la source est également applicable aux loyers des locaux pris à bail par un débiteur, aux loyers payés par un locataire individuel, ainsi qu'aux loyers encaissés pour le compte de tiers, personnes physiques, par des agences immobilières, des gérants de biens et des sociétés civiles immobilières. Le locataire individuel qui paie des loyers à une agence immobilière, un gérant de biens ou une société civile immobilière est dispensé d'opérer la retenue à la source. Lorsque les loyers sont perçus pour le compte d'une personne morale passible de l'impôt sur les sociétés, la retenue n'est pas applicable.

b) Les modalités de la retenue

Le taux de la retenue à la source est fixé à 5 % du montant brut hors taxes des sommes versées ou des produits perçus, lorsque le montant de la prestation indiqué sur une facture est égal ou supérieur à 25 mille francs. Le taux de la retenue à la source sur les loyers est également de 5 % du montant brut hors taxes des loyers encaissés. La retenue à la source n'est pas obligatoire lorsque le montant du loyer mensuel d'un même local est inférieur à 150 mille francs.

Les retenues afférentes aux paiements effectués pendant un mois déterminé doivent être versées dans les 15 premiers jours du mois suivant par le débiteur établi au Sénégal. Les retenues effectuées au titre d'une année viennent en déduction de l'impôt dû en fin d'année par le bénéficiaire non soumis à la contribution globale unique, tenu de souscrire la déclaration de ses revenus. S'agissant des personnes morales n'ayant pas opté pour leur assujettissement à l'impôt sur les sociétés, les retenues effectuées sont imputables sur la cotisation fiscale due par chaque associé au titre de sa déclaration individuelle de revenus.

Si le montant des retenues effectuées ou des acomptes est supérieur au montant de l'impôt effectivement dû, le contribuable non soumis à la contribution globale unique peut obtenir par voie de réclamation adressée au service chargé de l'assiette des impôts avant le 1er avril de l'année suivante, la restitution des sommes retenues en trop.

3- La retenue à la source sur les redevances

Lorsqu'une personne exerçant une activité au Sénégal paie une redevance à des personnes ou des sociétés relevant de l'impôt sur le revenu ou de l'impôt sur les sociétés qui n'y ont pas d'installation professionnelle permanente, elle doit opérer une retenue à la source sur les sommes ainsi versées. La redevance couvre les sommes versées en rémunération d'une activité déployée au Sénégal dans l'exercice d'une profession non commerciale. Elle couvre également les produits perçus par les inventeurs ou au titre de droits d'auteur et tous autres produits tirés de la propriété intellectuelle, ainsi que les sommes payées en rémunération des prestations de toute nature fournies ou utilisées au Sénégal.

Le taux de la retenue est de 25 % du montant net des sommes imposables versées au prestataire. Ce montant net est déterminé en appliquant aux encaissements bruts une déduction de 20 %. En ce qui concerne les produits des représentations ou concerts, les versements bruts sont préalablement diminués des droits et taxes frappant les entrées ; il en est de même du produit des opérations grevées d'une taxe sur le chiffre d'affaires.

Les conventions fiscales peuvent prévoir des modalités d'imposition différentes. C'est ainsi, par exemple, que l'article 20 de la convention fiscale franco-sénégalaise fixe le taux de la retenue à 16,5 % lorsque les sommes sont versées à une personne ou à une société établie en France.

4- La retenue à la source sur les revenus des valeurs mobilières

Le régime de la retenue à la source sur les valeurs mobilières diffère selon qu'il s'agit de produits des valeurs à revenu fixe ou de produits des valeurs à revenu variable.

a) Les produits des valeurs à revenu fixe

Concernant la retenue à la source sur les produits des valeurs à revenu fixe, la loi précise le champ d'application et les modalités d'imputation de la retenue.

i) Le champ d'application de la retenue

Les produits de placement à revenu fixe font l'objet d'une retenue à la source par la personne qui assure le paiement desdits revenus. Cette retenue est due par le seul fait, soit du paiement des intérêts de quelque manière qu'il soit effectué, soit de leur inscription au débit ou au crédit d'un compte. Elle est à la charge exclusive du créancier, nonobstant toute clause contraire.

Toutefois, ne supportent pas la retenue à la source, les intérêts et arrérages des prêts consentis par les sociétés sénégalaises au moyen des fonds qu'elles se procurent en contractant des emprunts dont les intérêts sont soumis à ladite retenue. Le montant des prêts ne peut excéder celui des emprunts contractés ou des dépôts reçus et il doit en être justifié par la société. Les intérêts et arrérages ne supportent pas, non plus, la retenue à la source lorsqu'ils sont encaissés par et pour le compte de banques, des établissements financiers, des systèmes financiers décentralisés ou de la Caisse des dépôts et consignations. De même, les sociétés d'État ou d'économie mixte de crédit qui ont pour objet le crédit à l'habitat, à la petite entreprise de toute nature et aux sociétés coopératives, ne supportent pas la retenue à la source sur les intérêts provenant des obligations ou emprunts émis dans le public ou contractés auprès de l'Agence française de développement ou de tout autre organisme de crédit.

ii) L'imputation de la retenue

Les revenus des obligations à échéance de 5 ans ou plus émises au Sénégal sont soumis à une retenue à la source de 6 %. Cette retenue à la source est libératoire du paiement de tout autre impôt sur les intérêts et produits considérés. Les revenus des obligations de moins de 5 ans supportent une retenue à la source de 13 %. Cette retenue constitue un crédit d'impôt imputable sur le montant de l'impôt définitif dû par le contribuable bénéficiaire des revenus.

Le montant du prélèvement à la source supporté vient en déduction du montant d'impôt sur le revenu liquidé sur la base des revenus d'ensemble du contribuable. Si dans cette hypothèse, le montant de la retenue que le contribuable a supporté est supérieur au montant d'impôt sur le revenu calculé sur cette base, le contribuable peut obtenir la restitution des droits qui ont été supportés en trop. Toutefois, pour les particuliers, la retenue à la source effectuée est libératoire de l'impôt sur le revenu.

b) Les produits des valeurs à revenu variable

La retenue à la source sur les produits des valeurs à revenu variable s'applique à des revenus distribués. La liquidation définitive permet de régler le solde définitif de l'impôt dû.

i) Le champ d'application de la retenue

Les revenus distribués par les sociétés passibles de l'impôt sur les sociétés doivent supporter une retenue à la source. Les distributions ainsi déterminées font l'objet d'une retenue à la source libératoire au taux de 20 %.

Toutefois, lorsque le régime des sociétés mères et filiales est applicable, les dividendes distribués par la société mère ne sont pas soumis à la retenue à la source, dans la mesure du montant net des produits des actions ou parts d'intérêts perçus de la filiale. De même, les produits redistribués par les fonds communs de placement et constituant des revenus de valeurs mobilières, sont dispensés de la retenue à la source, à la condition que lesdits produits aient effectivement supporté la retenue.

La fraction, égale à la moitié des bénéfices réalisés au Sénégal par les sociétés étrangères et qui n'y ont pas été réinvestis en totalité est réputée distribuée, au titre de chaque exercice, à des associés n'y ayant pas leur domicile fiscal ou leur siège social. Ces bénéfices s'entendent du montant total des résultats imposables ou exonérés, après déduction de l'impôt sur les sociétés.

ii) La liquidation définitive

Le montant de la retenue à la source sur les produits des valeurs à revenu variable est déterminé d'avance et versé en 4 termes trimestriels égaux. Les versements se feront dans les 20 premiers jours de chaque trimestre. Les versements effectués constituent des acomptes provisionnels qui seront régularisés une fois connu le montant exact des produits des valeurs considérées. Chaque année, après la clôture de l'exercice, il est procédé à une liquidation définitive de l'impôt due pour l'exercice entier. La liquidation définitive a lieu dans les jours qui suivent la mise en distribution des produits.

La liquidation définitive a lieu les 30 jours de la distribution des dividendes. À cet effet, les sociétés doivent fournir les renseignements nécessaires à la liquidation de la retenue à la source. La liquidation entraîne l'imputation sur le montant des sommes exigibles au titre de la retenue à la source, des acomptes déjà versés.

Si les acomptes sont inférieurs au montant de la taxe due, le complément est acquitté au moment de la liquidation. Si les acomptes versés pour l'exercice concerné sont supérieurs au montant de la taxe due pour cet exercice, l'excédent est imputé sur l'exercice suivant ou restitué, si la société n'a distribué aucun dividende pour le dernier exercice ou si la société est arrivée à son terme.

iii) Le sort de la retenue à la source

Le montant de la retenue à la source supportée sur les produits des valeurs à revenu variable vient en déduction du montant de l'impôt sur le revenu liquidé sur la base des revenus d'ensemble du contribuable. La retenue constitue en conséquence une avance sur le montant de l'impôt définitif dû par le contribuable, personne morale ou physique, à raison de tous les revenus qu'il a réalisés au titre de l'année considérée.

Le taux de la retenue est de 10 %, pour les produits des actions, parts sociales et parts d'intérêts. Le montant de la retenue à la source supporté est libératoire de l'impôt sur le revenu des personnes physiques.

Dans le cas de redistribution par une société mère des produits nets des participations dans le capital d'une société filiale, la retenue effectuée par la filiale est libératoire pour la personne physique bénéficiaire en dernier ressort de ladite redistribution. Dans le même ordre, la retenue à la source opérée sur les revenus de valeurs mobilières perçus par les fonds communs de placement et par les sociétés d'investissement est libératoire pour la personne physique bénéficiaire en dernier ressort des revenus. Il en est de même de la retenue à la source opérée sur les revenus de créances, dépôts et cautionnement perçus par les fonds communs de placement d'entreprise.

CHAPITRE II

LE RECOUVREMENT FORCE DE L'IMPÔT

L'Administration fiscale n'est pas un créancier ordinaire. Comme l'Administration générale, elle bénéficie du privilège du préalable. De ce fait, elle n'a pas besoin de recourir au juge pour enjoindre à ses débiteurs de payer leurs dettes. Les avertissements et les titres de perception qu'elle émet sont directement exécutables.

Le caractère contraignant des titres exécutoires de l'Administration ne l'autorise pas pour autant à procéder elle-même à l'exécution forcée. Pour y parvenir, elle doit recourir aux procédures offertes par le droit commun.

La loi réserve, cependant, à l'Administration fiscale des prérogatives spéciales telles que l'avis à tiers détenteur qui est une procédure dérogatoire afin d'assurer le recouvrement de l'impôt. Elle dispose aussi de privilèges et garanties lui permettant d'assurer le paiement de l'impôt dû à travers la mise en œuvre de l'action en recouvrement forcé. Les prérogatives de l'Administration ne sont pas cependant absolues. La loi prévoit des limites à l'action en recouvrement dans le but de protéger les contribuables contre l'arbitraire.

SECTION 1- LA MISE EN ŒUVRE DE L'ACTION EN RECOUVREMENT

L'action en recouvrement forcé permet à l'Administration d'assurer l'exécution du débiteur public en cas de défaillance ou de non-paiement spontané de celui-ci. Dans ce cadre, les comptables publics exercent des poursuites tendant à préserver les intérêts du Trésor et au recouvrement de la créance en souffrance. Mais dans certaines circonstances, le contribuable peut bénéficier de la suspension des poursuites.

§ 1- L'exercice des poursuites

L'opération de recouvrement s'effectue généralement sans difficulté majeure, surtout pour les impôts des professionnels. Si le contribuable ne respecte pas, cependant les délais de paiement, l'Administration dispose de moyens lui permettant de le contraindre à respecter ses obligations à travers des actes de poursuite. Mais, au préalable, l'Administration doit prendre des actes non contentieux.

1- Les préalables au recouvrement forcé

Avant d'engager des actes de poursuite qui peuvent se révéler onéreux pour l'Administration et le contribuable, le comptable public doit s'assurer de la défaillance du redevable et de sa solvabilité. C'est ainsi que préalablement au recouvrement forcé, le contribuable doit relancer les défaillants et le cas échéant, faire prendre des mesures conservatoires afin d'éviter que le contribuable n'organise son insolvabilité.

a) La relance des défaillants

Lorsque la notification du titre exécutoire n'est pas suivie de paiement ou d'une réclamation assortie d'une demande de sursis de paiement, le comptable public chargé du recouvrement des produits fiscaux engage des poursuites. Il doit cependant au préalable mettre en œuvre des mesures de relance ou de mise en demeure de payer.

i) La lettre de relance

Après le constat de la défaillance de paiement et à défaut d'une réclamation contentieuse d'assiette assortie d'une demande de sursis de paiement, le comptable dispose de deux procédures distinctes de relance : la procédure de relance progressive et la procédure de relance directe. Les règles relatives à ces procédures ne trouvent pas à s'appliquer lorsque les produits fiscaux sont immédiatement exigibles.

La lettre de relance est le premier document de relance adressé par l'Administration fiscale au redevable dans le cas où la créance se voit appliquer le circuit de relance progressif. En effet, lorsqu'une créance relève de la procédure de relance progressive, la mise en demeure de payer sera précédée de la lettre de relance. Dans le cas contraire, lorsque la créance relève de la procédure de relance directe, la mise en demeure de payer sera notifiée directement.

La lettre de relance ne constitue pas un acte de poursuite et ne peut donc pas être contestée par la voie des oppositions à poursuite. Pour autant, la lettre de relance annonce que le comptable engagera des poursuites à l'issue d'un délai de 30 jours suivant sa notification, ce qui permet au redevable de s'acquitter de sa dette dans ce laps de temps. Elle informe le redevable des sommes restant dues et motive les majorations pour les impôts mis en recouvrement par voie de rôle. Elle avise le redevable du délai qui lui est offert pour régulariser sa situation, avant la mise en œuvre de la procédure de recouvrement forcé. À l'expiration du délai, le service a la faculté de diligenter un avis à tiers détenteur ou une mise en demeure de payer.

Pour plus d'efficacité, la lettre de relance doit préciser pour tous les impôts la nature, la période d'imposition et pour les impôts recouvrés par voie de titre de perception, le numéro et la date de l'acte qui a authentifié les droits et les pénalités et pour les impôts recouvrés par voie de rôle le numéro du rôle, les dates de mise en recouvrement et de majoration. Elle récapitule, pour chaque créance, les montants pris en charge, les versements, réductions effectués et les sommes restant dues en droits et en pénalités.

ii) La mise en demeure de payer

La mise en demeure de payer est un acte de poursuite. Elle interrompt la prescription. Elle est un préalable nécessaire à l'engagement d'une procédure de saisie. Elle informe le redevable des sommes restant dues et motive, en cas de procédure de relance directe et pour les seuls impôts mis en recouvrement par voie de rôle, les majorations. Elle avise le redevable du délai qu'il lui est offert pour régulariser sa situation avant la mise en œuvre de la procédure de recouvrement forcé. Elle récapitule, pour chaque créance, les montants pris en charge, les versements, réductions effectuées et les sommes restant dues en droits et en pénalités. La mise en demeure de payer est signée par le comptable public compétent.

b) Les mesures conservatoires

En cas de défaillance du débiteur, le comptable doit prendre des mesures conservatoires pour préserver les intérêts du Trésor public. Il dispose des mesures conservatoires de droit commun et des mesures spécifiques aux procédures fiscales.

i) Les mesures conservatoires de droit commun

Le comptable public, comme tout débiteur, peut recourir aux voies d'exécution de droit commun, notamment la saisie conservatoire. La mise en œuvre de la saisie conservatoire peut faire l'objet d'une contestation de la part du débiteur.

- *Les modalités de la saisie conservatoire*

L'article 654 du Code général des impôts dispose qu'à défaut de paiement à la date d'exigibilité, le comptable public compétent doit prendre toute mesure conservatoire pour la sauvegarde des créances fiscales. Cette disposition est une reprise de la règle conservatoire du droit commun. En effet, l'article 54 de l'Acte uniforme portant organisation des procédures simplifiées de recouvrement et des voies d'exécution dispose que toute personne dont la créance paraît fondée en son principe peut, par requête, solliciter de la juridiction compétente, l'autorisation de pratiquer une mesure conservatoire sur tous les biens de son débiteur, sans commandement préalable, si elle justifie de circonstances de nature à en menacer le recouvrement.

Une autorisation préalable de la juridiction compétente n'est pas nécessaire lorsque le créancier se prévaut d'un titre exécutoire. La saisie conservatoire peut porter sur tous les biens mobiliers, corporels ou incorporels appartenant au débiteur. Elle les rend indisponibles. Lorsque la saisie porte sur une créance ayant pour objet une somme d'argent, l'acte de saisie la rend indisponible à concurrence du montant autorisé par la juridiction compétente ou, lorsque cette autorisation n'est pas nécessaire, à concurrence du montant pour lequel la saisie est pratiquée. La saisie vaut, de plein droit, consignation des sommes devenues indisponibles et confère au saisissant un droit de gage.

La décision autorisant la saisie conservatoire doit, à peine de nullité, préciser le montant des sommes pour la garantie desquelles la mesure conservatoire est autorisée et préciser la nature des biens sur lesquels elle porte. L'autorisation de la juridiction compétente est caduque si la saisie conservatoire n'a pas été pratiquée dans le délai requis. Si ce n'est dans le cas où la saisie conservatoire a été pratiquée avec un titre exécutoire, le créancier doit, dans le mois qui suit ladite saisie, à peine de caducité, introduire une procédure ou accomplir les formalités nécessaires à l'obtention d'un titre exécutoire. Si la saisie est pratiquée entre les mains d'un tiers, les copies des pièces justifiant de ces diligences doivent être adressées au tiers dans un délai de 8 jours à compter de leur date.

- *La contestation des mesures conservatoires*

Même lorsqu'une autorisation préalable n'est pas requise, la juridiction compétente peut, à tout moment, sur la demande du débiteur, le créancier entendu ou appelé, donner mainlevée de la mesure conservatoire si le saisissant ne rapporte pas la preuve que les conditions de saisie sont réunies, à savoir la nécessité d'une créance paraissant fondée en son principe et l'existence de circonstances susceptibles de menacer le recouvrement. En effet, la loi subordonne l'action du créancier à l'existence d'une créance paraissant fondée en son principe. Il n'est pas nécessaire que la créance soit liquide, le créancier n'étant pas dans l'obligation de disposer d'un titre. Il n'est pas non plus nécessaire que la créance soit certaine, elle doit présenter une vraisemblance suffisante pour amener le juge du fond à la reconnaître. Le comptable public doit fournir au juge les éléments permettant de le convaincre du sérieux de sa créance. Une créance sous condition suspensive, simplement éventuelle, ou à terme non échu peut donc justifier l'autorisation de pratiquer une mesure conservatoire. C'est ainsi qu'une notification de redressements confère au Trésor une créance fondée en son principe et peut dès lors servir de base à une demande de prise de mesures conservatoires. Des mesures conservatoires peuvent être sollicitées même avant l'envoi de la notification de redressements.

En outre, la mesure conservatoire ne peut être pratiquée que si le créancier justifie de circonstances susceptibles de menacer le recouvrement de sa créance. Cette condition est une circonstance de fait qui relève du pouvoir d'appréciation souverain du juge du fond. L'appréciation de telles circonstances doit ressortir d'éléments de fait tenant au comportement ou à la situation du débiteur ou encore à des circonstances qui feraient obstacle au règlement de la dette si elles se réalisaient. Lorsque le créancier ne dispose pas d'un titre exécutoire, il doit demander au juge l'autorisation de pratiquer la mesure conservatoire en faisant valoir ces éléments.

La demande de mainlevée est portée devant la juridiction compétente qui a autorisé la mesure. Si celle-ci a été prise sans autorisation préalable, la demande est portée devant la juridiction du domicile ou de résidence du débiteur. Les autres contestations, notamment celles relatives à l'exécution de la mesure, sont portées devant la juridiction compétente du lieu où sont situés les biens saisis.

ii) Les mesures conservatoires propres aux procédures fiscales

L'article 661 du Code général des impôts dispose que le comptable public peut, en vertu d'un titre exécutoire ou sans titre, sans commandement préalable, en matière de taxation d'office ou lorsque des circonstances sont de nature à compromettre le recouvrement d'une créance fiscale, pratiquer une mesure conservatoire sur les biens meubles corporels ou incorporels d'un redevable. Lorsque la mesure est pratiquée sans titre, le comptable doit, dans le mois qui suit la saisie, à peine de caducité, introduire une procédure ou accomplir les formalités nécessaires à l'obtention d'un titre exécutoire.

La menace pesant sur le recouvrement de la créance résulte de l'examen des circonstances de fait. Ces éléments ont trait au comportement ou à la situation du débiteur, entreprise éphémère, par exemple, ou encore à des circonstances susceptibles de menacer le recouvrement de la dette, par exemple, la multiplication des créanciers, l'existence de biens grevés de plusieurs hypothèques pour des sommes importantes ou tout acte préparatoire manifestant l'intention du redevable d'organiser son insolvabilité.

Par dérogation aux règles de droit commun, le comptable public peut prendre, dès la notification de taxation d'office ou du procès-verbal de flagrance, des mesures conservatoires sans autorisation du juge. Ces saisies conservatoires peuvent être pratiquées de manière cumulative pour l'impôt direct et la taxe sur la valeur ajoutée. Hors les cas de mainlevée prononcée à l'initiative du juge, les saisies conservatoires effectuées lors de la mise en œuvre de la flagrance fiscale perdurent jusqu'à l'échéance déclarative. Le paiement des impositions dues au titre de l'exercice ou de la période comprenant celle couverte par le procès-verbal de flagrance entraîne la mainlevée des saisies conservatoires, sauf si l'Administration réunit des éléments permettant d'établir que les déclarations du contribuable, au titre desquelles ce paiement est intervenu, ne sont pas sincères. Lorsque le contribuable ne s'acquitte pas de l'impôt résultant de la déclaration de l'exercice ou de la période au titre de laquelle la flagrance a été constatée, les saisies conservatoires sont maintenues et peuvent être converties en saisies-attribution ou en saisies-vente dans les conditions de droit commun.

2- Les actes de poursuite

Les actes de poursuite permettent au comptable de réaliser la créance publique en cas de défaillance persistante du contribuable. Les actes de poursuite renvoient essentiellement à la saisie et à l'avis à tiers détenteur.

a) La saisie

La saisie est la voie d'exécution forcée par excellence. C'est l'acte par lequel un créancier fait mettre sous main de justice les biens de son débiteur en vue de les réaliser et de se faire payer. Il s'agit donc de la saisie à fin d'exécution. En fonction de son objet, il y a lieu de distinguer la saisie des rémunérations, la saisie mobilière et la saisie immobilière.

i) La saisie des rémunérations

La saisie des rémunérations est une procédure civile d'exécution prévue par l'Acte uniforme qui permet à un créancier de prélever directement entre les mains de l'employeur de son débiteur une portion de la rémunération de ce dernier en paiement de sa créance, dans le cadre d'une procédure juridictionnelle. En raison du caractère principalement alimentaire des rémunérations, leur saisie se heurte à certaines limites prévues dans le Code du travail et visant essentiellement à protéger leurs bénéficiaires. Ces règles s'imposent à tous les créanciers. Le législateur a entendu, d'une part, protéger davantage la vocation alimentaire du salaire en instituant notamment une fraction absolument insaisissable et, d'autre part, accroître la simplicité et la rapidité de la procédure.

La procédure de saisie est applicable aux sommes dues à titre de rémunération à toutes les personnes salariées ou travaillant à quelque titre ou en quelque lieu que ce soit, pour un ou plusieurs employeurs, quels que soient le montant et la nature de leur rémunération, la forme et la nature de leur contrat. Cette procédure suppose que la saisie soit opérée auprès de l'employeur, avant qu'il n'ait versé les rémunérations. Ainsi, lorsque ces sommes ont déjà été virées sur un compte de dépôt, le créancier ne pourra recourir qu'à la saisie de créance, à savoir la saisie-attribution, ou l'avis à tiers détenteur pour une créance fiscale, sur le compte sur lequel le virement est intervenu. Toutefois, ces sommes continueront alors de bénéficier des dispositions spéciales de protection des rémunérations, la quotité insaisissable se reportant sur le solde dû.

- *Les sommes saisissables*

La procédure de saisie est applicable à toute personne dont la rémunération est soumise aux règles du Code du travail. Tel est le cas des salariés sous contrat de droit commun à durée indéterminée, mais aussi des salariés sous contrat à durée déterminée.

La saisie des rémunérations n'est possible que s'il y a un travail pour le compte d'autrui. L'existence d'un contrat de travail, au sens juridique du terme, n'est pas nécessaire. Les critères retenus par le droit du travail pour caractériser l'existence de ce contrat doivent exister, c'est-à-dire un lien de subordination et une dépendance économique.

Les critères essentiels sont donc, d'une part, le lien de subordination juridique qui doit exister entre le débiteur et le tiers saisi, ce qui exclut de cette procédure les rémunérations des travailleurs indépendants et des professions libérales, et, d'autre part, un lien de dépendance économique, ce qui exclut la sous-traitance et le contrat d'entreprise. En cas de contestation sur l'existence d'un contrat de travail, c'est au créancier d'en apporter la preuve conformément aux principes généraux du droit du travail. L'existence d'un contrat de travail ne se présume pas.

À la rémunération proprement dite, il convient d'ajouter les sommes qui en constituent l'accessoire, telles que les avantages en nature, ainsi que toutes les indemnités qui constituent des compléments de salaires. C'est ainsi qu'il convient de prendre en compte, par exemple, les majorations pour heures supplémentaires, l'indemnité de congés payés, l'indemnité compensatrice de congés payés, l'indemnité compensatrice de préavis, les allocations diverses versées par l'employeur lors de la survenance d'un événement familial. D'une manière générale, les primes et indemnités accordées pour tenir compte des circonstances particulières dans lesquelles s'effectue le travail comme les primes d'insalubrité, de nuit, etc. sont également saisissables.

Diverses indemnités versées par les régimes de sécurité sociale sont saisissables dans les mêmes conditions que les rémunérations dont les indemnités journalières versées en cas d'accident du travail. Il en est de même des indemnités de chômage. Les pensions de retraite sont également saisissables dans les mêmes conditions que les rémunérations.

- *Les sommes insaisissables*

L'Acte uniforme ne donne pas une liste exhaustive des sommes totalement insaisissables. Sont toutefois considérées comme telles, les indemnités représentatives de frais professionnels, les allocations ou indemnités versées par l'employeur pour charges de famille qui ne correspondent pas à une rémunération du fait qu'elles ne dépendent que de la situation de famille du travailleur.

Par ailleurs, sont insaisissables les sommes correspondant aux cotisations et contributions sociales obligatoires retenues sur la rémunération. En effet, la saisie des rémunérations s'effectue sur le salaire net, après déduction de ces cotisations et contributions obligatoires à caractère social.

Certaines sommes, bien qu'elles soient liées au salaire, ne revêtent pas le caractère de rémunération du travail et ne peuvent donc être saisies au moyen de la procédure de saisie des rémunérations. Cependant, elles ne présentent pas un caractère d'insaisissabilité et peuvent être appréhendées intégralement par voie de saisie-attribution ou d'avis à tiers détenteur. Il en est ainsi, notamment, des indemnités légales ou conventionnelles de licenciement qui n'ont pas la nature juridique d'un salaire, des indemnités transactionnelles de licenciement qui ont la même nature de dommages et intérêts, de l'indemnité légale ou conventionnelle de licenciement, des indemnités transactionnelles forfaitaires de licenciement, dans la mesure où le forfait n'englobe pas des éléments présentant le caractère de salaire, telles les indemnités de congés payés ou de préavis. Il en va de même pour les indemnités allouées pour rupture abusive d'un contrat de travail qui présentent également un caractère de dommages-intérêts, les indemnités de départ volontaire consécutif à la situation économique de l'entreprise, destinées à compenser forfaitairement le préjudice résultant de la perte de l'emploi, les sommes versées au titre de l'intéressement ou de la participation des salariés aux résultats de l'entreprise.

- *La quotité insaisissable*

La rémunération est divisée en trois fractions : une fraction totalement insaisissable, même par les créanciers d'aliments, une fraction insaisissable ne pouvant être appréhendée que par les créanciers d'aliments et une fraction saisissable sur laquelle tout créancier peut faire valoir ses droits, les créanciers alimentaires disposant toutefois d'une priorité.

Une fraction de la rémunération est laissée à la disposition du débiteur. Il s'agit d'une fraction forfaitaire. Le législateur a ainsi voulu laisser au débiteur, même lorsqu'il doit verser une pension alimentaire, une partie de son salaire que l'on peut considérer comme un minimum vital. Ce minimum vital s'impute sur la quotité incessible et insaisissable dont il fait partie. Les créanciers d'aliments échappent à la règle d'insaisissabilité des salaires et peuvent saisir la fraction insaisissable du salaire, à l'exception du minimum. Le calcul de la quotité saisissable doit tenir compte, après déduction des cotisations obligatoires, du montant de la rémunération, de ses accessoires, ainsi que, le cas échéant, de la valeur des avantages en nature accordés au salarié.

- *La suite à la saisie des rémunérations*

À compter de la notification de l'acte de saisie, l'employeur doit procéder aux retenues légales, sans interruption jusqu'à ce qu'il reçoive du tribunal un ordre de mainlevée. Il est donc de la responsabilité de l'employeur de calculer la fraction saisissable de la rémunération.

Lorsque le débiteur perçoit des rémunérations de plusieurs employeurs, la fraction saisissable est calculée sur l'ensemble des rémunérations pour éviter que la rémunération soit inférieure au plancher de saisissabilité. Dans cette hypothèse, les modalités des retenues sont fixées par le juge qui désigne notamment le ou les employeurs chargés d'opérer les retenues mensuelles. Dans le cas où l'un d'eux est en mesure de verser la totalité de la fraction saisissable, la saisie peut être pratiquée entre ses mains.

Si l'employeur n'effectue pas les versements, le juge rend à son encontre une ordonnance le déclarant personnellement débiteur des retenues qui auraient dû être opérées. Cette ordonnance est notifiée à l'employeur et le tribunal en avise, ensuite, le créancier et le débiteur. L'ordonnance consacre à l'encontre de l'employeur une obligation de nature civile. Cette mise en cause du tiers détenteur défaillant ne bénéficie pas du privilège attaché à la créance initiale et donc du privilège du Trésor si la saisie des rémunérations est engagée pour une créance de nature fiscale.

En cas de pluralité de saisie, les créanciers viennent en concours sous réserve des causes légitimes de préférence. La répartition qui est faite par le tribunal tient compte par conséquent du caractère privilégié ou non de la créance et de son rang de privilège. Après paiement des frais de justice, viennent les créances privilégiées selon leur rang, la répartition entre les créanciers chirographaires se faisant ensuite au prorata de chacune de ces créances.

La mainlevée de la saisie résulte soit d'un accord du ou des créanciers, soit de la constatation par le juge de l'extinction de la dette. Amiable ou judiciaire, la mainlevée doit être notifiée à l'employeur dans les 8 jours. En cas de mainlevée amiable, l'unanimité des créanciers est nécessaire pour que le juge puisse rendre une ordonnance de mainlevée avant le recouvrement total des créances. Si seuls certains créanciers consentent à la mainlevée, elle n'aura d'effet qu'à leur égard et la saisie se poursuivra à l'encontre des autres.

La notification d'un avis à tiers détenteur suspend le cours de la saisie jusqu'à l'extinction de l'obligation du redevable vis-à-vis du Trésor, sous réserve des procédures de paiement direct engagées préalablement à la notification de cet avis à tiers détenteur pour le recouvrement des pensions alimentaires. Si la saisie des rémunérations est effectuée sur des sommes déjà frappées par un avis à tiers détenteur, cette saisie est également suspendue jusqu'à l'extinction de l'obligation du redevable.

ii) La saisie de biens meubles

Les conditions et le déroulement de la procédure de saisie-vente sont également régis par les dispositions de l'Acte uniforme organisant les procédures simplifiées de recouvrement et les voies d'exécution. Cette procédure permet à un créancier, muni d'un titre exécutoire constatant une créance liquide et exigible, de faire vendre à l'amiable ou aux enchères publiques les biens mobiliers corporels appartenant à son débiteur afin de se faire payer sur le produit de la vente.

- *Les conditions préalables au recours à la saisie-vente*

La première condition de la saisie-vente est l'existence d'un titre exécutoire. Seul un créancier muni d'un titre exécutoire constatant une créance liquide et exigible peut faire procéder à la saisie et à la vente des biens meubles corporels appartenant à son débiteur, qu'ils soient ou non détenus par lui. En matière fiscale, il s'agit essentiellement des titres de perception, des rôles d'impôts et des décisions de justice ayant force exécutoire. La créance est considérée comme liquide lorsqu'elle est évaluée en argent ou lorsque le titre contient tous les éléments permettant son évaluation et exigible si elle n'est pas affectée d'un terme ou d'une condition suspensive.

La deuxième condition est liée à l'existence d'une mise en demeure de payer. Les comptables en charge du recouvrement des créances fiscales ne peuvent engager des poursuites avec frais si la notification d'une mise en demeure de payer préalable est restée sans effet et si le débiteur n'a pas déposé de réclamation assortie d'une demande de sursis de paiement formulée. Il appartient au comptable chargé du recouvrement de décider de l'opportunité d'engager les poursuites par voie de saisie-vente. La notification de la mise en demeure de payer tient lieu du commandement préalable à la saisie-vente par lequel le débiteur est sommé d'acquitter le montant de sa dette sous peine d'y être contraint par la saisie puis la vente de ses biens.

Lorsque les meubles appartenant au saisi sont détenus par un tiers dans ses propres locaux d'habitation, la saisie-vente doit être autorisée par le juge. L'autorisation doit être préalable à l'acte de saisie entre les mains du tiers, mais peut être postérieure à la délivrance du commandement de payer au débiteur saisi.

- *La procédure de la saisie-vente*

La procédure de saisie-vente comporte une étape préalable obligatoire, la notification d'une mise en demeure de payer valant commandement de payer et deux phases distinctes : la saisie proprement dite et la vente. Le créancier peut faire procéder à la saisie et à la vente des biens mobiliers corporels de son débiteur. La saisie peut porter sur les biens meubles appartenant au débiteur, en tout lieu où ils se trouvent, même s'ils sont détenus par un tiers.

La saisie ne peut porter que sur des biens saisissables. La saisie-vente ne peut donc concerner que les biens mobiliers corporels du débiteur qui ne bénéficient pas des règles d'insaisissabilité. Certains biens meubles corporels sont soumis à des modalités particulières de saisie : les biens placés dans un coffre-fort et les véhicules terrestres à moteur. D'autres meubles corporels relèvent de la saisie-vente avec quelques aménagements. C'est le cas des sommes en espèces et des récoltes sur pieds.

En outre, les meubles corporels devenus immeubles par destination ne peuvent être saisis par saisie-vente que dans deux cas. D'abord, si l'immobilisation a cessé, c'est-à-dire s'ils ne constituent plus un immeuble par destination. Et ensuite, si c'est pour le paiement de leur prix, le saisissant ne pouvant alors être que celui qui les a vendus au débiteur saisi. S'agissant des biens mobiliers corporels indivis, lorsque le saisissant n'est créancier personnel que d'un seul indivisaire, il ne peut pas saisir sa part dans les biens indivis. Il a seulement la faculté de provoquer le partage au nom de son débiteur ou d'intervenir dans le partage provoqué par lui. S'il est créancier de tous les indivisaires, il peut en revanche poursuivre la saisie-vente des meubles indivis, sans attendre le partage. L'indivision n'ayant pas de personnalité juridique, la saisie sera dirigée contre chacun des indivisaires.

Dans tous les cas, le comptable compétent pour engager la saisie est celui qui est chargé du recouvrement de la créance fiscale en cause.

Tous les actes diligentés sont effectués pour son compte. En cas de changement de domicile d'un redevable, le comptable de l'ancien domicile demeure entièrement maître des poursuites en recouvrement des impositions qu'il a pris en charge.

La procédure de saisie-vente nécessite les services d'un huissier ou d'agents porteurs de contraintes, pour l'ensemble des actes donnant lieu à notification. Par ailleurs, la saisie doit être diligentée pour le compte du comptable public territorialement compétent, chargé du recouvrement de la créance fiscale. Les poursuites sont exercées par un huissier de justice territorialement compétent ou tout agent de l'Administration habilité à exercer des poursuites au nom du comptable public.

- *Les conséquences des opérations de saisie*

L'acte de saisie rend indisponibles les biens qui en sont l'objet. Le débiteur saisi conserve la propriété des biens jusqu'à la vente amiable et au paiement du prix convenu à cette vente ou à défaut jusqu'à l'adjudication intervenant lors de la vente forcée et au paiement du montant de l'enchère.

Le débiteur, par suite de l'indisponibilité des biens saisis, même s'il est constitué gardien de ces biens, en perd la libre disposition à titre de propriétaire. Au cas où il en a la garde, il n'en a que la simple détention et la jouissance sur place, sans pouvoir les déplacer. Si une cause légitime rend le déplacement nécessaire, comme à tout gardien, le débiteur doit informer le créancier avant le déplacement et lui indiquer le lieu où ils seront ensuite placés.

Toutefois, ni la saisie-vente, ni le procès-verbal de saisie ne créent un privilège au profit du créancier premier saisissant. Celui-ci devra subir le concours de tous les créanciers ayant fait sur les meubles saisis, une saisie conservatoire antérieure, ainsi que de tous les créanciers munis d'un titre exécutoire et qui ont formé, avant le procès-verbal de vérification des biens saisis, une opposition entre les mains du premier saisissant. Bien entendu, la répartition du produit de la vente est effectuée en fonction du rang, des privilèges de chacun des créanciers.

- *Les incidents de la saisie-vente*

Les incidents peuvent être provoqués soit par le débiteur saisi, soit par le tiers saisi, soit par un tiers à la procédure et enfin par les autres créanciers du débiteur saisi. Le débiteur peut reporter ou échelonner le paiement des sommes dues tout en obtenant la suspension des procédures d'exécution engagées.

Les règles de droit commun ne s'appliquent pas aux poursuites exercées par les comptables publics. Par conséquent, le juge de l'exécution est incompétent pour accorder des délais de paiement à un débiteur poursuivi par voie de saisie-vente à la diligence d'un comptable public. Le créancier qui entend pratiquer une opposition sur une saisie doit réunir les mêmes conditions que le créancier saisissant. L'opposition peut également être formée par le créancier premier saisissant.

- *La mainlevée ou nullité de la saisie initiale*

La mainlevée de la saisie-vente peut intervenir avec l'accord du créancier saisissant et du créancier opposant. La renonciation aux effets d'une mesure d'exécution engagée doit émaner de tous les participants, opposants compris, puisque chacun a une créance à sauvegarder. La mainlevée peut également résulter d'une décision du juge de l'exécution qui constate, par exemple, que les conditions pour réaliser une telle mesure ne sont pas remplies.

La nullité de la première saisie n'entraîne pas la caducité des oppositions, si ce n'est lorsqu'elle résulte d'une irrégularité dans le déroulement des opérations de saisie. Par conséquent, si la saisie initiale est annulée pour une cause tenant à l'absence de droits du créancier premier saisissant, les oppositions peuvent lui survivre, la plus ancienne d'entre elles se substituant à la saisie initiale. En revanche, lorsque l'irrégularité trouve sa source dans le déroulement des opérations de saisie, l'annulation de la première saisie entraîne la caducité.

iii) La saisie immobilière

La saisie immobilière est la procédure par laquelle un créancier poursuit la vente par expropriation forcée des immeubles appartenant à son débiteur défaillant ou de ceux affectés à sa créance. En raison de la nature particulière du bien sur lequel porte cette voie d'exécution, un formalisme strict est prévu par l'Acte uniforme organisant les procédures simplifiées de recouvrement et les voies d'exécution, seul susceptible de protéger les intérêts en jeu.

La nécessité de préserver ces divers intérêts explique l'existence des nombreuses formalités qui s'imposent au créancier saisissant et qui font de la saisie immobilière une procédure longue et complexe, même en l'absence d'incidents. Cette procédure est marquée par le caractère d'ordre public des règles applicables à la saisie immobilière. En conséquence, est nulle toute convention qui aurait, en fait, pour résultat de permettre à un créancier de faire vendre les biens de son débiteur sans avoir recours aux formalités prescrites pour la saisie immobilière.

Pour participer à la distribution, les créanciers inscrits ont l'obligation, à la suite d'une saisie immobilière poursuivie par l'un des créanciers, de déclarer leur créance dans le délai réglementaire. Ils peuvent aussi demander à être subrogés dans les poursuites et dans les droits du poursuivant.

Les comptables publics pour lesquels la créance fiscale est garantie par l'hypothèque légale accordée au Trésor sur les biens immeubles des redevables font partie des créanciers inscrits. À ce titre, ils sont sommés de déclarer leur créance à la procédure de saisie immobilière pour participer à la distribution du prix de vente, s'ils ne sont pas eux-mêmes à l'origine de la saisie.

- *Les modalités de la saisie immobilière*

Il y a deux séries de conditions pour mettre en œuvre la saisie immobilière : d'une part, les conditions liées aux personnes impliquées dans la procédure ; d'autre part, les conditions liées aux biens sur lesquels porte la saisie. Tout créancier peut déclencher une procédure de saisie immobilière. Le caractère chirographaire d'une créance n'enlève pas à son titulaire le droit de poursuivre l'expropriation forcée d'un immeuble appartenant à son débiteur.

Toutefois, selon l'article 247 de l'Acte uniforme organisant les procédures simplifiées de recouvrement et les voies d'exécution, la vente forcée d'un immeuble ne peut être poursuivie qu'en vertu d'un titre exécutoire constatant une créance liquide et exigible. Le défendeur à la procédure est, dans la plupart des cas, le débiteur propriétaire de l'immeuble ou titulaire du droit réel immobilier. Cette hypothèse ne soulève pas de difficulté particulière.

La saisie immobilière se déroule en deux temps : l'accomplissement des formalités de saisie et les actes préparatoires à la vente, d'une part ; la phase judiciaire d'autre part. Plusieurs actes interviennent dans la procédure de saisie immobilière. Certains actes sont destinés à faire placer l'immeuble sous main de justice ; d'autres ont pour objet l'exécution proprement dite, c'est-à-dire la réalisation de l'immeuble. Dans sa première phase, la procédure de saisie immobilière se déroule pratiquement en dehors du tribunal. Le commandement est l'élément fondamental ; tout est lié, dans cette phase, à ce commandement.

▪ *La réalisation de l'immeuble*

La réalisation de l'immeuble objet d'une saisie se fait à travers la vente amiable ou la vente forcée.

La vente amiable sur autorisation judiciaire

La demande aux fins de vente amiable peut être formulée par le débiteur saisi au moment de l'audience d'orientation ou avant cette audience. Dans les deux cas, lorsqu'il est fait droit à la demande du saisi, la procédure d'exécution est suspendue, à l'exception du délai de déclaration imparti aux créanciers inscrits. La vente amiable est réalisée sous le contrôle du juge de l'exécution.

Le débiteur doit accomplir les diligences nécessaires à la réalisation de la vente en respectant le délai imparti par le juge dans sa décision qui autorise la vente de gré à gré. Il doit par ailleurs rendre compte au créancier poursuivant, sur sa demande, des démarches accomplies à cette fin. Le créancier poursuivant peut, à tout moment, assigner le débiteur devant le juge aux fins de voir constater sa carence et ordonner la reprise de la procédure sur vente forcée.

Le prix de vente de l'immeuble est consigné et acquis aux créanciers participant à la distribution ainsi que, le cas échéant, au débiteur, pour leur être distribué. En cas de défaut de conclusion de la vente du fait de l'acquéreur et sous réserve des dispositions législatives ou réglementaires relatives à son droit de rétractation, les versements effectués par celui-ci restent consignés pour être ajoutés au prix de vente dans la distribution.

La vente se fait par acte notarié selon les règles de droit commun des ventes volontaires. L'ensemble des dispositions relatives aux ventes sont applicables à la vente amiable. Le débiteur est tenu des garanties légales et des obligations pesant sur le vendeur. Le transfert de propriété, pour être opposable aux tiers, impose la publication de la vente au à la Conservation foncière.

La vente forcée

L'adjudication de l'immeuble est le dénouement normal de la procédure, mais il n'est pas exclu qu'il y ait des rebondissements avec les possibles surenchères. Dans tous les cas, il faut une phase préparatoire qui gravite autour du cahier des charges.

Le juge décide du sort de l'immeuble saisi à l'occasion d'une audience dite d'orientation. Le créancier poursuivant doit assigner le débiteur saisi à comparaître à cette audience. La dénonciation du commandement de payer valant saisie aux créanciers inscrits vaut assignation à comparaître à l'audience. À défaut de contestation ou de demande fondée interdisant la vente ou de demande formulée par le saisi aux fins d'être autorisé de recourir à une vente de gré à gré, le juge ordonne, dans son jugement d'orientation, la vente forcée du bien par voie judiciaire à l'audience d'adjudication.

Le jugement ordonnant la vente forcée détermine, à la demande du créancier poursuivant, les modalités de visite de l'immeuble. Sur le fondement de cette décision et dans l'hypothèse où le débiteur s'opposerait à ces visites, un huissier, chargé de l'exécution du jugement d'adjudication, peut faire entrer des acquéreurs potentiels dans les lieux selon les modalités fixées par la décision. Si la mise à prix du bien fixée par le créancier poursuivant dans le cahier des conditions de vente fait l'objet d'une contestation par le débiteur, elle doit être tranchée dans le jugement d'orientation. Le juge fonde sa décision sur le critère de l'insuffisance manifeste ou non du montant de la mise à prix. Les contestations qui doivent être tranchées dans le jugement d'orientation peuvent conduire à interdire tout ou partie de la vente ou à suspendre ou interrompre la procédure.

L'adjudication permet d'attribuer l'immeuble saisi, après sa mise aux enchères publiques, à la personne qui offre le prix le plus élevé. Pour que les enchères puissent se dérouler à l'audience d'adjudication, la vente doit être sollicitée par le poursuivant ou, à défaut, par tout créancier inscrit alors subrogé dans les poursuites.

Le bien est adjugé au dernier enchérisseur qui est déclaré adjudicataire et le juge constate la vente dans un jugement dont la publication à la Conservation foncière emporte transfert de propriété. La déclaration d'adjudicataire ne met pas nécessairement fin au processus de vente : le dispositif prévoit la possibilité de remise en vente du bien adjugé avec une mise à prix supérieure d'un dixième au prix d'adjudication obtenu. Le défaut de paiement du prix et des frais par l'adjudicataire peut entraîner remise en vente du bien et réitération des enchères. Les bénéficiaires d'un droit de préemption doivent être informés spécialement par le créancier poursuivant. Le juge détermine les modalités de visite de l'immeuble à la demande du créancier poursuivant.

- *Les incidents de la saisie immobilière*

Aucun texte ne donne la définition générale de l'incident, mais, de façon générale, constitue un incident toute procédure greffée sur une instance principale. L'Acte uniforme portant organisation des procédures simplifiées de recouvrement et des voies d'exécution prévoit diverses sortes d'incidents en matière de saisie immobilière. Les incidents de la saisie immobilière ouvrent des instances qui aboutissent à des jugements contentieux.

De telles procédures, ouvertes à la suite d'une demande présentée en cours d'instance ou d'une contestation, tendent, soit à un jugement définitif, soit à un jugement avant dire droit. On distingue généralement les incidents de fond des incidents de procédure. En principe, toutes les personnes intéressées et notamment les créanciers inscrits qui ont reçu la sommation d'avoir à déclarer les créances inscrites sur le bien saisi peuvent intervenir dans la procédure relative aux incidents de la saisie. Il suffit que l'intervenant justifie d'un intérêt légitime ou d'un droit propre à sauvegarder pour qu'il soit recevable. Ainsi le créancier inscrit peut assigner le créancier poursuivant aux fins de subrogation. Le débiteur peut également prendre l'initiative de la saisine du juge de l'exécution pour obtenir la mainlevée de la mesure qu'il jugerait infondée ou la péremption du commandement.

À peine d'irrecevabilité prononcée d'office, aucune contestation ni aucune demande incidente ne peut, sauf disposition contraire, être formée après l'audience d'orientation à moins qu'elle ne porte sur les actes de procédure postérieurs à celle-ci. Dans ce cas, la contestation ou la demande incidente est formée dans un délai de 15 jours à compter de la notification de l'acte. Lorsque la contestation ou la demande incidente ne peut être examinée à l'audience d'orientation, le tribunal convoque les parties à une audience dans un délai de 15 jours à compter du dépôt de la contestation ou de la demande.

- *Le cantonnement de la saisie immobilière*

En cas de saisies simultanées par un même créancier de plusieurs immeubles du débiteur celui-ci peut solliciter le cantonnement de la saisie à un ou plusieurs biens ou sa conversion partielle en hypothèque. Le débiteur doit établir que la valeur des immeubles sur lesquels la saisie pourrait être limitée est suffisante pour désintéresser le créancier saisissant et tous les créanciers inscrits. Il lui appartient à cet effet d'apporter des éléments d'appréciation de la valeur des immeubles tels que l'acte de vente, l'estimation de professionnels ou l'expertise. Le jugement rendu doit indiquer précisément les immeubles concernés.

Le cantonnement entraîne la suspension provisoire des poursuites, ce qui doit s'analyser en un cas de sursis à statuer. Il s'ensuit qu'après la vente définitive, le créancier pourra reprendre les poursuites sur les biens provisoirement exceptés, si le prix des biens adjugés ne suffit pas pour le désintéresser. À défaut de diligence du créancier pour faire rappeler l'affaire et en l'absence de rappel d'office de l'affaire par le juge, l'instance encourt la péremption après un délai de 2 ans suivant la vente des biens non exceptés par le cantonnement.

La conversion en hypothèque correspond à une double opération : le juge ordonne dans sa décision la radiation de la saisie sur les immeubles qu'il désigne et l'inscription en lieu et place d'une hypothèque judiciaire. Pour ne pas nuire aux intérêts du créancier poursuivant, l'ordonnance prévoit que l'hypothèque prend rang au jour de la publication de la saisie, sous réserve d'être inscrite dans le mois de la notification de la décision ordonnant la conversion. Cette inscription est à la diligence du créancier poursuivant. Elle est réalisée dans les conditions du droit commun : le créancier devra faire inscrire son hypothèque à la Conservation foncière, à défaut de quoi son droit d'hypothèque sera inopposable. Ce mécanisme permet de ne pas faire perdre au créancier le bénéfice résultant de la saisie, sans toutefois porter atteinte aux droits des tiers, puisque le commandement publié produit des effets similaires.

- *La subrogation dans les poursuites*

La subrogation dans les poursuites peut se définir comme la substitution d'un créancier à un autre dans les poursuites engagées par ce dernier. La subrogation ne peut être demandée que pour la collusion, la fraude, la négligence ou autre cause de retard procédant du saisissant. La subrogation peut être sollicitée en cas de désistement du poursuivant. Il y a collusion ou fraude quand le saisissant ou le saisi se sont entendus pour paralyser l'action des créanciers ou pour faire échec à leurs droits, par exemple en retardant la procédure, en y introduisant une cause de nullité ou en faisant pratiquer la saisie par un créancier fictif. Il y a négligence lorsque le poursuivant n'a pas rempli une formalité ou n'a pas fait un acte de procédure dans les délais prescrits.

Les créanciers inscrits peuvent, à compter de la publication du commandement valant saisie et à tout moment de la procédure, demander au juge leur subrogation dans les droits du poursuivant, par voie de demande incidente ou verbalement à l'audience d'adjudication. La demande de subrogation est toujours formée contre le créancier poursuivant, le saisi ne pouvant être mis en cause. La subrogation peut être demandée en tout état de la procédure de saisie immobilière dès lors que la saisie n'est pas nulle. Il ne peut y avoir subrogation tant que le commandement n'a pas été publié. En cas de nullité partielle de la procédure, la subrogation peut être demandée en vue d'une reprise de la poursuite à partir du dernier acte valable.

À partir de la signification du jugement, le subrogé a seul qualité pour poursuivre, à l'exclusion du premier saisissant et de tous créanciers. À cet effet l'ancien poursuivant est tenu de remettre au subrogé les pièces de la poursuite, contre récépissé. La subrogation emporte substitution dans les poursuites et dans les droits et obligations fixées au cahier des conditions de vente. Le subrogé continue la procédure déjà engagée, les actes faits antérieurement par le premier saisissant demeurant valables. La procédure se poursuit aux risques et périls du subrogé. Il s'ensuit que si la mise à prix n'est pas couverte, le subrogé est déclaré adjudicataire aux lieu et place du premier poursuivant. Le créancier poursuivant contre lequel la subrogation a été prononcée est déchargé, par la seule remise des pièces du dossier, de toutes ses obligations. Il ne peut donc pas être déclaré adjudicataire à défaut d'enchérisseur.

▪ *La réitération des enchères*

La réitération des enchères est la procédure qui tend à obtenir la résolution de l'adjudication et la revente de l'immeuble pour inexécution des obligations de l'adjudicataire. Le mécanisme diffère de la surenchère en ce qu'il ne s'agit pas d'une continuation des enchères mais d'une réitération à l'identique de la mise en vente aux enchères. Il s'agit d'une application de la résolution judiciaire pour inexécution.

La réitération des enchères constitue un incident de saisie immobilière, mais il s'agit d'un incident qui ne surgit pas nécessairement au cours de la procédure de saisie. En effet, la réitération des enchères protège le saisi et les créanciers contre les suites d'une acquisition irréfléchie à laquelle s'est laissé entraîner un adjudicataire qui finalement n'a pas les moyens de payer le prix d'adjudication.

La résolution de la vente impose de recommencer les enchères pour obtenir un nouvel acquéreur. À défaut de versement du prix et des frais, la vente est résolue de plein droit. Le droit d'hypothèque éventuellement consenti sur le bien sera également résolu. La consignation du prix à laquelle est tenu l'adjudicataire doit être opérée dans un délai de 2 mois à compter de la date d'adjudication définitive, à peine de réitération des enchères. La réitération des enchères a les mêmes effets que l'adjudication de droit commun. Toutefois, l'enchérisseur défaillant dont les droits sont résolus reste tenu à certaines obligations.

La revente sur réitération des enchères a pour effet la résolution des droits de l'adjudicataire défaillant qui est considéré comme n'ayant jamais eu aucun droit sur les biens mis en adjudication, les choses étant remises dans l'état où elles étaient auparavant. Il s'ensuit que tous les actes de disposition, tels la vente, la donation, ainsi que tous les actes constitutifs de droits réels sur l'immeuble adjugé, les hypothèques notamment, consentis par l'enchérisseur défaillant dans l'intervalle, sont résolus rétroactivement. Cependant les actes d'administration subsistent et notamment les baux faits par l'enchérisseur défaillant, à la condition qu'ils aient été faits sans fraude et dans des conditions normales et régulières.

▪ *La radiation de la saisie*

La radiation est volontaire ou judiciaire. La radiation est volontaire lorsqu'elle résulte d'une mainlevée consentie par les parties en cause, c'est-à-dire les personnes intéressées par le maintien de la saisie publiée, telles qu'elles résultent de cette publication et des mentions qui ont pu être portées en marge. La radiation est judiciaire lorsqu'elle résulte d'un jugement qui a ordonné la mainlevée, soit parce que la saisie est nulle, soit parce que tous les créanciers ont été désintéressés.

La radiation est effectuée par une mention en marge de la publication du commandement. Lorsqu'une saisie a été radiée régulièrement, elle cesse de produire les effets qui y étaient attachés. Du fait des éventuels commandements mentionnés, en marge du premier, par le conservateur des hypothèques, la saisie ne peut être rayée sans le consentement des créanciers poursuivants postérieurs des créanciers inscrits ou en vertu d'un jugement qui leur soit opposable.

De nombreuses contestations peuvent conduire le juge à ordonner la mainlevée de la saisie immobilière, à commencer par le défaut de réunion de ses conditions préalables. Outre la caducité et la péremption du commandement qui sont spécialement régies par décret, l'audience d'orientation peut être l'occasion d'invoquer la nullité du commandement, d'une assignation ou encore du cahier des conditions de vente. Une demande en distraction produit le même effet.

▪ *La distribution du prix de la vente*

La procédure de distribution du prix concerne la vente d'un immeuble après une procédure d'exécution forcée mais également la vente d'un immeuble en dehors de toute procédure d'exécution, après purge des inscriptions. Seuls sont admis à faire valoir leurs droits sur le prix de la vente le créancier poursuivant, les créanciers inscrits sur l'immeuble saisi à la date de la publication du commandement de payer, les créanciers inscrits sur l'immeuble avant la publication du titre de vente et qui sont intervenus dans la procédure ainsi que les créanciers privilégiés dispensés de toute inscription.

Les créanciers sommés de déclarer leur créance et qui ont omis de le faire sont déchus du bénéfice de leur sûreté pour la distribution du prix de vente de l'immeuble. L'efficacité de la distribution impose en effet que les créanciers susceptibles de participer à cette distribution déclarent leurs créances en temps voulu, sans que leur négligence ne paralyse les opérations.

Les sommes à distribuer sont constituées à titre principal du prix de vente de l'immeuble. Mais il peut s'y ajouter d'autres sommes telles que les fruits du bien saisi, les intérêts dus par le séquestre ou la Caisse des Dépôts et Consignations, ainsi que, en cas de défaillance de l'adjudicataire, les sommes versées ou recouvrées contre ce dernier.

La distribution peut être amiable ou judiciaire. S'il n'y a qu'un seul créancier, le produit de la vente est remis à celui-ci jusqu'à concurrence du montant de sa créance, en principal, intérêts et frais, dans un délai de 15 jours, au plus tard, à compter du versement du prix de la vente. S'il y a plusieurs créanciers inscrits ou privilégiés, ceux-ci peuvent s'entendre sur une répartition consensuelle du prix de la vente. Dans ce cas, ils adressent leur convention sous seing privé ou sous forme authentique au greffe ou à l'auxiliaire de justice qui détient les fonds. Le règlement des créanciers doit être effectué dans le délai de 15 jours à compter de la réception de l'accord. Dans le même délai, le solde est remis au débiteur. À l'expiration du délai, les sommes qui sont dues produisent intérêt au taux légal.

Si, dans le délai d'un mois qui suit le versement du prix de la vente par l'adjudicataire, les créanciers n'ont pu parvenir à un accord unanime, le plus diligent d'entre eux saisit le président de la juridiction du lieu de la vente ou le magistrat délégué par lui afin de l'entendre statuer sur la répartition du prix. Cet acte de saisine indique la date de l'audience et fait sommation aux créanciers de produire, c'est-à-dire d'indiquer ce qui leur est dû, le rang auquel ils entendent être colloqués et de communiquer toutes pièces justificatives.

Le saisi reçoit également signification de l'acte de saisine. L'audience ne peut avoir lieu moins de 40 jours après la dernière signification. Dans les 20 jours de la sommation, les créanciers effectuent leur production au greffe de la juridiction compétente. L'expiration de ce délai emporte de plein droit déchéance contre les créanciers non produisants. Des dires peuvent être déposés, au plus tard, 5 jours avant l'audience. Ils doivent être communiqués aux autres parties.

Au vu des productions, dires et explications des parties, la juridiction compétente procède à la répartition du prix de la vente. Elle peut, pour causes graves et dûment justifiées, accorder une remise de la répartition, et fixer le jour de la nouvelle audience. La décision judiciaire accordant ou refusant une remise n'est susceptible d'aucun recours. La décision judiciaire rendue sur le fond est susceptible d'appel dans les 15 jours de sa signification. L'appel n'est recevable que si le montant de la somme contestée est supérieur au taux des décisions judiciaires rendues en dernier ressort. Si l'adjudication ou folle enchère intervient au cours de la procédure ou même après le règlement définitif, la juridiction compétente modifie l'état de collocation suivant les résultats de l'adjudication.

b) L'avis à tiers détenteur

L'avis à tiers détenteur est une mesure de recouvrement qui permet au comptable public, sur simple demande, d'obliger un tiers à lui verser les fonds dont il est dépositaire, détenteur ou débiteur à l'égard d'un contribuable. La créance détenue à l'encontre du contribuable doit être de nature fiscale. L'obligation du tiers est limitée au montant de cette créance.

L'avis à tiers détenteur constitue un mode spécifique d'exercice du privilège du Trésor. Sa validité n'est soumise à aucune formalité préalable. Il suffit que la créance soit garantie par le privilège du Trésor.

L'avis à tiers détenteur permet d'appréhender toutes les créances de sommes d'argent même à terme, conditionnelles ou à exécution successive. Il s'agit d'une mesure de recouvrement directe et propre au droit fiscal obéissant à un formalisme simplifié, qui dispense les comptables publics de recourir à la procédure de saisie de droit commun.

L'avis à tiers détenteur peut être utilisé aussi bien pour saisir des créances que pour saisir des rémunérations. Comme la saisie-attribution, l'avis à tiers détenteur emporte attribution immédiate au profit du comptable de la créance saisie disponible entre les mains du tiers.

i) Le champ d'application de l'avis à tiers détenteur

Il y a lieu de déterminer les créances pouvant faire l'objet d'un avis à tiers détenteur et les personnes auxquelles cette procédure peut être appliquée.

- *Le champ d'application matériel*

L'avis à tiers détenteur, comme toute mesure de saisie de créances, intéresse trois sujets de droit : le créancier, le débiteur et le tiers détenteur. Les créances causes de la saisie sont définies par la loi qui délimite le champ de l'avis à tiers détenteur quant à la nature des droits auxquels la procédure est applicable. En effet, la procédure de l'avis à tiers détenteur s'applique à tous les impôts, pénalités et frais accessoires privilégiés recouvrés par les comptables publics. Les pénalités s'entendent de celles qui sanctionnent le non-respect des dispositions qui régissent l'assiette et le recouvrement de l'impôt. En revanche, le recouvrement des amendes pénales, fût-il garanti par le privilège du Trésor, n'entre pas, en principe, dans les prévisions de l'article 662 du Code général des impôts et ne peut être poursuivi par la voie de l'avis à tiers détenteur.

En outre, l'avis à tiers détenteur ne peut appréhender que des deniers, c'est-à-dire des créances de sommes d'argent. En ce qui concerne la saisie des comptes titres, il convient de recourir à la procédure de saisie des valeurs mobilières et des droits d'associés. Seules peuvent être saisies par voie d'avis à tiers détenteur les créances saisissables. Les règles générales relatives aux saisies de droit commun s'appliquent aux créances insaisissables. Sauf exception tenant à la nature de la créance saisie, constituent des créances insaisissables toutes les sommes que la loi déclare insaisissables et incessibles.

Les créances peuvent être saisies par voie d'avis à tiers détenteur, qu'il s'agisse de créances exigibles ou conditionnelles ou en germe ou encore à exécution successive. Le terme « créance » désigne l'obligation résultant d'un contrat en vertu duquel le créancier dispose d'un droit personnel sur le débiteur pour l'accomplissement d'une prestation. Par exemple, une somme déposée sur un compte bancaire résulte d'un contrat de mandat spécifique qui unit le déposant, créancier, à l'établissement teneur de compte, débiteur.

La créance que détient le contribuable envers le tiers doit exister au moins en germe au moment de l'envoi de l'avis à tiers détenteur. L'avis a pour effet d'affecter, dès réception, les sommes dont le versement est ainsi demandé au paiement des impositions privilégiées, quelle que soit la date à laquelle les créances deviennent effectivement exigibles. L'avis à tiers détenteur produit son effet sur les créances exigibles. Son effet s'étend aux créances conditionnelles ou à terme, quelle que soit la date à laquelle elles sont exigibles. Il convient toutefois de préciser que l'avis à tiers détenteur ne pourra être exécuté que lorsque la condition sera remplie ou le terme échu.

La créance saisie peut donc être une créance conditionnelle, même sous condition suspensive, une créance à terme ou une créance non encore liquide. Les créances futures, éventuelles ou hypothétiques ne peuvent en revanche pas être saisies. En ce qui concerne la notion de créance éventuelle, il s'agit d'une créance qui n'est pas encore née à la date de notification de l'avis à tiers détenteur, ce qui la rend incertaine, voire douteuse. La créance est également conditionnelle lorsqu'il existe une convention d'honoraires aux termes de laquelle une partie du règlement est subordonnée à la réalisation effective de l'opération. Les effets d'un avis à tiers détenteur portant sur des créances à exécution successive, telles que les rémunérations, les loyers et les créances engendrées par d'autres contrats à exécution successive, se prolongent jusqu'à ce que la créance cause de l'avis à tiers détenteur soit apurée.

- *Le champ d'application personnel*

La personne à qui l'avis à tiers détenteur est notifié doit avoir la qualité de tiers et les fonds détenus doivent l'être du chef du redevable, c'est-à-dire lui appartenir ou devoir lui revenir. D'après l'article 662 du Code général des impôts, l'avis à tiers détenteur peut être utilisé à l'égard de tous ceux qui détiennent des fonds appartenant à un redevable ou qui sont débiteurs de deniers envers lui, à quelque titre que ce soit : fermiers, locataires, employeurs, liquidateurs de société, mandataires de justice, notaires, commissaires-priseurs, banques, centres de chèques postaux, comptables publics, clients.

Pour avoir la qualité de tiers, la personne qualifiée de « tiers saisi » ne doit pas être sous un lien de dépendance ou de subordination à l'égard du redevable. Toutefois, les gérants, administrateurs, directeurs et liquidateurs de société sont expressément considérés comme tiers. Ils peuvent donc recevoir des avis à tiers détenteur pour le recouvrement des impositions dues par les sociétés qu'ils dirigent.

L'avis à tiers détenteur porte sur tous les comptes ouverts par l'établissement bancaire au nom du débiteur. L'indication par le comptable de comptes bancaires connus ne limite pas la portée de la saisie à ces mêmes comptes mais s'étend à tous ceux ouverts dans cet établissement.

Les comptables publics ne peuvent, cependant, pas notifier d'avis à tiers détenteur lorsque les poursuites sont suspendues. Tel est le cas lorsqu'on est en présence d'une procédure de sauvegarde, d'un redressement ou d'une liquidation judiciaire. L'avis à tiers détenteur n'est pas utilisable, non plus, lorsque le contribuable bénéficie d'un sursis de paiement ou lorsque ses impositions font l'objet d'un plan de règlement échelonné qu'il respecte.

ii) La procédure de l'avis à tiers détenteur

La procédure de l'avis à tiers détenteur est une procédure dérogatoire, qui se distingue des mesures de saisie de créances du droit commun par la simplicité de ses instruments. L'obligation pour les tiers de déférer à la notification d'un avis à tiers détenteur, acte de poursuite, procède de l'existence du titre de créance fiscale. Il ne peut pas être utilisé tant que l'imposition qu'il vise n'a pas été mise en recouvrement, même si la dette est considérée comme certaine. L'avis à tiers détenteur n'est soumis à aucun formalisme particulier. Sous certaines conditions, la mainlevée peut être ordonnée.

- *La forme de l'avis à tiers détenteur*

Lorsqu'une mise en demeure de payer a été adressée au redevable et n'a été suivie ni d'un paiement, ni d'une demande de sursis de paiement, le comptable public peut engager une procédure d'avis à tiers détenteur. L'avis à tiers détenteur n'est soumis à aucun formalisme légal. L'article 662 du Code général des impôts précise simplement que les demandes des comptables sont notifiées sous forme d'avis à tiers détenteur par lettre recommandée avec accusé de réception ou par tout autre moyen laissant trace écrite. Ainsi, aucune disposition n'impose qu'un avis à tiers détenteur porte mention précise de la nature et du montant de la créance dont le recouvrement est ainsi poursuivi. L'avis à tiers détenteur lui-même et la lettre de notification au redevable sont impérativement signés par le comptable public ou les agents bénéficiant d'une délégation de signature.

D'une manière générale, l'avis à tiers détenteur ne doit jamais renfermer de précisions susceptibles de renseigner le tiers détenteur sur l'importance des affaires du redevable. Notamment, il ne doit pas spécifier la nature exacte des taxes dont le paiement est réclamé, les bases et la période d'imposition ni, éventuellement, les conditions dans lesquelles la rectification des éléments servant au calcul de l'impôt a été opérée.

La notification de l'avis à tiers détenteur au tiers saisi ainsi qu'au redevable est obligatoire. L'autonomie de la procédure au regard du droit commun des voies d'exécution permet au comptable de notifier directement l'avis.

Par ailleurs, les tiers ne peuvent faire obstacle aux procédures engagées en vue de l'exécution ou de la conservation des créances. Celui qui, sans motif légitime, se soustrait à ces obligations, peut être condamné au paiement des causes de la saisie, dans la limite de ses propres dettes envers le débiteur d'impôts.

▪ *La mainlevée de l'avis à tiers détenteur*

L'avis à tiers détenteur pratiqué par le comptable public sur les deniers provenant du chef du redevable a pour effet d'interdire au tiers détenteur tout paiement au saisi, tant que ce dernier ne produit pas une mainlevée. Il s'ensuit que, si après la notification d'un avis à tiers détenteur, le redevable n'est plus débiteur des impositions réclamées.

La mainlevée qui a un caractère amiable, n'est assujettie à aucun formalisme. Elle peut résulter, notamment, d'une simple lettre missive adressée au tiers détenteur et signée par l'agent à la diligence duquel a été décerné l'avis à tiers détenteur. Le débiteur est avisé simultanément de la mainlevée accordée, par lettre simple. Lorsque la mainlevée de l'avis à tiers détenteur a été faite pour corriger ou annuler une irrégularité entachant la poursuite, le comptable public peut renouveler l'avis.

D'une manière générale, il y a lieu de considérer qu'une mainlevée donnée pour le futur, c'est-à-dire sans restitution des sommes antérieurement perçues, n'a aucune incidence sur l'acte qui demeure avec tous ses effets passés. La demande juridictionnelle de mainlevée introduite par le contribuable n'est recevable qu'à condition de présenter des garanties suffisantes de règlement de la dette fiscale soumises à l'appréciation du comptable poursuivant.

iii) Les effets de l'avis à tiers détenteur

Les comptables peuvent utiliser la procédure d'avis à tiers détenteur pour procéder à la saisie de rémunérations ce qui les dispense d'une instance devant le juge. L'avis à tiers détenteur est une procédure spécifique au droit fiscal et dérogatoire au droit commun des voies d'exécution. Les procédures de saisie-vente et d'avis à tiers détenteur ont en commun l'effet d'attribution immédiate. En outre, l'avis à tiers détenteur a pour effet d'interrompre la prescription.

- *Le principe d'effet d'attribution immédiate*

L'effet d'attribution immédiate rend indisponibles les sommes dont le tiers est détenteur ou débiteur au moment où il reçoit la demande du comptable. L'avis à tiers détenteur produit son effet dès sa réception par le tiers saisi. Cet effet n'est pas subordonné à sa notification préalable au débiteur de l'impôt.

L'effet d'attribution opère le transfert de la propriété de la créance à concurrence du montant pour lequel l'avis à tiers détenteur est notifié. La créance ainsi appréhendée sort du patrimoine du saisi au profit exclusif du saisissant. L'avis à tiers détenteur confère ainsi au comptable public un droit exclusif sur les sommes saisies, qui est opposable aux autres créanciers et auquel ne portent atteinte ni le délai d'opposition à poursuites, ni l'ouverture d'une procédure collective ou la présentation d'une réclamation d'assiette, sauf la fourniture de garanties suffisantes.

Bien que le tiers détenteur ne soit tenu au versement des sommes saisies qu'au terme du délai d'opposition, l'avis qu'il reçoit n'emporte pas moins attribution immédiate de la créance saisie. Le versement des fonds peut toutefois intervenir avant l'expiration du délai d'opposition. Le débiteur a la possibilité d'acquiescer à un avis à tiers détenteur en déclarant ne pas contester l'avis à tiers détenteur et en autorisant expressément le versement des fonds, sans attendre l'expiration du délai d'opposition.

L'avis à tiers détenteur est mis œuvre selon la formule « premier saisissant, premier payé ». Cette règle également exprimée sous la forme « premier arrivé, premier servi », est appliquée même lorsque l'avis à tiers détenteur vise à appréhender des rémunérations. Dans ce cas, si les sommes dues au débiteur le jour de la notification sont d'un montant suffisant et que l'avis à tiers détenteur diligenté par le comptable signataire arrive en premier, la mesure permet à celui-ci d'apurer l'intégralité de l'imposition.

La notification de l'avis à tiers détenteur rend le tiers personnellement débiteur des causes de la saisie envers le Trésor dans les limites de son obligation à l'égard du débiteur. Par conséquent, les saisies opérées ou les avis à tiers détenteurs reçus après l'avis à tiers détenteur, même émanant de créanciers bénéficiant d'un rang préférable dans l'ordre de classement des privilèges, sont inopérants à concurrence du montant qui figure sur cet acte de poursuite. Les fonds restants sont valablement appréhendés par le second saisissant et ainsi de suite. En outre, les saisies et prélèvements postérieurs ne sont pas frappés de nullité et produiront leurs effets s'il advient que le premier avis à tiers détenteur ou la première saisie-vente se trouve privée d'effet.

Par ailleurs, l'avis à tiers détenteur prime une saisie conservatoire de créance signifiée antérieurement. En effet, le droit de préférence accordé au créancier ayant pratiqué une saisie conservatoire de créance ne peut être invoqué qu'à l'égard des autres créanciers chirographaires et non à l'égard de celui qui peut se prévaloir d'un privilège qui lui soit personnel et de bon rang, de manière à concurrencer le gage légal du premier saisissant. Tel est le cas du Trésor public dont la créance fiscale bénéficiant du privilège général prime une créance chirographaire même garantie par une saisie conservatoire antérieure.

Une réclamation d'assiette assortie d'une demande de sursis de paiement n'a pas pour effet de remettre en cause l'effet d'attribution immédiate des sommes dont l'exigibilité est intervenue avant la demande de sursis de paiement, même lorsque le versement effectif s'opère postérieurement. En application de ce principe, une créance à terme, conditionnelle ou à exécution successive peut être appréhendée à la condition toutefois que la créance du débiteur sur le tiers détenteur soit exigible avant la demande de sursis de paiement.

Le dépôt d'une demande de sursis de paiement prive d'effet les mesures de poursuite prises antérieurement à la demande qui sont frappées de caducité, dans la mesure où elles n'ont pas déjà épuisé tous leurs effets, à l'instar d'un avis à tiers détenteur. En effet, lorsque la mesure a consisté en l'émission d'un avis à tiers détenteur, celui-ci produit tous ses effets dès sa notification et n'est dès lors pas caduc par le dépôt ultérieur d'une réclamation assortie d'une demande de sursis de paiement.

- *L'effet interruptif de la prescription*

En règle générale, le délai de prescription est interrompu par un acte d'exécution forcée. L'avis à tiers détenteur interrompt la prescription de l'action en recouvrement qui court à l'encontre du comptable public pour les sommes dont le paiement est réclamé au tiers. Dès lors que la notification au redevable est régulière, l'avis à tiers détenteur interrompt la prescription de l'action en recouvrement et fait courir un nouveau délai de 10 ou 5 ans.

Le caractère interruptif de la prescription des actes de poursuite ne dépend pas de leur effet sur le recouvrement des impositions visées. Ainsi un avis à tiers détenteur interrompt la prescription de l'action en recouvrement alors même que le compte sur lequel est pratiquée l'opposition n'est plus utilisé ou que son solde est nul.

- *La responsabilité du tiers détenteur défaillant*

Le tiers détenteur est tenu de payer au comptable public le montant de la créance ou des créances dont le recouvrement est poursuivi, pour le montant figurant sur l'avis à tiers détenteur, à concurrence des fonds qu'il détient pour le compte du débiteur d'impôt désigné dans cet avis. À défaut de paiement, il peut être poursuivi sur ses biens personnels.

L'article 662 du Code général des impôts oblige, en effet, le tiers détenteur, sur la demande qui lui en est faite sous forme d'avis à tiers détenteur à verser, en lieu et place du débiteur, les fonds qu'il détient ou qu'il doit à concurrence des impositions dues par ce dernier. Du fait de l'effet attributif immédiat, l'avis à tiers détenteur rend le tiers personnellement débiteur des causes de la saisie dans la limite de son obligation.

Le comptable public, lorsque les conditions sont réunies, peut exercer des poursuites contre un tiers détenteur qui n'a pas déféré à sa demande. Il poursuit alors le recouvrement de la créance que le contribuable possède contre ce tiers. Il apparaît, toutefois, que le tiers saisi n'est pas dans une situation juridique identique à celle du débiteur direct, ni même à celle du débiteur solidaire. La mise en cause de la responsabilité du tiers saisi défaillant ne peut être opérée sur le fondement du titre originel authentifiant la créance fiscale ni sur le fondement de l'avis à tiers détenteur lui-même. À défaut de titre exécutoire, le comptable public doit obtenir du juge la décision exécutoire qui lui permet d'agir.

L'avis à tiers détenteur pratiqué par le comptable sur les deniers provenant du chef du redevable a pour effet d'interdire au tiers détenteur, tout paiement au saisi tant qu'il ne lui est pas justifié d'une mainlevée. La responsabilité du tiers peut être engagée lorsqu'il refuse de payer les sommes qu'il a reconnu devoir.

La responsabilité du tiers défaillant peut être mise en œuvre à condition que l'avis n'ait pas été utilement contesté. À cet égard, l'irrégularité de l'avis à tiers détenteur doit être soulevée impérativement dans les délais pour faire opposition aux poursuites.

La question de savoir si le tiers détenteur est effectivement débiteur de la somme faisant l'objet de l'avis constitue une question préjudicielle. Le tiers détenteur est fondé à demander le remboursement des sommes qu'il a versées en l'acquit du redevable dès lors qu'il n'en était pas débiteur. Le tiers détenteur peut opposer à la demande du comptable toutes les causes d'extinction de son obligation envers le redevable qui se sont produites avant la notification de l'avis, telles que le paiement, la compensation, la prescription extinctive et la novation du créancier.

Le tiers détenteur, s'il est reconnu responsable du paiement par le juge, ne l'est qu'en tant que débiteur du contribuable saisi et seulement dans la limite de ce qu'il doit ou de ce qu'il détient pour son compte. De plus, il continue à bénéficier, le cas échéant, du terme ou de la condition stipulée en sa faveur. L'avis à tiers détenteur ne constitue donc pas un titre exécutoire permettant au comptable de poursuivre l'exécution forcée sur les biens de son débiteur.

3- Les garanties de recouvrement

Les diligences des comptables publics dans la mise en œuvre de moyens d'action en recouvrement simples peuvent être mises en échec. Le recours aux garanties de recouvrement qui sont des moyens d'action supplémentaires est alors nécessaire.

Les sûretés sont des garanties mais toutes les garanties ne sont pas des sûretés. Les sûretés garantissent l'exécution future d'une obligation. Elles visent à préserver le créancier contre le péril d'insolvabilité du débiteur. Elles permettent aussi, dans certains cas, d'échapper au concours d'autres créanciers. À côté des sûretés, le Trésor public dispose de prérogatives juridiques lui permettant également de garantir le recouvrement de la créance fiscale.

a) Les sûretés de droit commun

Les sûretés permettent au créancier de se prémunir contre l'insolvabilité future de son débiteur. Il existe plusieurs types de sûretés qui peuvent être regroupées en deux catégories. La première catégorie de sûretés confère au créancier une priorité sur le patrimoine du débiteur, c'est-à-dire un droit de préférence sur son patrimoine. Il s'agit des sûretés réelles qui résident dans un droit réel portant sur la chose d'autrui et généralement sur le droit de propriété, principal droit réel.

La deuxième catégorie de sûretés permet de multiplier le droit de gage général en l'étendant à plusieurs débiteurs. Le créancier qui dispose pour la même créance de plusieurs débiteurs a davantage de chances d'obtenir le paiement que celui qui n'a qu'un seul débiteur. Le créancier peut ainsi obtenir qu'un tiers s'engage à côté du débiteur à rembourser la créance en cas de défaillance de celui-ci. Il s'agit de sûretés personnelles qui s'attachent aux personnes.

i) Les sûretés réelles

Il existe différents types de sûretés réelles : le privilège général, le gage, le nantissement, l'hypothèque.

- *Le privilège général*

Le privilège est un droit que la qualité de la créance donne à un créancier d'être préféré aux autres créanciers même hypothécaires. Il consiste à affecter en garantie un ou plusieurs biens. Il s'agit d'une sûreté réelle portant sur des biens meubles ou immeubles.

Toutefois, le privilège ne donne pas un droit de rétention, car il n'y a pas de dépossession et il n'y a pas non plus de droit de suite. Dès lors, lorsque le privilège est mobilier on se heurte à la règle « en fait de meuble, la possession vaut titre ». Lorsqu'il s'agit d'un privilège immobilier, le créancier n'a pas le droit de poursuivre le recouvrement de la créance contre un tiers acquéreur dans la mesure où le privilège n'est pas publié et, donc, n'est pas opposable.

Les privilèges sont doublement généraux lorsque leur assiette englobe à la fois les meubles et les immeubles du débiteur. Dans la mise en œuvre du privilège, il y a un principe de subsidiarité c'est-à-dire que le privilège ne s'exerce sur les immeubles qu'à défaut de biens meubles.

Les privilèges sont simplement généraux lorsque leur assiette est limitée aux seuls meubles du débiteur.

Les privilèges sont établis par la loi, eu égard à la qualité de la créance. Leur constitution est donc, en principe, de plein droit et ne nécessite aucune formalité particulière. Dès l'instant où la créance est née, le créancier est privilégié. Le rang du privilège est déterminé par la date de naissance de la créance.

L'article 663 du Code général des impôts dispose qu'en garantie du paiement des créances fiscales, le Trésor public bénéficie, sur les biens meubles du redevable, dans la limite de la somme fixée légalement pour l'exécution provisoire des décisions judiciaires, d'un privilège général non soumis à publicité. Au-delà de ce montant, le Trésor public bénéficie d'un privilège général soumis à publicité. Ce privilège n'est valable qu'autant que l'inscription est renouvelée avant la fin de chaque période triennale. Le privilège du Trésor public garantit les impôts locaux et les impôts d'État. L'assiette est constituée par tous les biens meubles présents et à venir du débiteur et s'étend également au patrimoine de la caution du débiteur.

Les privilèges généraux confèrent un droit de préférence exercé par leurs titulaires. Les deniers provenant de la réalisation des immeubles sont distribués dans l'ordre suivant : d'abord les créanciers des frais de justice engagés pour parvenir à la réalisation du bien vendu et à la distribution elle-même du prix, les créanciers de salaires super-privilégiés, les créanciers titulaires d'une hypothèque conventionnelle ou forcée et aux créanciers séparatistes inscrits dans le délai légal, chacun selon le rang de son inscription au registre de la publicité immobilière, ensuite les créanciers munis d'un privilège général soumis à publicité chacun selon le rang de son inscription au Registre du commerce, les créanciers munis d'un privilège général non soumis à publicité et puis créanciers chirographaires munis d'un titre exécutoire lorsqu'ils sont intervenus par voie de saisie ou d'opposition à la procédure.

Sans préjudice de l'exercice d'un éventuel droit de rétention ou d'un droit exclusif au paiement, les deniers provenant de la réalisation des meubles sont distribués dans l'ordre suivant : les créanciers des frais de justice engagés pour parvenir à la réalisation du bien vendu, les créanciers de frais engagés pour la conservation du bien du débiteur les créanciers de salaires super-privilégiés, les créanciers garantis par un privilège général soumis à publicité, un gage, ou un nantissement ceux qui sont munis d'un privilège spécial et d'un privilège général non soumis à publicité et enfin, les créanciers chirographaires munis d'un titre exécutoire.

- *Le gage*

L'article 663 du Code général des impôts dispose que le comptable public peut recevoir du redevable, gage de biens meubles, en garantie du paiement de ses dettes fiscales, dans les conditions définies par l'Acte uniforme de l'OHADA portant organisation des sûretés. Le gage est le contrat par lequel le constituant accorde à un créancier le droit de se faire payer par préférence sur un ou un ensemble de biens meubles corporels, présents ou futurs. Le gage peut être constitué en garantie d'une ou de plusieurs créances présentes ou futures, à condition que celles-ci soient déterminées ou déterminables. Lorsque le gage porte sur un bien ou un ensemble de biens futurs, le droit du créancier s'exerce sur le bien gagé aussitôt que le constituant en acquiert la propriété, sauf convention contraire. Les parties peuvent convenir de la subrogation, en cours d'exécution du contrat, de la chose gagée par une autre chose.

Le constituant d'un gage de biens présents doit être propriétaire de la chose gagée. S'il ne l'est pas, le créancier gagiste peut s'opposer à la revendication du propriétaire dans les conditions prévues pour le possesseur de bonne foi. À peine de nullité, le gage doit être constaté dans un écrit contenant la désignation de la dette garantie, la quantité des biens donnés en gage ainsi que leur espèce ou leur nature.

Le contrat de gage est opposable aux tiers, soit par l'inscription au Registre du commerce et du crédit mobilier, soit par la remise du bien gagé entre les mains du créancier gagiste ou d'un tiers convenu entre les parties. Lorsque le gage a été régulièrement publié, les ayants cause à titre particulier du constituant ne peuvent être regardés comme des possesseurs de bonne foi et le créancier gagiste peut exercer son droit de suite à leur encontre.

Sauf clause contraire, le constituant ne peut exiger la radiation de l'inscription ou la restitution du bien gagé qu'après paiement intégral de la dette garantie en principal, intérêts et autres accessoires. Lorsque le gage est constitué avec dépossession, le créancier gagiste peut opposer son droit de rétention sur le bien gagé, directement ou par l'intermédiaire du tiers convenu, jusqu'au paiement intégral en principal, intérêts et autres accessoires, de la dette garantie. Le créancier gagiste ne peut, en principe, user de la chose gagée ni en percevoir les fruits. S'il est autorisé à percevoir les fruits, il doit les imputer sur ce qui lui est dû en intérêts ou, à défaut, sur le capital de la dette.

Faute de paiement à l'échéance, le créancier gagiste muni d'un titre exécutoire peut faire procéder à la vente forcée de la chose gagée, 8 jours après une sommation faite au débiteur et, s'il y a lieu, au tiers constituant du gage dans les conditions prévues par les dispositions organisant les voies d'exécution auxquelles le contrat de gage ne peut déroger. Dans ce cas, il exerce son droit de préférence sur le prix de la chose vendue.

Lorsque la valeur du bien excède le montant qui lui est dû, le créancier gagiste doit consigner une somme égale à la différence s'il existe d'autres créanciers bénéficiant d'un gage sur le même bien ou, à défaut, verser cette somme au constituant. En cas de perte ou de détérioration totale ou partielle de la chose gagée qui ne serait pas de son fait, le créancier gagiste exerce son droit de préférence sur l'indemnité d'assurance, s'il y a lieu, pour le montant de la créance garantie.

Le gage prend fin lorsque l'obligation qu'il garantit est entièrement éteinte, tant en capital, qu'en intérêts et autres accessoires. Le gage avec dépossession disparaît indépendamment de l'obligation garantie si la chose est volontairement restituée au constituant, si elle est perdue par le fait du créancier gagiste, ou lorsque la juridiction compétente en ordonne la restitution pour faute du créancier gagiste, sauf désignation d'un séquestre qui aura la mission d'un tiers

▪ *Le nantissement*

Le nantissement est également prévu par le Code général des impôts. Il s'agit de l'affectation d'un bien meuble incorporel ou d'un ensemble de biens meubles incorporels, présents ou futurs, en garantie d'une ou plusieurs créances, présentes ou futures, à condition que celles-ci soient déterminées ou déterminables. Le principe du nantissement est le même que celui du gage mais le gage ne concerne que les biens meubles corporels.

Le créancier nanti va pouvoir réclamer le paiement de sa créance à une autre personne que son débiteur principal, en l'occurrence, au débiteur du constituant. Le nantissement de créance prend effet entre les parties et devient opposable aux tiers à la date de l'acte constitutif c'est-à-dire au moment où il est signé entre les parties, sans que cette opposabilité soit soumise à une formalité quelconque. La seule obligation est que, pour être opposable au débiteur de la créance nantie, le nantissement de créance doit lui être notifié ou ce dernier doit être partie à l'acte.

Si la créance nantie est échue avant la créance garantie, le créancier nanti, au jour où la créance échoit, pourra en exiger le paiement. Si la créance nantie est échue après la créance garantie et que le constituant ne paie pas la créance, alors le créancier nanti attend l'échéance du terme ou bien alors le créancier se fait attribuer la propriété de la créance par le juge si ce n'est pas prévu dans le contrat. Si la créance nantie est moins importante que la créance, les sommes payées au titre de la créance nantie s'imputent sur celle-ci. En revanche, si la créance nantie est plus importante que la créance, le créancier nanti aura l'obligation de rembourser le surplus au constituant.

- *L'hypothèque forcée*

L'hypothèque est l'affectation d'un immeuble déterminé ou déterminable appartenant au constituant en garantie d'une ou plusieurs créances, présentes ou futures à condition qu'elles soient déterminées ou déterminables. Elle est légale, conventionnelle ou judiciaire. Sauf disposition contraire, les règles applicables aux hypothèques conventionnelles s'appliquent également aux hypothèques forcées. L'hypothèque forcée est celle qui est conférée, sans le consentement du débiteur, soit par la loi, soit par une décision de justice.

L'article 663 du Code général des impôts institue au profit du Trésor l'hypothèque forcée. Il dispose, en effet, que le Trésor public bénéficie d'une hypothèque forcée sur tous les biens immeubles des assujettis, en garantie du paiement des impôts, intérêts, amendes et pénalités y afférents. Cette hypothèque prend rang à la date de son inscription. Ladite sûreté est inscrite sur dépôt, à la conservation foncière compétente, d'une réquisition du comptable public chargé du recouvrement, appuyée d'une copie du titre exécutoire.

Sauf disposition contraire, seuls les immeubles présents et immatriculés peuvent faire l'objet d'une hypothèque. Peuvent faire l'objet d'une hypothèque les fonds bâtis ou non bâtis et leurs améliorations ou constructions survenues, à l'exclusion des meubles qui en constituent l'accessoire, les droits réels immobiliers régulièrement inscrits.

L'hypothèque est indivisible par nature et subsiste totalement sur les immeubles affectés jusqu'à complet paiement et malgré la survenance d'une succession. Ceux qui n'ont sur l'immeuble qu'un droit soumis à condition, résolution, ou rescision régulièrement publiées ne peuvent consentir qu'une hypothèque soumise aux mêmes conditions, résolution ou rescision. L'hypothèque d'un immeuble indivis conserve son effet, quel que soit le résultat du partage, si elle a été consentie par tous les indivisaires. Dans le cas contraire, elle ne conserve son effet que dans la mesure où l'indivisaire qui l'a consentie est, lors du partage, alloti de l'immeuble indivis ou, lorsque l'immeuble est licité à un tiers, si cet indivisaire est alloti du prix de la licitation. L'hypothèque d'une quote-part dans un ou plusieurs immeubles indivis ne conserve son effet que dans la mesure où l'indivisaire qui l'a consentie est, lors du partage, alloti du ou de ces immeubles indivis. Elle le conserve alors dans toute la mesure de cet allotissement, sans être limitée à la quote-part qui appartenait à l'indivisaire qui l'a consentie. Lorsque l'immeuble est licité à un tiers, elle le conserve également si cet indivisaire est alloti du prix de la licitation. L'hypothèque régulièrement publiée prend rang du jour de l'inscription.

Lorsque le droit réel immobilier, objet de l'hypothèque, consiste en un démembrement du droit de propriété tel que l'usufruit, le droit de superficie, le bail emphytéotique ou le bail à construction, l'inscription de l'hypothèque doit également être notifiée, par acte extrajudiciaire, au propriétaire, au tréfoncier ou au bailleur. L'inscription a une durée déterminée et conserve le droit du créancier jusqu'à une date devant être fixée par la convention ou la décision de justice dans la limite de 30 ans, au jour de la formalité, sauf disposition légale contraire. Son effet cesse si elle n'est pas renouvelée, avant l'expiration de ce délai, pour une durée déterminée. Il en va de même lorsque l'hypothèque a été constituée pour une durée indéterminée.

L'hypothèque confère à son titulaire un droit de suite et un droit de préférence. Le droit de préférence s'exerce pour garantir le principal, les frais et 3 ans d'intérêts au même rang, sauf à prendre des inscriptions particulières portant hypothèques à compter de leur date pour les intérêts autres que ceux conservés par l'inscription initiale. Le droit de préférence s'exerce également, par subrogation, sur l'indemnité d'assurance de l'immeuble sinistré. À moins qu'il ne poursuive la vente du bien hypothéqué selon les modalités prévues par les règles de la saisie immobilière, auxquelles la convention d'hypothèque ne peut déroger, le créancier hypothécaire impayé peut demander en justice que l'immeuble lui demeure en paiement. Cette faculté ne lui est toutefois pas offerte si l'immeuble constitue la résidence principale du constituant.

Lorsque l'immeuble hypothéqué devient insuffisant pour garantir sa créance, par suite de destruction ou de dégradation, le créancier peut poursuivre le paiement de sa créance avant le terme ou obtenir une autre hypothèque. Le droit de suite s'exerce contre tout tiers détenteur de l'immeuble dont le titre est publié postérieurement à l'hypothèque. Bien que le tiers détenteur ne soit pas personnellement obligé à la dette, il peut désintéresser le créancier poursuivant du montant intégral de sa créance, en capital, intérêts et autres accessoires, en se subrogeant à lui.

ii) Les sûretés personnelles

La sûreté personnelle est créée en considération d'un tiers qui s'engage personnellement à côté du débiteur. Ainsi, le créancier qui dispose, pour la même créance, de plusieurs débiteurs, a davantage de chance d'obtenir le paiement. Certes, le créancier n'obtient dans le patrimoine de chacun d'eux qu'un droit de gage général c'est-à-dire qu'il restera un créancier chirographaire mais il aura multiplié les chances d'être payé.

Le Code général des impôts, en son article 664, consacre la possibilité pour le Trésor public de recourir au cautionnement et à la lettre de garantie pour sécuriser le recouvrement de la créance fiscale. Cet article dispose que le comptable public peut recevoir de ce dernier un cautionnement ou une lettre de garantie, dans les conditions définies par l'Acte uniforme de l'OHADA portant organisation des sûretés, en garantie du paiement des dettes fiscales d'un redevable.

- *Le cautionnement*

Le cautionnement est un contrat unilatéral par lequel la caution s'engage, envers le créancier qui accepte, à exécuter une obligation présente ou future contractée par le débiteur, si celui-ci n'y satisfait pas lui-même. Le cautionnement ne se présume pas, quelle que soit la nature de l'obligation garantie. Il se prouve par un acte comportant la signature de la caution et du créancier ainsi que la mention, écrite de la main de la caution, en toutes lettres et en chiffres, de la somme maximale garantie couvrant le principal, les intérêts et autres accessoires.

Lorsque le débiteur est tenu de fournir une caution, celle-ci doit, en principe, être domiciliée ou faire élection de domicile dans le ressort territorial de la juridiction où elle doit être fournie. La caution doit présenter des garanties de solvabilité appréciées en tenant compte de tous les éléments de son patrimoine. Le cautionnement ne peut exister que si l'obligation principale garantie est valablement constituée. La confirmation, par le débiteur, d'une obligation entachée de nullité relative, ne lie pas la caution, sauf renonciation expresse, par la caution, à cette nullité.

L'engagement de la caution ne peut être contracté à des conditions plus onéreuses que l'obligation principale, sous peine de réduction à concurrence de celle-ci, ni excéder ce qui est dû par le débiteur principal au moment des poursuites. Le débiteur principal ne peut aggraver l'engagement de la caution par une convention postérieure au cautionnement. Sauf clause contraire, le cautionnement d'une obligation s'étend, outre le principal, et dans la limite de la somme maximale garantie, aux accessoires de la dette et aux frais de recouvrement de la créance, y compris ceux postérieurs à la dénonciation qui est faite à la caution. Le cautionnement peut également être contracté pour une partie seulement de la dette et sous des conditions moins onéreuses.

La caution n'est tenue de payer la dette qu'en cas de non-paiement du débiteur principal. Le créancier ne peut entreprendre de poursuites contre la caution qu'après une mise en demeure de payer adressée au débiteur principal et restée sans effet. Dans le mois de la mise en demeure de payer adressée au débiteur principal et restée sans effet, le créancier doit informer la caution de la défaillance du débiteur principal en lui indiquant le montant restant dû par ce dernier, à la date de cet incident de paiement. À défaut, la caution ne saurait être tenue au paiement des pénalités ou intérêts de retard échus entre la date de cet incident et la date à laquelle elle en a été informée.

Le créancier est tenu, dans le mois qui suit le terme de chaque semestre civil à compter de la signature du contrat de cautionnement, de communiquer à la caution un état des dettes du débiteur principal précisant leurs causes, échéances et montants en principal, intérêts et autres accessoires restant dus à la fin du semestre écoulé, en lui rappelant la faculté de révocation. À défaut, le créancier est déchu, vis-à-vis de la caution, des intérêts échus depuis la date de la précédente information jusqu'à la date de communication de la nouvelle information.

La caution est tenue de la même façon que le débiteur principal. La caution solidaire est tenue de l'exécution de l'obligation principale dans les mêmes conditions qu'un débiteur solidaire. Toutefois, le créancier ne peut poursuivre la caution simple ou solidaire qu'en appelant en cause le débiteur principal. La caution judiciaire et la caution solidaire ne disposent pas du bénéfice de discussion. Par contre, la caution simple, à moins qu'elle ait expressément renoncé à ce bénéfice, peut, sur premières poursuites dirigées contre elle, exiger la discussion du débiteur principal, en indiquant les biens de ce dernier susceptibles d'être saisis immédiatement sur le territoire national et de produire des deniers suffisants pour le paiement intégral de la dette.

S'il existe plusieurs cautions pour un même débiteur et une même dette, sauf stipulation de solidarité entre elles ou renonciation par elles à ce bénéfice, chacune d'elles peut, sur premières poursuites du créancier, demander la division de la dette entre les cautions solvables au jour où l'exception est invoquée. La caution ne répond pas des insolvabilités des autres cautions survenues après la division. Le créancier qui divise volontairement son action ne peut revenir sur cette division et supporte l'insolvabilité des cautions poursuivies sans pouvoir la reporter sur les autres cautions.

La caution doit aviser le débiteur principal ou le mettre en cause avant de payer la dette au créancier poursuivant. Si la caution a payé sans avoir averti ou mis en cause le débiteur principal, elle perd son recours contre lui si, au moment du paiement par elle ou postérieurement à ce paiement, le débiteur avait le moyen de faire déclarer la dette éteinte ou s'il avait payé dans l'ignorance du paiement de la caution. Néanmoins, la caution conserve son action en répétition contre le créancier. La caution est subrogée dans tous les droits et garanties du créancier poursuivant pour tout ce qu'elle a payé à ce dernier. S'il y a plusieurs débiteurs principaux solidaires d'une même dette, la caution est subrogée contre chacun d'eux pour tout ce qu'elle a payé, même si elle n'en a cautionné qu'un ; si les débiteurs sont conjoints, elle doit diviser ses recours.

La caution qui a payé a, également, un recours personnel contre le débiteur principal pour ce qu'elle a payé en principal, en intérêts de cette somme et en frais engagés depuis qu'elle a dénoncé au débiteur principal les poursuites dirigées contre elle. Elle peut, en outre, réclamer des dommages-intérêts pour réparation du préjudice subi du fait des poursuites du créancier. S'il y a eu cautionnement partiel, le créancier ne peut, pour le reliquat, être préféré à la caution qui a payé et agi en vertu de son recours personnel.

Lorsqu'il existe plusieurs cautions simples ou solidaires pour une même dette, si l'une des cautions a utilement acquitté la dette, elle a un recours contre les autres cautions, chacune pour sa part et portion. La caution peut agir en paiement contre le débiteur principal ou demander la conservation de ses droits dans le patrimoine de celui-ci, avant même d'avoir payé le créancier, dès qu'elle est poursuivie, lorsque le débiteur est en état de cessation des paiements ou en déconfiture ou lorsque la dette est devenue exigible par l'échéance du terme sous lequel elle avait été contractée.

L'extinction partielle ou totale de l'obligation principale entraîne, dans la même mesure, celle de l'engagement de la caution. La dation en paiement libère définitivement la caution, même si le créancier est ensuite évincé de la chose acceptée par lui. La novation de l'obligation principale par changement d'objet ou de cause, la modification des modalités ou sûretés dont elle était assortie libère la caution à moins qu'elle n'accepte de reporter sa garantie sur la nouvelle dette. Toute clause contraire stipulée avant la novation est réputée non écrite.

▪ *La lettre de garantie*

Le Code général des impôts vise la lettre de garantie, alors que l'Acte uniforme sur les sûretés parle de garantie et contre-garantie autonomes. La garantie autonome est l'engagement par lequel le garant s'oblige, en considération d'une obligation souscrite par le donneur d'ordre et sur instructions de celui-ci, à payer une somme déterminée au bénéficiaire. La contre-garantie autonome est l'engagement par lequel le contre-garant s'oblige, en considération d'une obligation souscrite par le donneur d'ordre et sur instructions de ce dernier, à payer une somme déterminée au garant.

Les garantie et contre-garantie autonomes ne peuvent être souscrites par les personnes physiques sous peine de nullité. Elles créent des engagements autonomes, distincts des conventions, actes et faits susceptibles d'en constituer la base. Les garantie et contre-garantie autonomes ne se présument pas. Elles doivent être constatées par un écrit.

Sauf clause ou convention contraire expresse, le droit à garantie du bénéficiaire n'est pas cessible. Toutefois, l'incessibilité du droit à garantie n'affecte pas le droit du bénéficiaire de céder tout montant auquel il aurait droit à la suite de la présentation d'une demande conforme au titre de la garantie.

Les garantie et contre-garantie autonomes prennent effet à la date où elles sont émises sauf stipulation d'une prise d'effet à une date ultérieure. Les instructions du donneur d'ordre, la garantie et la contre-garantie autonomes sont irrévocables dans le cas d'une garantie ou d'une contre-garantie autonome à durée déterminée. Les garanties ou contre-garanties autonomes à durée indéterminée peuvent être révoquées par le garant ou le contre-garant respectivement.

Le garant et le contre-garant ne sont obligés qu'à concurrence de la somme stipulée dans la garantie ou la contre-garantie autonome sous déduction des paiements antérieurs faits respectivement par le garant ou le contre-garant, conformément aux termes de leur engagement. Les garantie et contre-garantie autonomes peuvent stipuler que le montant de l'engagement sera réduit d'un montant déterminé ou déterminable à des dates précisées ou contre présentation au garant ou au contre-garant de documents indiqués à cette fin dans l'engagement.

La demande de paiement au titre de la garantie autonome doit résulter d'un écrit du bénéficiaire accompagné de tout autre document prévu dans la garantie. Cette demande doit indiquer le manquement reproché au donneur d'ordre dans l'exécution de l'obligation en considération de laquelle la garantie a été souscrite. La demande de paiement au titre de la contre-garantie autonome doit résulter d'un écrit du garant mentionnant que le garant a reçu une demande de paiement émanant du bénéficiaire et conforme aux stipulations de la garantie.

Toute demande de paiement doit être conforme aux termes de la garantie ou de la contre-garantie autonome au titre de laquelle elle est effectuée et doit, sauf clause contraire, être présentée au lieu d'émission de la garantie autonome ou, en cas de contre-garantie, au lieu d'émission de la contre-garantie autonome.

Le garant et le contre-garant disposent chacun de 5 jours ouvrés pour examiner la conformité de la demande en paiement aux termes de la garantie ou de la contre-garantie autonome. Ils ne peuvent rejeter la demande qu'à la condition de notifier au bénéficiaire ou, en cas de contre-garantie, au garant, au plus tard à l'expiration de ce délai, l'ensemble des irrégularités qui motivent ce rejet. Le garant doit transmettre une copie de la demande du bénéficiaire et tous documents accompagnant celle-ci au donneur d'ordre ou, en cas de contre-garantie, au contre-garant, à charge pour ce dernier de les transmettre au donneur d'ordre. Le garant doit aviser le donneur d'ordre ou, en cas de contre-garantie, le contre-garant, qui en avisera le donneur d'ordre, de toute réduction du montant de la garantie et de tout acte ou événement mettant fin à celle-ci autre qu'une date de fin de validité.

Le donneur d'ordre ne peut faire défense de payer au garant que si la demande de paiement du bénéficiaire est manifestement abusive ou frauduleuse. Le contre-garant dispose à l'encontre du garant de la même faculté dans les mêmes conditions. Le donneur d'ordre ne peut faire défense de payer au contre-garant que si le garant savait ou aurait dû savoir que la demande de paiement du bénéficiaire avait un caractère manifestement abusif ou frauduleux.

Le garant ou le contre-garant qui a fait un paiement conformément aux termes de la garantie ou de la contre-garantie autonome dispose des mêmes recours que la caution contre le donneur d'ordre. La garantie ou la contre-garantie autonome cesse soit au jour calendaire spécifié ou à l'expiration du délai prévu, soit à la présentation au garant ou au contre-garant des documents libératoires spécifiés dans la garantie ou la contre-garantie autonome, soit sur déclaration écrite du bénéficiaire libérant le garant de son obligation au titre de la garantie ou de la contre-garantie.

b) Les droits du Trésor à l'égard des tiers

En plus de ses droits sur les débiteurs directs, les comptables publics disposent de droits à l'égard de tiers. C'est ainsi qu'ils peuvent faire jouer le mécanisme de la solidarité ou engager la responsabilité du chef d'entreprise.

i) La solidarité

En cas d'obligation plurale, les codébiteurs sont astreints à la règle de la solidarité. Lorsque plusieurs débiteurs se partagent une même dette, le créancier se trouve face à une obligation plurale. Celui-ci dispose de plusieurs outils pour la mise en cause de chacun des débiteurs.

L'obligation dite « conjointe » constitue le droit commun des obligations plurales. La solidarité ne se présume pas : sauf disposition contraire de la loi, le créancier doit poursuivre en paiement chacun des débiteurs. L'obligation solidaire ou « solidarité » apparaît donc lorsque plusieurs débiteurs principaux ou des cautions répondent de la même dette. Chacun de ces débiteurs étant tenu au tout, le créancier peut agir contre un seul d'entre eux. Cette règle très favorable a pour objectif de prémunir le créancier contre les inconvénients de la division des poursuites et de l'insolvabilité d'un codébiteur, tels qu'ils résultent du caractère conjoint de la dette dans le régime de droit commun. L'obligation *in solidum* constitue une variante de la solidarité qui limite la dette de chaque obligé à sa part tout en l'instituant garant de ses coobligés.

Plus que de simples mécanismes de répartition, les différents régimes de responsabilité solidaire constituent des formes de garanties accordées aux créanciers pour le recouvrement de leurs créances, en leur ouvrant des possibilités de substitution d'un débiteur à un autre. C'est ainsi qu'aux termes de l'article 655 du Code général des impôts, sont solidaires pour le paiement des impôts, amendes, pénalités et intérêts, le cessionnaire avec le cédant, en cas de cession d'une entreprise, lorsque la cession est intervenue dans le délai normal de déclaration, alors que les produits de la vente n'ont pas été déclarés par le cédant avant la date de la cession. Le cessionnaire n'est cependant responsable que jusqu'à concurrence du prix du fonds de commerce, si la cession a été faite à titre onéreux ou de la valeur retenue pour la liquidation des droits de mutation entre vifs, si elle a eu lieu à titre gratuit. Toutefois, le cessionnaire ne peut être mis en cause que pendant un délai de 6 mois qui commence à courir du jour de la déclaration du résultat relatif à la période non encore imposée, si elle a été faite dans le délai imparti ou du dernier jour de ce délai, à défaut de déclaration.

De la même manière, le successeur est solidaire avec le prédécesseur, en cas de cession à titre onéreux, soit d'une charge ou d'un office, soit d'une entreprise ou du droit d'exercer une profession non commerciale sur les revenus réalisés par ce dernier pendant l'année de la cession jusqu'au jour de celle-ci, ainsi qu'aux bénéfices de l'année précédente. Le successeur du contribuable n'est cependant responsable qu'à concurrence du prix de cession. L'article 462 du Code général des impôts prévoit que les parties et les cohéritiers sont solidaires vis-à-vis du Trésor public pour le paiement des droits simples et des amendes ou pénalités. Mais, l'action solidaire pour le recouvrement des droits de mutation par décès conférée au Trésor public, ne peut être exercée à l'encontre des cohéritiers qui bénéficient d'une exemption.

Sont aussi solidaires, les propriétaires et, à leur place, les principaux locataires avec les locataires ou sous-locataires ayant déménagé s'ils n'ont pas, un mois avant le terme fixé par le bail ou par les conventions verbales, donné avis au comptable public chargé du recouvrement des impôts directs, du déménagement de leurs locataires ou sous locataires, pour le paiement de sommes dues par ceux-ci pour la contribution des patentes. Mais lorsque le terme est devancé, comme dans le cas de déménagement furtif, les propriétaires et, à leur place, les principaux locataires, deviennent responsables de la contribution des patentes de leurs locataires ou sous-locataires, s'ils n'ont pas, dans les 8 jours, donné avis du déménagement au comptable public. La solidarité joue également entre le bailleur et le preneur pour les actes obligatoirement soumis à la formalité de l'enregistrement.

Enfin, la solidarité s'applique aux complices. En effet, sont solidairement responsables, les personnes qui ont été verbalisées ou condamnées comme complices de contribuables s'étant frauduleusement soustraits ou ayant tenté de se soustraire frauduleusement au paiement de leurs impôts, intérêts, amendes et pénalités, soit en organisant leur insolvabilité, soit en faisant obstacle, par d'autres manœuvres, au paiement de la créance du Trésor public, avec les redevables légaux pour le paiement de ces créances.

ii) La responsabilité des chefs d'entreprise

La loi fiscale a prévu des cas de solidarité applicables à des dirigeants de sociétés rendus responsables des défaillances de leur entreprise en matière fiscale ou encore, en tant que sanction pénale. La condamnation au paiement solidaire des dettes fiscales de ces sociétés est prononcée par les tribunaux compétents, soit en matière fiscale, soit en matière pénale.

Le principe de l'unité du patrimoine s'oppose à la constitution d'un patrimoine qui répondrait des seules dettes nées à l'occasion de l'exercice d'une activité économique. En principe, quiconque s'est obligé personnellement est tenu de remplir son engagement sur tous ses biens mobiliers et immobiliers, présents et à venir. Le patrimoine d'une personne physique constitue donc le gage commun de ses créanciers, sous réserve des dispositions de la loi relative à l'entrepreneur individuel à responsabilité limitée. La constitution d'une société assure toutefois une certaine protection aux biens non affectés aux risques de l'entreprise. Aussi le législateur a-t-il donné aux créanciers la faculté de rechercher un répondant dans la personne du dirigeant en cas de défaillance des entreprises exploitées sous forme sociétaire. Cette possibilité résulte notamment de dispositions du droit de la faillite ou encore des règles de la responsabilité civile dans la vie des sociétés. Le droit fiscal permet également d'atteindre les dirigeants de sociétés redevables d'impositions.

S'agissant des dettes fiscales des sociétés et autres collectivités dotées d'une personnalité distincte de celle de leurs membres, le législateur a institué au profit des comptables publics la possibilité d'obtenir du juge la solidarité des dirigeants pour les droits et pénalités restant impayés par ces personnes morales. Ces actions du droit fiscal assurent au Trésor une nouvelle garantie sous forme d'adjonction de débiteurs, sans que la condamnation du dirigeant de la société qui devra répondre des dettes fiscales de celle-ci, ne modifie aucunement la nature de la créance et les obligations du redevable principal.

Le régime des sociétés à risque limité institue une véritable immunité à l'égard des porteurs de parts ou des actionnaires comme à l'égard du représentant légal. Toutefois, le législateur a institué la solidarité pour atteindre les intérêts personnels du représentant de la personne morale, désigné comme responsable. En effet, pour exercer leurs droits, les sociétés et les divers types de collectivités sont dans la nécessité de recourir à des personnes physiques : les dirigeants sociaux. Ces derniers exercent des fonctions leur conférant une qualité qui découle de la constitution même de la personnalité morale. Cependant la singularité du statut de dirigeant qui se définit de moins en moins par rapport à la société ou à la communauté des associés, facilite la mise en cause directe par le juge de la responsabilité du représentant social qui ne bénéficie plus de l'écran que pouvait représenter la personnalité morale.

La logique de ces règles de solidarité n'est pas de combattre l'abus de la personnalité morale par lequel une personne physique aurait cherché à masquer sa propre activité. Au demeurant, l'obligation mise à la charge d'un dirigeant n'excède pas celle qu'il aurait contractée s'il avait accepté de cautionner les dettes fiscales de sa société. La mise en œuvre de ces dispositifs a pour but d'obtenir un titre permettant de rechercher en paiement de la créance une ou plusieurs personnes physiques distinctes de la société redevable, dont la solvabilité se révélerait insuffisante.

C'est ainsi que conformément à l'article 656 du Code général des impôts, lorsqu'un dirigeant social est responsable des manœuvres frauduleuses ou de l'inobservation grave et répétée des obligations fiscales qui ont rendu impossible le recouvrement d'une dette fiscale due par la personne morale, il peut, s'il n'est pas déjà tenu au paiement des dettes sociales en application d'une autre disposition, être déclaré solidairement responsable du paiement de la créance du Trésor. À cette fin, le comptable public compétent assigne le dirigeant devant le président du Tribunal de grande instance du lieu du siège social. Cette solidarité s'applicable aux dirigeants de droit ou de fait.

Dans le même ordre, lorsque dans l'exercice de son activité professionnelle, l'entrepreneur individuel à responsabilité limitée a, par des manœuvres frauduleuses ou à la suite de l'inobservation grave et répétée de ses obligations fiscales, rendu impossible le recouvrement d'impôts dont il est redevable au titre de cette activité, le recouvrement de ces sommes peut être recherché sur le patrimoine non affecté à cette activité.

Ainsi en est-il pour une personne physique ayant constitué un patrimoine affecté à une entreprise auteur des mêmes agissements. Dans ce cas, le recouvrement peut être recherché sur le patrimoine affecté dès lors que le tribunal compétent a constaté la réalité de ces agissements, même si la créance du Trésor est étrangère à son activité professionnelle. Les voies de recours qui peuvent être exercées contre la décision du Tribunal de grande instance ne font pas obstacle à ce que le comptable public prenne à leur encontre des mesures conservatoires en vue de préserver le recouvrement de la créance du Trésor.

§ 2- La suspension des poursuites

Les actes de poursuite initiés par le comptable pour recouvrer la créance fiscale peuvent faire l'objet d'une suspension. En effet, le redevable peut conclure avec le comptable un accord sur les modalités de paiement à travers un plan de règlement. Le contribuable peut également, sous certaines conditions, bénéficier du sursis de paiement.

1- Le plan de règlement

À la demande expresse du débiteur qui se trouve dans l'incapacité de s'acquitter en une fois de la totalité de sa dette, le comptable public peut accorder des délais de paiement, à titre exceptionnel et sous certaines conditions, afin de faciliter le recouvrement de sa créance. Cette acceptation de délais reste l'exception, les contribuables devant considérer que des paiements échelonnés ne constituent, en aucune façon, le mode ordinaire de règlement d'une dette fiscale.

La possibilité d'un plan d'apurement échelonné est prévue par l'article 653 du Code général des impôts qui dispose que le comptable public compétent peut accorder, sous sa propre responsabilité, un moratoire de paiement au contribuable qui en formule la demande par écrit.

a) Les conditions d'octroi du moratoire

Les conditions d'octroi d'un moratoire dépendent de la nature des créances et de la situation des personnes débitrices de l'État.

i) Les créances concernées

Les moratoires sont applicables à l'ensemble des créances fiscales correspondant à des impositions qui n'ont pas été acquittées dans les délais légaux pour leur montant total ou partiel, principal et pénalités inclus. Le plan de règlement porte sur les droits et pénalités non payés à l'échéance figurant dans les écritures du comptable.

Les intérêts de retard de recouvrement ne sont pas inclus car ils ne peuvent être liquidés qu'à l'issue du plan. Le redevable sera informé qu'après paiement des dettes comprises dans le plan, il sera redevable des intérêts de retard complémentaires.

Les demandes de moratoires présentées par les personnes reliquataires ne peuvent concerner que des créances prises en charge pour défaut total ou partiel de paiement à l'échéance. Les créances à échoir sont exclues du dispositif. Par ailleurs, un moratoire ne doit pas être accepté, en principe, pour les droits dont le paiement est préalable à la délivrance d'une formalité ou d'une valeur fiscale.

ii) Les redevables débiteurs concernés

L'octroi de délais de paiement n'est pas systématique. Toutefois, le cas du débiteur qui est par ailleurs créancier de l'État doit faire l'objet d'un traitement particulier. En règle générale, pour bénéficier d'un plan de règlement le débiteur de l'État doit connaître des difficultés, présenter des garanties et respecter ses obligations fiscales courantes.

Concernant les entreprises, l'acceptation d'un moratoire répond à la situation de celles à jour de leurs obligations déclaratives et respectant habituellement leurs échéances fiscales et qui rencontrent des difficultés passagères exceptionnelles et imprévisibles. L'entreprise ne peut être admise au bénéfice d'un moratoire que si elle s'engage à respecter scrupuleusement les échéances courantes. Toute défaillance au regard de cette exigence est de nature à entraîner la reprise des poursuites et, par voie de conséquence, la caducité du plan de règlement. Pour les créances consécutives à un contrôle fiscal, le paiement échelonné vise à permettre au redevable de s'acquitter de son passif fiscal tout en respectant ses échéances courantes. En principe, le plan de règlement ne doit pas répondre à des difficultés structurelles des entreprises, notamment pour ce qui concerne le paiement des taxes indirectes. Dans de tels cas, seul le recours aux modalités habituelles d'exercice de l'action en recouvrement est de nature à assurer le recouvrement de l'impôt.

Concernant les particuliers, des délais de paiement peuvent leur être accordés chaque fois qu'ils justifient de circonstances exceptionnelles indépendantes de leur volonté, à l'appui de leur demande de délai de paiement. Le comptable examine avec soin les motifs de retard invoqués par le débiteur faisant ressortir de graves difficultés, notamment la maladie, le décès ou la situation personnelle.

iii) Les garanties présentées

Conformément à l'article 653 du Code général des impôts, pour être acceptée par le comptable public, la proposition de plan de règlement doit être assortie de garanties suffisantes pour préserver les droits du Trésor. Le comptable apprécie la valeur de la garantie présentée.

Pour les entreprises individuelles, dans l'hypothèse où aucune garantie ne peut être fournie, il appartient au comptable public d'apprécier l'opportunité d'accepter l'échéancier proposé. S'agissant des personnes morales, à défaut d'autre garantie, la caution personnelle du ou des dirigeants devrait être exigée de façon systématique.

b) Les modalités pratiques d'octroi du moratoire

L'article 653 du Code général des impôts dispose que la demande de moratoire n'est pas suspensive des poursuites. Le comptable public est le seul habilité à accorder des délais de paiement pour les impôts dont il assure le recouvrement. Le plan de règlement constitue un engagement pris par le redevable d'apurer sa dette dans un certain délai. Cet engagement est formalisé après examen de sa demande. Si aucun formalisme n'est prévu pour la demande de délais et la proposition de règlement échelonné présentées par le débiteur, le plan en tant que tel doit être impérativement formalisé dans un écrit.

Le plan de règlement est accordé à la demande du redevable et à l'issue d'un examen par le comptable. Dans le cadre de l'instruction de la demande, le comptable public doit examiner avec attention la situation du débiteur avant de se prononcer sur la proposition d'étalement des dettes. Il doit s'assurer de la réalité des difficultés invoquées par le débiteur, de l'état de ses facultés contributives et de son patrimoine ainsi que de la validité et de la solidité des garanties présentées. Le plan doit comporter le détail des créances sur lesquelles porte l'engagement ainsi que les modalités d'apurement et la durée de l'échéancier. Le moratoire accordé doit être expressément notifié au contribuable et ne peut, dans tous les cas, excéder une durée de 12 mois.

c) Les effets du moratoire de paiement

Outre ses effets sur la prescription de l'action en recouvrement, le plan de règlement a une traduction comptable : il aboutit mécaniquement à l'apurement de la dette du redevable par imputation de ses paiements échelonnés. Mais la formalisation d'un plan de règlement entraîne au premier chef la suspension gracieuse des poursuites pour les créances qui en font l'objet.

Le comptable doit, en principe, imputer les paiements effectués par le débiteur conformément aux indications fournies par ce dernier. Si le débiteur, redevable de plusieurs impositions, effectue un paiement en indiquant la créance à laquelle il souhaite l'affecter, il convient de respecter le choix du débiteur. Si le redevable effectue un paiement sans en préciser l'affectation, en cas de pluralité de dettes, ledit paiement doit être imputé en respectant l'ordre d'imputation. C'est le plus souvent en l'acquit de l'imposition la plus ancienne qu'est imputé le versement. Cependant, en présence d'un plan de règlement se rapportant à plusieurs créances, les droits doivent d'abord être apurés, puis les frais de poursuite et les pénalités.

Le plan de règlement est un quasi contrat. Son respect par le redevable est créateur de droits : le droit à la suspension des poursuites. Dès lors, aucune mesure de recouvrement forcé ne peut être entreprise tant que le plan de règlement est respecté dans toutes ses composantes. Cette suspension gracieuse n'a aucun effet sur la validité des mesures de poursuite prises antérieurement.

L'article 653 du Code général des impôts dispose que le moratoire devient caduc lorsque ne sont pas respectées les échéances convenues ou que ne sont pas acquittées pendant cette durée, et à leurs échéances, toutes autres dettes fiscales devenues exigibles. Par conséquent, tout manquement du redevable à ses engagements met fin de plein droit au plan de règlement qui peut faire l'objet d'une dénonciation. L'acceptation du moratoire se fait sous la responsabilité du comptable. Celui-ci exerce donc une surveillance régulière des échéances et du respect des obligations courantes, de façon à prendre sans délai toutes les mesures appropriées à la moindre défaillance du redevable. Le respect des obligations courantes s'entend des obligations déclaratives et des obligations de paiement. En cas de non-respect des obligations fiscales courantes et/ou des échéances du plan, le comptable met fin au plan de règlement.

Pour mettre fin au plan de règlement, le comptable doit informer le redevable des motifs de la dénonciation par écrit. La dénonciation met fin à la suspension gracieuse des poursuites. Le comptable public reprend son action en recouvrement forcé, au besoin en faisant jouer les garanties obtenues à l'appui du plan de règlement.

2- Le sursis de paiement

L'action en recouvrement, engagée en principe dès la constatation du défaut de paiement dans les délais légaux, se poursuit à l'initiative du comptable public jusqu'au paiement de la somme due, principal et accessoires, pour autant que le délai de prescription ne soit pas parvenu à son terme.

La présentation d'une réclamation demeure, en principe, sans effet sur le recouvrement. En effet, le contribuable qui conteste le bien-fondé de son imposition n'est pas dispensé d'acquitter, dans le délai légal, le montant des droits en principal ainsi que celui des amendes ou pénalités y afférentes.

Toutefois, le contribuable qui conteste le bien-fondé ou le montant des impositions mises à sa charge est autorisé, s'il en a expressément formulé la demande dans sa réclamation à différer le paiement de la partie contestée. L'article 711 du Code général des impôts crée un droit à suspension des poursuites au bénéfice du contribuable qui demande qu'il soit sursis au paiement d'impositions qu'il conteste.

a) Les conditions de recevabilité

L'octroi du sursis est subordonné au dépôt d'une réclamation contentieuse régulière assortie de garanties suffisantes. Aux termes de cet article 711, le juge régulièrement saisi peut accorder, le sursis à la vente forcée et au recouvrement immédiat des impôts, pénalités, amendes et intérêts de retard, à la condition que le demandeur ait, au préalable, contesté l'assiette des droits mis à sa charge par une réclamation contentieuse devant le tribunal et présenté des garanties reconnues suffisantes par le comptable public intéressé.

i) La réclamation relative à l'assiette de l'impôt

Le bénéfice du sursis de paiement est réservé aux contribuables qui ont contesté par une réclamation régulière relative à l'assiette de l'impôt, les impositions au paiement desquelles ils demandent à surseoir. Le bénéfice du sursis de paiement suppose l'existence d'une réclamation dans laquelle le contribuable conteste le bien-fondé ou la quotité de tout ou partie des impositions mises à sa charge.

L'octroi du sursis de paiement étant subordonné à l'introduction d'une réclamation, celui-ci ne peut être accordé, dès lors que la réalité de la présentation d'une demande contentieuse n'est pas établie et ce, alors même que le contribuable aurait constitué des garanties auprès du comptable compétent. En pratique, la production d'une copie de la réclamation d'assiette ou l'indication du dépôt d'une telle réclamation par le débiteur n'est pas suffisante pour justifier du dépôt effectif de cette réclamation.

Les demandes de sursis de paiement incluses dans des demandes de nature gracieuse, notamment une demande en remise ou modération ou présentées à l'appui d'une opposition à poursuite n'entrent pas dans le champ d'application de l'article 711 du Code général des impôts et ne sont pas susceptibles de suspendre le recouvrement de l'impôt. Ainsi un contribuable ne peut présenter une demande de sursis de paiement à l'appui d'une opposition à poursuite, une contestation relative au recouvrement ne pouvant s'analyser comme une réclamation d'assiette.

La demande de sursis de paiement se présente comme l'accessoire ou le prolongement d'une réclamation d'assiette, de sorte que la recevabilité de cette demande est elle-même suspendue à la recevabilité de la réclamation d'assiette. Le dépôt d'une réclamation d'assiette non assortie d'une demande expresse de sursis de paiement n'a cependant aucun effet sur l'exigibilité de la créance ni sur la prescription de l'action en recouvrement. Pour obtenir le sursis de paiement, le contribuable doit en formuler expressément la demande dans sa réclamation préalable et préciser le montant ou les bases du dégrèvement auquel il estime avoir droit. Mais le contribuable peut valablement solliciter le sursis de paiement par une demande postérieure à sa réclamation dès lors que le délai légal n'est pas expiré.

ii) La constitution de garanties

Le redevable qui a demandé le bénéfice du sursis de paiement doit constituer des garanties propres à assurer le recouvrement des impositions au paiement desquelles il est sursis. L'article 712 du Code général des impôts dispose que sous peine d'irrecevabilité de la demande, les garanties doivent obligatoirement couvrir l'intégralité de la créance fiscale, être énoncées dans l'assignation et leur justification doit être apportée à la première audience. L'assujetti qui sollicite du juge le sursis au recouvrement des droits et pénalités mis à sa charge, assigne le Directeur général des Impôts et des Domaines et le comptable public intéressé à comparaître devant le Tribunal de grande instance, pour entendre déclarer valables et suffisantes, les garanties offertes par lui.

À défaut de garantie, le redevable qui a réclamé le bénéfice du sursis peut être poursuivi jusqu'à la saisie, sans qu'il y ait lieu d'attendre la décision de la juridiction compétente. Le contribuable doit présenter des garanties propres dont la réalisation permet d'assurer le recouvrement de la créance du Trésor.

Pour être admises, les garanties doivent consister en une consignation à un compte d'attente du Trésor, un dépôt d'obligations dûment cautionnées ou un dépôt spécial de valeurs mobilières. La garantie peut aussi prendre la forme d'une affectation hypothécaire ou d'un dépôt de 25 % des droits simples à la Caisse des Dépôts et Consignations assorti de la remise d'une caution bancaire pour le reliquat desdits droits.

Aux termes de l'article 713 du Code général des impôts, le comptable public apprécie les garanties offertes par le redevable. Il peut, à tout moment, s'il le juge nécessaire, exiger un complément de garanties. Les poursuites sont reprises, lorsque le redevable ne satisfait pas, dans le délai de 30 jours, à la demande qui lui est adressée à cet effet. Le comptable peut soit refuser soit accepter les garanties offertes. Lorsque le contribuable propose des garanties insuffisantes ou si le comptable n'accepte pas les garanties offertes, il notifie au redevable son refus. La décision de rejet doit être signée et motivée : elle doit préciser les raisons pour lesquelles la garantie ne peut être acceptée. Le comptable procède à l'examen des garanties proposées et, si leur valeur est suffisante pour couvrir les créances contestées, notifie expressément son accord au contribuable. À défaut de réponse dans les délais, la garantie est réputée être acceptée tacitement.

Si les garanties sont acceptées, le comptable conserve la faculté de demander à tout moment au redevable, un complément de garanties en cas d'insuffisance ou de dépréciation de celles-ci. Le contribuable peut être admis à remplacer la garantie initiale par toute autre garantie dès lors qu'elle est d'une valeur au moins égale. Le comptable doit veiller à ce que les garanties offertes et acceptées soient sauvegardées pendant toute la durée du sursis de paiement, par exemple, en procédant au renouvellement de l'inscription d'hypothèque.

b) Les effets du sursis de paiement

Le sursis de paiement a pour effet de suspendre l'exigibilité de la créance et la prescription de l'action en recouvrement jusqu'à ce qu'une décision définitive ait été rendue sur la réclamation, soit par l'Administration, soit par le tribunal compétent. Il emporte des conséquences à l'égard des mesures de recouvrement, qu'elles soient postérieures à la demande de sursis de paiement ou antérieures.

i) Sur l'exigibilité de la créance et la prescription

La demande de sursis de paiement produite à l'appui d'une réclamation contentieuse régulière suspend la prescription de l'action en recouvrement. Elle suspend l'exigibilité de l'impôt à la date de sa réception par l'Administration et met ainsi le comptable dans l'impossibilité d'agir. Le régime du sursis de paiement est applicable à compter de la date du dépôt d'une réclamation d'assiette assortie des garanties jugées suffisantes par le comptable. Le sursis de paiement produit ses effets jusqu'à la notification du jugement de la juridiction saisie en cas de poursuite du litige.

ii) Sur les actes de poursuite

Le sursis de paiement emporte des conséquences tant à l'égard des mesures de recouvrement postérieures à la demande de sursis de paiement que des mesures ayant abouti antérieurement. Le dépôt d'une demande de sursis de paiement prive d'effet pour l'avenir les mesures de poursuite prises antérieurement à la demande, qui sont frappées de caducité, dans la mesure où elles n'ont pas déjà épuisé tous leurs effets, à l'instar d'une saisie-attribution ou d'un avis à tiers détenteur. En effet, lorsque la mesure a consisté en l'émission d'un avis à tiers détenteur, celui-ci produit tous ses effets dès sa notification et n'est, dès lors, pas caduc par le dépôt ultérieur d'une réclamation assortie d'une demande de sursis de paiement. Par ailleurs, lorsque la demande de sursis de paiement porte sur une partie seulement des impôts restant dus, la caducité des actes de poursuite ne vaut qu'à hauteur des impositions contestées.

Néanmoins les mesures de poursuite continuent de produire leurs effets antérieurement au dépôt de la réclamation suspensive de paiement. À ce titre, ils conservent leur effet interruptif de prescription et les frais de poursuite restent dus par le débiteur.

La présentation d'une demande de sursis de paiement empêche la notification ultérieure de mesures exécutoires ou conservatoires au moins jusqu'au refus par le comptable ou par le juge des garanties proposées. La décision de refus des garanties, de même que le défaut ou l'insuffisance de garanties, permet à l'Administration de prendre des mesures conservatoires à l'encontre du contribuable. En outre, le contribuable peut demander au juge du référé de prononcer la limitation ou l'abandon de ces mesures conservatoires si elles emportent des conséquences difficilement réparables.

SECTION 2- LES LIMITES DE L'ACTION EN RECOUVREMENT

Les principes qui sous-tendent l'action en recouvrement visent à garantir le paiement de la créance publique. Ces principes n'ont, toutefois, pas une portée absolue. Dans le but de garantir une protection juridique aux contribuables, ces principes font l'objet d'une limitation. C'est ainsi que l'action en recouvrement est limitée par le jeu de la prescription, l'opposition aux poursuites et la responsabilité du comptable public. La prescription constitue une limitation de l'action en recouvrement, alors que l'opposition et la mise en jeu de la responsabilité du comptable public sont des limites aux actes de recouvrement.

§ 1- La prescription de l'action en recouvrement

La prescription de l'action en recouvrement renvoie à la prescription extinctive. Elle a pour effet de libérer un débiteur d'une obligation au terme d'un certain délai durant lequel le créancier s'est abstenu d'agir. L'article 218 du Code des obligations civiles et commerciales précise que l'inaction du créancier pendant le délai fixé pour la prescription extinctrice libère le débiteur de son obligation.

1- Les modalités d'exercice de la prescription

La prescription de l'action en recouvrement fait échapper, les créances publiques et les personnes qui sont dans son champ d'application, aux poursuites. Il se peut également que le délai de prescription soit modifié.

a) Le champ d'application du délai

Tout d'abord, il y a lieu de préciser la notion de délai de prescription. Il faut ensuite déterminer les créances et les personnes pouvant bénéficier de la prescription.

i) Le délai de prescription

Appliquée à l'action en recouvrement de l'impôt, la notion de prescription extinctive, qui est un mode d'extinction d'un droit résultant de l'inaction de son titulaire pendant un certain laps de temps a pour corollaire une notion de délai. Il s'agit d'un espace de temps à l'écoulement duquel s'attache un effet de droit. La longueur de cet espace de temps, essentiellement variable, est appelée « délai ». Il comporte un point de départ et une échéance. À défaut d'action du comptable public pendant un certain délai fixé par la loi, celui-ci perd son droit d'agir contre un débiteur qui se trouve libéré de son obligation de paiement.

En matière fiscale, il convient de distinguer le délai de prescription de l'action en répétition du délai de prescription de l'action en recouvrement. Le délai de prescription de l'action en répétition ou prescription d'assiette est celui pendant lequel l'Administration peut établir ou constater l'existence d'une dette fiscale constituée par l'impôt en principal et éventuellement une imposition complémentaire ou des pénalités fiscales. Le délai de prescription de l'action en recouvrement est celui pendant lequel le créancier peut poursuivre le recouvrement forcé de ces impositions ou pénalités. La déchéance du droit d'exercer l'action en recouvrement doit être distinguée de celle du droit de reprise, faculté ouverte à l'Administration de réparer les omissions ou insuffisances d'imposition dans un délai légal, à l'expiration duquel le service n'est plus en droit, en raison de la prescription, d'établir une imposition.

Aux termes de l'article 646 du Code général des impôts, le délai de prescription de l'action en recouvrement est de 10 ans à compter de la date de notification au redevable du titre de perception ou du dépôt, par lui, du titre ou de la déclaration non soldé à l'échéance. Le délai est de 5 ans, à partir du jour de la mise en recouvrement du rôle pour les impôts directs et taxes assimilées. L'article 218 du Code des obligations civiles et commerciales précise que le délai pour la prescription extinctrice court à compter du lendemain du jour où l'obligation est exigible. Il expire au jour d'anniversaire, même férié.

Dès lors, le comptable public compétent qui n'a exercé aucune poursuite dans ces délais perd son recours et est déchu de tous droits et de toute action contre le redevable défaillant. Il devient responsable de l'entière réalisation des titres ou rôles dont il a la charge. Le délai de prescription de l'action en recouvrement peut se combiner avec des délais de prescription inhérents aux actions civiles ou pénales engagées par les comptables. Le délai à retenir est celui qui prend fin le premier.

ii) Les sommes soumises à prescription

L'étendue de la prescription des impôts perçus par voie de rôle est la même pour chaque article du rôle considéré isolément et non pour l'ensemble des impôts dus au titre d'une année. La formule exécutoire collective portée sur un rôle vaut pour l'ensemble des impositions y afférentes. Les majorations pour défaut de paiement à échéance et les frais de poursuite suivent, en matière de prescription, le régime des droits visés dans les rôles.

S'agissant des impôts faisant l'objet d'un titre de perception, la prescription s'applique à toutes les sommes portées sur ce titre et uniquement à celles-ci. Les pénalités de retard, compte tenu de leur nature, ne peuvent pas être liquidées et mises en recouvrement en même temps que les droits auxquels elles se rapportent. Elles sont calculées et authentifiées lorsque les droits correspondants ont été acquittés. Dès lors, la prescription de l'action en recouvrement des pénalités court à compter de la notification du titre de perception qui authentifie les droits et tout acte qui interrompt la prescription du principal produit le même effet en ce qui concerne les accessoires de cette créance et notamment les pénalités de retard.

iii) Les personnes concernées par la prescription

Tout comptable public, sur la base d'un titre exécutoire, est fondé à poursuivre le recouvrement de ses créances auprès des débiteurs au paiement des impositions. Lorsque le comptable poursuit le recouvrement d'une créance à l'égard de débiteurs tenus conjointement ou solidairement au paiement de celle-ci, il notifie préalablement à chacun d'eux un titre de perception. En cas de pluralité de débiteurs, la prescription de l'action en recouvrement est affectée par les règles qui gouvernent la notification de titres exécutoires, déterminées en fonction de la nature de l'obligation : conjointe, solidaire.

En cas d'obligation conjointe où les codébiteurs tenus chacun pour une part de la créance fiscale, chaque titre de perception a pour effet d'interrompre le délai de reprise à l'égard de chaque débiteur séparément et à concurrence du montant figurant sur le titre concerné. Chaque titre fait courir le délai de prescription de l'action en recouvrement de manière indépendante pour chaque débiteur.

En cas d'obligation solidaire, la dette réclamée au codébiteur solidaire est identique, dans sa nature et son montant, à celle mise à la charge du débiteur principal. Le titre de perception émis à l'encontre du débiteur initialement recherché en paiement interrompt le délai de reprise à l'égard de tous et y substitue également à l'égard de tous, la prescription de l'action en recouvrement. Par conséquent, les titres émis par la suite ne peuvent lancer de nouveaux délais de prescription et ne constituent pas davantage des actes de poursuite susceptibles d'interrompre la prescription en cours.

En revanche, un acte interruptif de prescription délivré à l'un des débiteurs solidaires interrompt le délai de prescription contre l'autre. Ce lien de solidarité concerne, par exemple, les héritiers pour les droits de mutation à titre gratuit. Il concerne également la caution : le règlement auquel renvoie expressément l'acte de cautionnement prévoit en effet que la caution s'oblige solidairement avec le redevable et renonce en conséquence au bénéfice de discussion.

b) Les modifications du délai de prescription

Avant l'accomplissement du délai qui a pour effet de frapper de prescription le droit d'agir de l'Administration, certains événements intercalaires peuvent en modifier le cours. Ces évènements entraînent soit l'interruption, soit la suspension de la prescription. Le législateur fiscal ne consacre que l'interruption de la prescription. La suspension de la prescription résulte du droit commun.

i) L'interruption du délai de prescription

L'interruption de la prescription enlève toute valeur au délai déjà écoulé et fait courir un nouveau délai de même nature et de même durée. L'acte interruptif de prescription a pour effet de substituer à la prescription en cours une nouvelle prescription de même durée. La fin de l'interruption marque donc le point de départ d'un nouveau délai de même nature que le précédent.

Aux termes de l'article 646 du Code général des impôts, la prescription de l'action en recouvrement est interrompue par le paiement partiel, le commandement de payer, la notification d'un état exécutoire, la saisie, la citation en justice ou tout autre acte interruptif de droit commun. Cet article vise aussi le paiement total parmi les causes d'interruption de l'action en recouvrement. En réalité, le paiement total éteint l'action en recouvrement.

Dans le même sens, l'article 37 de l'Acte uniforme portant organisation des procédures simplifiées de recouvrement et voies d'exécution dispose que la notification au débiteur de l'acte de saisie, même s'il s'agit d'une saisie conservatoire, interrompt la prescription. L'article 219 du Code des obligations civiles et commerciales dispose également que l'aveu, même tacite, du débiteur, le commandement de payer, l'exécution forcée et la citation en justice interrompent la prescription. Les effets et la portée de l'interruption de prescription sont caractérisés clairement par les dispositions de cet article qui dispose que l'entier délai court à nouveau à compter de l'acte interruptif. L'interruption est non avenue si le demandeur se désiste de sa demande ou laisse périmer l'instance ou si sa demande est définitivement rejetée.

ii) La suspension du délai de prescription

La suspension de la prescription entraîne quant à elle l'arrêt du cours de la prescription tant que le créancier se trouve dans l'impossibilité d'agir. Le délai déjà écoulé est maintenu et recommence à courir à la date à laquelle la cause de la suspension a disparu.

La prescription ne court pas ou est suspendue contre celui qui est dans l'impossibilité d'agir par suite d'un empêchement résultant de la loi, de la convention ou de la force majeure. L'article 219 du Code des obligations civiles et commerciales dispose que l'instance et le délai de grâce accordés par le juge suspendent le cours de la prescription après leur achèvement.

La prescription ne court pas ou est suspendue contre celui qui est dans l'impossibilité d'agir par suite d'un empêchement résultant de la loi, de la convention ou de la force majeure. Aux termes de l'article 223 du Code des obligations civiles et commerciales, la prescription décennale est suspendue par l'état d'incapacité légale du créancier ou par la force majeure ou le cas fortuit l'empêchant de poursuivre l'exécution forcée de l'obligation.

La suspension de la prescription en arrête temporairement le cours sans effacer le délai déjà couru. Le délai continue à courir dès que la cause de suspension a pris fin. Le bénéfice de la suspension ne peut être invoqué que contre les personnes vis-à-vis desquelles la suspension est édictée. Ainsi, le créancier qui bénéficie d'une suspension de prescription parce qu'il est privé du droit d'agir contre son débiteur principal ou l'un de ses codébiteurs, même solidaire, ne peut invoquer la suspension de la prescription à l'égard de la caution ou des autres codébiteurs, dès lors qu'il dispose de son droit de poursuite individuelle à leur égard.

2- La renonciation à la prescription

Seule une prescription acquise est susceptible de renonciation. La renonciation à la prescription ne se présume pas, bien qu'elle puisse être tacite comme expresse. La renonciation expresse n'est soumise à aucune condition de forme. Elle doit toutefois manifester clairement l'intention du débiteur de ne pas invoquer la prescription. La renonciation tacite résulte de circonstances établissant sans équivoque la volonté de ne pas se prévaloir de la prescription.

La prescription n'opère pas de plein droit. Il ne suffit pas à un débiteur d'être dans la situation de pouvoir en bénéficier pour être libéré. Il lui faut s'en prévaloir et cela dans certaines conditions. Ainsi, la prescription doit être invoquée devant le juge par le débiteur lui-même qui ne doit pas y avoir renoncé. Le juge ne peut, en effet, soulever d'office la prescription et déclarer prescrite l'action du créancier, quand bien même il constate que toutes les conditions de la prescription sont réunies. La prescription de l'action en recouvrement fait disparaître le caractère obligatoire de la dette et prive le Trésor du droit de contraindre son débiteur au paiement.

Les effets de la renonciation sont limités à celui qui l'a faite et celle-ci ne peut être opposée à ses codébiteurs ou cautions. Les effets de cette renonciation sont également strictement limités à la dette qu'elle concerne et ne s'étendent donc pas normalement aux pénalités dont celle-ci est assortie.

§ 2- Les limites liées aux actes de recouvrement

L'action en recouvrement peut être limitée à travers les actes de poursuite initiés par le comptable public. En effet, le redevable peut s'opposer aux actes de poursuite. Par ailleurs, la responsabilité du comptable public peut être mise en jeu.

1- L'opposition aux actes de poursuite

L'opposition aux actes de poursuite renvoie aux contestations relatives au recouvrement des créances fiscales. Il s'agit d'une procédure permettant au débiteur recherché en paiement par l'Administration fiscale de contester les mesures que celle-ci a engagées à son encontre.

L'opposition aux actes de poursuite ne remet pas en cause l'assiette ou le calcul de l'impôt. L'irrégularité en la forme des actes, la non-exigibilité de la somme réclamée, notamment, constituent des motifs sur lesquels l'opposition peut être valablement formée. L'opposition doit être formulée auprès de l'autorité compétente. À défaut de réponse dans le délai imparti ou si la réponse ne le satisfait pas, le redevable peut saisir le tribunal dans les 2 mois qui suivent, soit l'expiration du délai au terme duquel l'autorité compétente doit statuer, soit la notification de la décision de cette dernière. La procédure en matière de contentieux du recouvrement est identique à celle de l'assiette des impositions. Comme la contestation d'assiette, le contentieux des poursuites comporte, elle aussi, l'obligation d'une réclamation préalable. Il y a lieu de préciser les actes susceptibles d'opposition et les motifs d'opposition acceptés.

a) Les actes susceptibles d'opposition

Ne peuvent pas faire l'objet d'une opposition à poursuite l'avis d'imposition et le titre de perception. Seuls les actes de poursuite proprement dits peuvent faire l'objet d'une opposition dans les conditions édictées par la procédure fiscale, à l'exclusion des titres authentifiant les créances. À cet égard, le titre de perception constitue le dernier acte de procédure d'assiette. Dès lors, la contestation des titres exécutoires qui s'analyse en une remise en cause du bien-fondé de l'imposition n'est pas recevable à l'appui d'une opposition.

En raison de leur objet, certaines contestations ne constituent pas une opposition à poursuite. Il en est ainsi des contestations portant sur la saisissabilité des biens. En revanche, la contestation de la procédure d'exécution par laquelle le redevable fait valoir que les meubles saisis entre ses mains sont la propriété d'un tiers constitue une opposition à poursuite.

Peuvent faire l'objet d'une opposition, le commandement aux fins de saisie immobilière et la mise en demeure de payer. La contestation d'un commandement de payer aux fins de saisie immobilière relève de l'opposition pour tout motif tenant à l'obligation de payer, le montant de la dette ou l'exigibilité de la somme réclamée. La mise en demeure de payer valant commandement de payer en matière de saisie mobilière peut, de même, être contestée dans le cadre de l'opposition à poursuite.

Il en est de même de l'avis à tiers détenteur et des mesures de saisie. Le procès-verbal de saisie, s'agissant des procédures de saisie-vente, saisie-attribution, saisie des rémunérations, saisies-conservatoires, ou les actes pouvant en procéder : procès-verbal de vérification, acte d'opposition peuvent être contestés dans le cadre de l'opposition à poursuite. Pour les mesures conservatoires, les contestations portant sur l'exécution de la mesure, notamment la régularité de l'acte, l'obligation au paiement, la quotité, l'exigibilité de la créance, la propriété des biens saisis, entrent dans le champ d'application des oppositions. Dans le même ordre, la déclaration de créances fiscales par un comptable public entre les mains du mandataire judiciaire d'une procédure collective peut faire l'objet d'une opposition à poursuite.

b) La recevabilité de l'opposition aux poursuites

Les mesures de recouvrement forcé exercées par le comptable public peuvent donner lieu à des oppositions à poursuite qui revêtent deux formes : soit le redevable soutient que les poursuites sont mal fondées en contestant l'existence, l'exigibilité ou la quotité de son obligation, soit il invoque un vice de forme entachant l'acte de poursuite. L'opposition aux actes de poursuite ne peut être fondée que sur un motif ne remettant pas en cause l'assiette ou le calcul de l'impôt. La question du bien-fondé de l'impôt ou de l'irrégularité de la procédure d'imposition ne peut être soulevée à l'occasion d'une opposition à un acte de poursuite. Cette disposition fait obstacle à l'introduction d'une contestation d'assiette par le biais du contentieux du recouvrement après l'expiration du délai de réclamation.

Les contestations doivent porter uniquement, soit sur la régularité en la forme de l'acte de poursuite, soit sur l'existence de l'obligation de payer, sur le montant de la dette compte tenu des paiements effectués, sur l'exigibilité de la somme réclamée ou sur tout autre motif ne remettant pas en cause l'assiette et le calcul de l'impôt. La contestation de la régularité en la forme touche exclusivement à la validité formelle de l'acte de poursuite et tend à obtenir son annulation et celle des actes subséquents. Les autres motifs visés par le texte portent sur les causes mêmes de la poursuite.

Le délai dont dispose le redevable pour contester l'acte de poursuite, quel que soit le motif invoqué, constitue une condition de recevabilité. À l'expiration de ce délai qui commence à courir à compter de la notification de chaque acte de poursuite, la demande est rejetée comme irrecevable. Les contestations relatives à l'accomplissement de la prescription de l'action en recouvrement s'inscrivent dans le cadre des oppositions à poursuite. C'est en effet à l'occasion de la notification d'actes de poursuite que ces contestations sont soulevées.

Le moyen tiré de la prescription n'est pas d'ordre public. La prescription n'opère pas de plein droit. Autrement dit, il ne suffit pas à un débiteur d'être dans la situation de pouvoir en bénéficier pour être libéré, il doit s'en prévaloir lui-même auprès du juge. La prescription doit être invoquée devant le juge par le débiteur lui-même qui ne doit pas y avoir renoncé. Il est susceptible d'être invoqué à tout moment par le débiteur.

L'opposition à poursuite n'a pas de caractère suspensif, tant à l'égard du redevable que du comptable et ne peut, à elle seule, paralyser l'exécution d'un titre. Dès lors, la prescription de l'action en recouvrement continue à courir. Les contestations relatives au recouvrement de l'impôt peuvent être formulées par le redevable lui-même ou la personne solidaire. La procédure des oppositions aux actes de poursuite s'imposent à tous ceux qui sont tenus au paiement d'une créance dont le recouvrement incombe aux comptables publics. Sont ainsi visés, le débiteur de tous impôts et taxes, le tiers détenteur, la caution, le tiers tenu au paiement, en vertu d'une disposition légale, de sommes réclamées au redevable légal de l'impôt par un titre de perception, le tiers dirigeant de société.

2- La responsabilité du comptable public

Les titres exécutoires représentent des documents juridiques formels sur lesquels sont inscrites les recettes à prendre en charge et à recouvrer. La prise en charge d'une recette ou d'une dépense, c'est l'enregistrement comptable exhaustif des informations financières contenues dans le document transmis par l'ordonnateur de cette recette ou cette dépense. En matière de recettes, la prise en charge correspond à l'acceptation par le responsable du recouvrement des titres exécutoires et des renseignements qui y sont contenus mais surtout à son engagement à apurer ces titres.

Le comptable public prend sous sa responsabilité personnelle et pécuniaire le recouvrement des titres exécutoires mis en recouvrement ou à en justifier valablement le non-recouvrement. C'est sous ce rapport que sa responsabilité est mise en cause. Dans l'hypothèse où la recette ne serait pas recouvrée dans le délai prescrit ou la dépense ne serait pas payée dans les conditions légales et règlementaires, le comptable serait responsable sur ses propres biens.

Le comptable public dont la responsabilité est engagée, a l'obligation de verser, de ses deniers personnels, une somme égale soit au montant du déficit ou manquant constaté, de la perte de recette subie, de la dépense payée à tort ou de l'indemnité mise, de son fait, à la charge de l'État ou de tout autre organisme public.

Toutefois, le comptable public n'est ni personnellement ni pécuniairement responsable des erreurs commises dans l'assiette et la liquidation des produits qu'il est chargé de recouvrer. Il n'est pas tenu de déférer aux ordres irréguliers qui engagent sa responsabilité personnelle et pécuniaire, sauf réquisition émanant de l'ordonnateur principal. Dans ce cas, la responsabilité de ce dernier se substitue à celle du comptable.

La responsabilité pécuniaire du comptable public est mise en jeu par une décision de débet de nature soit administrative, soit juridictionnelle. Le débet administratif résulte d'un arrêté du ministre chargé des Finances. Le débet juridictionnel résulte d'un arrêt de la Cour des comptes. Néanmoins, le comptable public peut obtenir une décharge de responsabilité ou la remise gracieuse des sommes laissées à sa charge.

BIBLIOGRAPHIE

1- CONTRÔLE FISCAL

BEAUDONNET (G.), *Le contrôle fiscal*, Paris, Ed. BPI, Coll. Les guides pratiques des CHR, 1986.

BICHON (A.), « Du débat oral et contradictoire au cours des contrôles fiscaux externes à l'obligation de coopération du contribuable », *Droit fiscal*, 1999, n° 43, pp. 1325-1328.

CASTAGNÈDE (B.), « Lutte contre la fraude ou l'évasion fiscale internationale : la nouvelle donne », RFFP, n° 110 : *L'évasion fiscale internationale*, avril 2010, pp. 3 et s.

DIBOUT (P.), « L'extension des prérogatives de l'Administration fiscale dans le contrôle des opérations internationales », *Droit fiscal,* 1996, n° 18-19, pp. 651-658.

GIBERT (J.-C.) « L'informatique, nouvelle arme du contrôle fiscal », BF 5/06, 494-498.

GIBERT (J.-C.), AUJOULAT (C.), « Contrôle fiscal informatique : un toboggan pour l'inconnu ? », BF 8-9/08, 692-697.

GOUYET (R.), « Contrôle fiscal des comptabilités informatisées : la nouvelle donne », *Droit fiscal,* 2008, n° 49, 603.

GROSCLAUDE (J.) et MARCHESSOU (P.), *Procédures fiscales,* 4e éd., Paris, Dalloz, 2005.

RIE (J.-C.), *Procédures de contrôle fiscal. La voie de l'équilibre*, L'Harmattan, Coll. Finances publiques, 2005.

LAMBERT (T.), *Contrôle fiscal. Droit et pratiques,* Paris, PUF, Coll. Droit fondamental, 2e éd., 1991.

LAMBERT (T.), « Contentieux et contrôle fiscal. Examen des pratiques », in LAMBERT (T.) (Dir.), *Contrôle fiscal. Principes et pratiques*, Paris, Economica 1988, pp. 196-253.

LECOMPTE (D.), « Le droit de la preuve comme moyen de lutte contre l'évasion fiscale », *Droit fiscal,* 2007, n° 7, pp. 155 et s.

LEROY (M.), *Le contrôle fiscal, une approche cognitive de la décision administrative*, Paris, L'Harmattan, Logiques sociales, 1993.

LEROY (M.) et LAMBERT (T.) (Dir.), *L'Administration de l'impôt en France et dans le monde*, Paris, L'Harmattan 2008.

ORSINI (G.), « La coopération des Administrations fiscales », *Les Petites Affiches*, n° 97, 15 mai 2002, pp. 50 et s.

TORREL (R.), *Contrôle fiscal. Les clés du contrôle fiscal par la jurisprudence*, Paris, Maxima, 1995.

TUROT (J.), « La vraie nature de la garantie contre les changements de doctrine », RJF 5/92, chron., p. 71.

2- CONTENTIEUX FISCAL

ARRIGHI DE CASANOVA (J.), « Le procès équitable dans la jurisprudence fiscale du Conseil d'État », RFFP, n° 83-2003, *Le procès équitable en droit fiscal*, pp. 25 et s.

BARILARI (A.), « Le contentieux fiscal », RFFP, n° 17, *Le contentieux fiscal*, LGDJ, 1987, p. 9 et s.

BOULLEZ (C.), « Le règlement non contentieux des conflits en droit fiscal », BF 7/97, p. 437.

CARRERRE (S.), « Procédures de référé : le contentieux fiscal aux prises avec l'urgence. Un point de vue de l'Administration », Ed. Francis Lefebvre, BF 8/9/04, pp. 575-584.

CASTAGNEDE (B.), *La répartition des compétences juridictionnelles en matière fiscale*, Thèse, Université Paris I, 1972.

COLLET (M.), « La recevabilité du recours en annulation contre les instructions fiscales », *Droit fiscal,* n° 25, 2005, 23, p. 222.

DE LA MARDIERE (C.), *La preuve en droit fiscal*, Paris, Litec, 324 pp.

Recours pour excès de pouvoir et contentieux administratif de l'impôt, LGDJ, 2002.

GEST (G.), « Dualité de juridiction et unité du droit fiscal », RFDA, 1990 pp. 822 et s.

GOUR (C.), MOLINIER (J.) et TOURNIE (G.), *Les grandes décisions de la jurisprudence, Droit fiscal*, PUF, Thémis 1977, 258 pp.

INTER (E.), « Le recours pour excès de pouvoir en matière fiscale après l'arrêt du Conseil d'État du 10 novembre 2004 "Lasteyrie du Saillant" », *Droit fiscal,* 2005, n° 3, pp. 146 et s.

JESTIN (K.), « Vers un renforcement de l'arbitrage comme mode de résolution des conflits en droit fiscal ? Analyse comparée France-États-Unis », *Jurisdoctoria* n° 2, 2009, pp. 73-97.

TIXIER (G.) et DEROUIN (P.), *Droit pénal de la fiscalité*, Paris, Dalloz, 1989.

TOUCHARD (J.-F.), « À propos de la responsabilité pour faute de l'Administration fiscale », RDP, 3-92, pp. 785 et s.

TROTTIER (T.), « La responsabilité de la puissance publique en matière fiscale » (1re partie), *Droit fiscal* 1994, n° 28, p. 1088.

3-RECOUVREMENT DE L'IMPÔT

BACHELIER (G.), « La suspension du recouvrement de l'imposition : de nouvelles opportunités ? » ? *Les Nouvelles fiscales*, 2004, n° 915, p. 21.

BEREYZIAT (F.), « Suspendre l'exigibilité de l'impôt : l'emploi des armes », *Revue de Jurisprudence fiscale*, 1/05, chr., p. 3.

BORRAS (P.), GARAY (A.), *Le contentieux du recouvrement fiscal*, Paris, LGDJ, 1994, 168 p.

CLERCKX (J.), « Quelques développements jurisprudentiels dans le domaine du sursis au paiement de l'impôt. (À propos de CE, Sect., 25 avril 2001, Société Parfival, et CE, Sect., 25 avril 2001, SARL Janfin) », RFDA, 2002, p. 991.

COCHETEUX (P.), *Les procédures de recouvrement de l'impôt*, Thèse de doctorat, Droit public, Lille 2, 2002.

HAÎM (V.), « Les labyrinthes du contentieux du recouvrement », Dalloz, 1995, chr., p. 150.

LEGRAND (G.), *Le recouvrement de l'impôt*, Litec, 2006.

MASCLET de BARBARIN (M.), Le contentieux du recouvrement de l'impôt, LGDJ, 2004.

REZEK (S.), *La pratique du contentieux de l'avis a tiers détenteur*, Paris, Litec, 2001, 191 p.

A

B

C

T

U

V

TABLE DES MATIÈRES

Chapitre II

TROISIÈME PARTIE

LE RECOUVREMENT DE L'IMPÔT

651063 - Avril 2016
Achevé d'imprimer par
1livre.com
du rêve à la réalité !

www.ingramcontent.com/pod-product-compliance
Lightning Source LLC
LaVergne TN
LVHW011258061026
849535LV00005B/1307
* 9 7 8 2 3 4 3 0 8 9 3 6 2 *